区域国别研究学刊

第1辑

北京大学区域国别研究学刊编委会 编

商務印書館
创于1897 The Commercial Press
2019年·北京

图书在版编目(CIP)数据

区域国别研究学刊.第1辑/北京大学区域国别研究学刊编委会编.—北京:商务印书馆,2019
ISBN 978-7-100-17897-6

Ⅰ.①区… Ⅱ.①北… Ⅲ.①国际关系—研究—丛刊 Ⅳ.①D81-55

中国版本图书馆CIP数据核字(2019)第227879号

区域国别研究学刊
(第1辑)
北京大学区域国别研究学刊编委会 编

商务印书馆出版
(北京王府井大街36号 邮政编码100710)
商务印书馆发行
北京艺辉伊航图文有限公司印刷
ISBN 978-7-100-17897-6

2019年12月第1版 开本787×960 1/16
2019年12月北京第1次印刷 印张15¼

定价:56.00元

《区域国别研究学刊》
编委会

发刊词

建设中国风格的区域与国别研究

钱乘旦

北京大学区域与国别研究院成立于2018年4月，按照学校要求，我们创办这份学刊，希望它在中国的区域与国别研究中收获一份果实。

区域与国别研究在中国大地蓬勃兴起，起因于当今中国需要这个领域。当今的中国正在走向世界，但走向世界必须了解世界。由于各种原因，中国对世界的了解却非常不足，这不仅阻碍了中国自身的发展，也阻碍了中国对世界的承诺，即中国要为世界的共同发展做出贡献。

区域与国别研究的出现，从一开始就服从于时代的需求。它是了解世界的一个窗口，通过学术钻研，强烈体现现实的需要。

所谓区域与国别研究，就是对其他国家、域外地区做研究。早期欧洲列强占领殖民地，统治这些地方，它们需要了解这些殖民地，于是就有人专门关注这些地方，研究各种问题。最早的“区域与国别研究”(Area Studies)就是在这个背景下出现的，所谓的“东方学”“埃及学”之类，就是其结果。早期研究的成果以英国、法国最显著，原因就在于这两个国家曾经占有最广大的殖民帝国。虽然在那个时代，并没有“区域与国别研究”这个概念，但研究领域的特征却已经开始显现了，其中一个重要特征，就是跨学科性。它不属于某一个特定的学科，而是多个学科共同的努力。比如民族学、人类学、宗教学、语言学、博物学等，都可以在这个领域中施展其研究才能，并且得到充分的成长。西方对世界的整体性研究，就是在这个背景下出现的。

"二战"结束后，面对风起云涌的民族解放运动，以及美国称霸世界的需要，区域与国别研究作为一个研究领域正式在美国登场，并很快传布于西方学术界。其时代背景非常清楚，就是西方国家需要了解那些地区、了解新独立的国家。了解的意图是制定新战略，以应对一个全新的世界。"区域与国别研究"在美国得到最充分的发展，其原因正如18、19世纪殖民地研究在英、法两国最为盛行。如同18、19世纪的英、法两个国家，20世纪美国的区域与国别研究也是跨学科的研究，美国那些最著名的区域与国别研究中心(如哈佛大学的东亚研究中心，即费正清中心)都是针对某一地区或某个国家做跨学科、综合性研究的学术基地，其成果涉及许多领域。涉及领域越全面，成果就越突出，越能把一个地区或国家的各种情况说清楚、摸透彻，形成立体性的研究结果，由此体现这个基地的学术能力和研究水平，引起社会的高度重视。

因此，二战后出现在美国(以及整个西方学术界)的"区域与国别研究"，其新颖之处不在于开辟了一个新"学科"，而在于组建了一个新平台。在这个平台上，各学科(包括人文、社会科学甚至理、工、医、农)只要有共同的研究对象(指地理对象，即某个国家或地区)，都可以互相配合、互相支撑，共同对这个国家或这个地区做研究，最终拼出一幅关于这个国家或这个地区的"全息图"，达到为制定相关政策提供知识和学术基础的目的。

我们有些人认为区域与国别研究应该是一个学科，为此应不懈努力。这种想法只有在中国存在，因为中国实行一种严格的"学科制"，没有"学科"的支撑，一切都不存在，所谓"皮之不存，毛将焉附"。我理解其中的考虑，也明白"学科"对每一个研究者的意义。不过区域与国别研究确实不是"一个"学科，它只是一个领域。如果区域与国别研究是"一个"学科，那么它的边界在哪里？由于这个领域的涵盖面确实太大，几乎没有边界，因此如果把它确定为"一个"学科，它几乎可以囊括所有的知识领域。就研究对象而言，"区域与国别研究"所涵盖的各知识领域只有一个共同之处，即共同的地理对象——某个地区或某个国家。顺便说一句，许多人把"区域与国别研究"等同于"国际关系"，仿佛它是又一个"国关研究"。这就把"区域与国别研究"的范围大大缩小了，"区域与国别研究"可以为"国际关系"提供广泛而坚实的知识支撑，没有这些支撑，

"国际关系"很难取得深入而有洞见的成果。但"区域与国别研究"比"国际关系"范围要大得多,与"国关"相比,它是一个基础性的知识结构。

尽管如此,考虑到"学科"在中国的重要性,我并非决然反对建立某种形式的新学科的尝试,虽说就"区域与国别研究"本身而言,它绝不是"一个"学科。如果要尝试建立某种形式的新学科,那么它应该是一个"跨学科"的学科。我国现行学科体制中已经有"交叉学科"的概念,而且在理工科范围内已经相当普及。那么"区域与国别研究"作为一个"交叉学科"也是可以存在的,不过它的前提是:任何以"区域与国别研究"身份来申请"学科"的实体部门(如学校、研究所等),必须有一定数量的多个学科(比如十个以上不同学科)的研究力量存在,而且都从不同领域对某一特定地区或特定国家进行学术研究、形成共同对象,并有所成就。如果不设严格的前提条件,区域与国别研究这个"学科"的含金量就会降低。

在中国,对外国的研究早已存在,20 世纪 60 年代曾在多个高校设立过一批研究机构,旨在研究外国问题,比如美国研究所、非洲研究所等。但限于种种原因,当时的主要工作是翻译资料,而且在"文革"开始后基本上停顿下来。改革开放后,中国社会科学院成立,其中包括多个外国问题研究所。各高校也培养了一批研究外国问题的师资力量,拿出了一批研究成果。但从"区域与国别研究"的角度看,迄今为止有明显的弱点,致使它很难向深度发展。

首先,这些弱点表现为研究力量分散。在高校,研究力量分散在各院系、各学科。比如研究美国问题的师资分散在历史系、外国语言文学系、国际关系学系、政治系、法律系、教育系等,其研究定位分属历史、外国语言文学、国际关系、政治、法律、教育等诸学科,各有标准,各寻方向,没有办法把所有这些研究都指向一个共同的目标即"美国研究"。结果各学科相互隔绝,声息不通,难以形成一股合力,也无法把美国作为一个完整的对象进行研究。这种情况在科研机构的下属部门中也大体如此,并且因受到编制限制,很难做到多学科合作。

其次,研究对象分布不均,专业人员严重不足。国内研究外国问题,长期集中在少数几个国家,比如美、英、日等,对法、德、俄的研究就少了很多,北欧、南欧几乎没有。对发达国家尚且如此,欠发达地区则处处是空白,像印度这样重要的国家，国内很少有专门的研究人员，更不要说柬埔寨、不丹、马拉维、洪都拉斯这些地方了。当中国走向世界，尤其是提出“一带一路”倡议时，问题就变得非常紧迫了。

第三，语言能力欠缺，制约了研究的能力。相当一部分研究者用英语进行研究，当研究对象是英语国家时，问题尚不突出；对非英语国家而言，问题就相当大。试问：如何能够用英语研究拉美、中东、东欧或北欧，更不要说非洲或中亚？即使像印度、肯尼亚、马来西亚这些地方，曾经是英国殖民地，目前也以英语作为官方语言或通用语言，对它们仅用英语进行研究也是不够的，因为民众仍旧使用地方语言，没有当地语言的能力，就无法了解深层的情况。

第四，介入区域国别研究领域的学科不多，即使有介入，程度也不深，多数浮于表层。前面说过，区域与国别研究是对某一地区、某一国家作全方位的了解和全面的研究，几乎各学科都有介入的空间。可是我国目前的形势是，很少有人类学家做某一国家或地区的人类学研究，很少有社会学家做某一国家或地区的社会学研究，环境科学家很难去做湄公河流域的环境问题研究，能源学家未必去做中东地区石油资源考察，农学家大体上不会研究阿根廷或乌拉圭的农业问题，而这些研究对“一带一路”倡议而言已经越来越重要了。有一些学科确实有研究外国问题的传统，如政治学、法学等。但即便如此，其研究课题也大体上停留在宏观层面，很少深入微观层面。比如，外国人对中国知名科技企业的情况研究很细，而我们对国外知名企业了解多少？再比如，国内关于外国政治制度的书出了不少，可是能够清楚阐明美国的各种权力机构（例如国会）的运作机制或相互关系（比如上级法院和下级法院之间的关系）的又有多少呢？如果对这些问题不能说清楚，我们就不能说对美国有深入的了解。对美国的研究尚且如此，对其他国家呢？

由此引申出第五个欠缺：做区域与国别研究，需要一头扎进研究对象国，沉入当地社会，深深扎下根。了解和研究一个国家（或地区），最重要的是了解那里的人，了解他们的思想和生活方式，为此，就要到那里去生活，尽可能融化在那个社会中。这是很难的，也是我国的区域与国别研究最缺乏的。上述提到的几个弱点，在很大程度上都与这个缺点分不开。现在许多研究，要么看看书，要么看几张报纸，而且多数是英文书或英文报纸，这样的研究既不接地气，语言上又隔了一层，要靠别人的研究来做研究，很难体会到真实的情况。因此，要推进中国的区域与国别研究，使其真正攀升到国际水平，就要从培养研究者开始，培养出一批在对象国有长期生活经历（至少是经常往返的经历），又有坚实学科基础和学术功底的人。这是一项艰巨的工作，但千里之行，始于足下。

在中国，严格意义上的区域与国别研究刚刚起步，因此种种不足在所难免。如何才能建设出具有中国风格的区域与国别研究呢？显然应该从填补不足入手。在所有的任务中，人才培养是重中之重，像弥补语言不足、扎根对象国生活、调动更多的学科参与研究等问题，都有赖于新的人才的培养。有了人才，才会有区域与国别研究的真正勃兴。然而，人才培养又有赖于顶层的推动和制度的跟进，这些是决定性因素，没有意志和决心以及相应的各种配套支持，区域与国别研究是很难自行发展的。二战以后区域与国别研究在美国起步时，政府曾起过主导作用，因为当时的美国急需这个领域。现在的中国也迫切需要这方面研究，因此，在建设中国风格的区域与国别研究时，政府的作用不可或缺，而依靠我们制度的优越性，一定能把这个作用发挥好。

《区域国别研究学刊》由北京大学创办，北大愿意在区域与国别研究方面探索前行，寻找前进的方向。这份学刊，意在提供一个跨学科的平台，让不同背景的学者在这个平台上演绎研究的成果。我们提倡深耕的、专题性的研究路径，从不同学科、不同角度就某些问题提出见解。学术争鸣是我们的方针，服务时代、服务国家是我们的宗旨。我们希望这份学刊能够成为区域与国别研究的一个瓜果园，大家都来种植，大家都来收获，谢谢大家！

目　录

特稿

浅谈区域与国别研究的学科基础

王缉思

近年来,"区域与国别研究"(或称"国别与区域研究")在我国政策研究部门、智库、高校得到高度重视。毋庸置疑,这一研究领域得以向前发展,获益于中国的全球政治、经济、文化影响日益扩大所产生的政策需要。这一领域的政策研究需要有力的智力支持、学术支撑和雄厚的学科基础,而国内区域与国别研究人才培养的主要任务,必然落到相关高等院校肩上。

从学术角度看,区域与国别研究是一个多学科、跨学科的综合领域,不可能成为一个单独的学科。它需要综合社会科学、人文学科、自然科学的许多知识。历史学、人类学、语言学、社会学、政治学、经济学、法学、地理学、环境学等等,均构成这一领域的学科基础。归纳起来,这个学科基础也许可以分为四个维度:(一)空间维度,包括地理、环境、领土、网络等按照地域和空间划分的维度;(二)历史维度,即基于世界各个民族、国家和地区历史经验的维度;(三)文化维度,包含语言文字、宗教、文化等人文学科领域的研究;(四)社会维度,包含政治、经济等社会科学领域。显而易见,这些维度同各个相关学科一样,是相互交融、难以截然划分的。第一个维度需要自然科学学者的参与,历史学者、人文学者、社会科学学者,则分别集中于后三个维度。

我本人的学科归属是国际政治或称国际关系(我更愿意称之为"世界政治"),属于政治学范畴。就连政治学,我也只是一知半解,遑论其他学科的知识。不过,因我曾经长期在中国社会科学院美国研究所任职,需要在所内协调政治、经济、文化、社会、外交等不同学科或领域的政策研究和学术研究，在工作中有一些体会，在此愿与同行交流。

自20世纪80年代中国的社会科学研究重建之后，研究国际问题的学者就提出过建立“美国学”、“日本学”、“非洲学”等学科的主张。其实，在英语中，“美国学”就是“美国问题研究”(American studies)，在美国也不算一门学科(discipline)。此外值得一提的是，美国的“美国问题研究”更多涉及的是族群(如印第安人、亚裔、非洲裔、拉美裔)、多元文化、性别等问题，而非当代政治、经济、外交热点。这同中国的美国研究的主要焦点相差甚远，也同我们今天要大力促进的区域与国别研究的主要关注有相当大的距离。海外汉学家(Sinologists)所研究的主要问题(中国历史、文化、社会等)，同研究中国政治、经济、外交的美国专家的主要着眼点之间，也存在着类似的距离。

在中国的美国问题专业研究队伍里，出头露面很多、话语权较大的，多数是研究当前美国经济、政治、外交及中美关系的学者。但是要真正了解美国，就必须要有一些“跨界”的知识，起码要知晓亨利·朗费罗、马克·吐温、马丁·路德·金等名人，知道美国国歌是《星光灿烂的旗帜》(The Star-Spangled Banner)而非《星条旗永不落》，最好还能欣赏乔治·格什温的《蓝色狂想曲》和优秀的好莱坞电影，也应当和一些美国朋友有长期的个人交往。我在社科院美国所工作时，向专攻美国文化、宗教、社会问题的同事学到了很多“横向”的知识。美国研究所主管的《美国研究》，也在人文学科和社会科学的文章之间寻求某种平衡。

但毕竟我的专长是美国外交，它的学科基础应当是国际政治、比较政治、政治学理论、政治思想等等，而不是“美国学”。换言之，我个人的研究应当从学科的“纵向”深挖，立足于政治学基础知识，同时争取了解更多“横向”的知识，包括美国研究的其他领域，也包括美国以外的国家和地区的政治，以及全球政治发展的历史和现状。

任何学者个人，都不可能掌握作为研究对象的区域或国家的所有相关知识，因此区域与国别研究需要有许多团队，互相取长补短。研究某个国家或地区的学者，不论其学科背景和研究领域是什么，相对而言彼此之间比较容易找到共同语言。国内也有相应的学术团体(中国欧洲学会、中华美国学会等),给他们提供沟通的平台。但令人遗憾的是,同在政治学领域,研究非洲的学者和研究日本的学者似乎很难找到共同的兴趣点,也不大可能在同一个学术团体中相互切磋。同在经济学领域,研究拉美的专家和研究中东的专家大概也很少有机会沟通。一些大国关系的研究者,对这些大国中任何一个国家的政治、经济、社会、文化状况都不甚了了,同国别问题专家的交流也不多,于是他们写出的著述往往只能就事论事,浮于表面。

因此,要形成区域与国别研究的合力,一方面需要研究同一对象国或对象地区但分属不同学科的学者相互协调合作,另一方面也需要同一学科背景但研究不同对象国或对象地区的学者相互协调合作。相对而言,后一方面协调合作的难度更大一些,整合任务也更为迫切。我觉得,在区域与国别研究领域的学者,最好能够同时具备两个身份(identity):一个是某区域或国别的专家,另一个是某个学科的学者。在区域与国别研究领域,如果不加以适度整合,很容易造成研究者分别强调对象国别和区域的特性和重要性的现象,相互竞争有限的物质和人力资源。"一带一路"倡议的规划和建设项目,全球治理和跨区域国际合作,都为国内研究者在两方面的协调合作提供了更有利的条件。

培养区域与国别研究领域的人才,同样需要从"横向"和"纵向"两个方向努力,既要培养通才、"杂家",也要培养专家、"工匠";在课题设计上,既要显示各国各地区的特性,又要突出它们的共性,据此完善课程设置和培养方案。比如,在观察区域与国别的政治情况时,可以发现当今世界绝大多数国家都自称民主国家,都有形式上的选举,都有国家元首、政府首脑、议会、法院、政党,都号称司法独立,这是在近代西方国家占据全球优势地位之后形成的,是世界各国的共性。但是,各个国家的政治体制及其运作方式又千差万别,形成各自的特性。"世界各国政治体制"可以开设成一门通选课,由教师中的"通才"来授课。

在区域与国别研究中,通才与专家都需要,但两者之间必然有区别,甚至可能产生矛盾。例如,不懂中文、从未在中国长期生活过的美国前国务卿亨利·

基辛格写了《论中国》一书。① 这本著作从地理、历史、文化、社会四个维度论述了中国,但其重点显然在当代中国的政治和对外关系。《论中国》在研究当代中国政治与外交的人们当中,是必读的热门书。但它不为许多国外汉学家所推崇,原因很简单:这部著作不符合中国问题研究领域通用的学术标准,它连一个中文引注都没有。基辛格是国际问题领域中"通才"的典型,而不是任何特定国家或特定问题上的"专家"。反过来看,国外汉学家的著述,也很难达到《论中国》一书所产生的那种社会影响。

依本人浅见,区域与国别研究方面的通才,应当是能够开设世界历史、世界经济、世界政治、世界文明与宗教之类通选课程的学者。区域与国别研究方面的专家,则可以分为三种类型,可以用相应的不同学术标准来衡量。第一种类型是功能性研究领域的专家,同时对某个地区或国家有特殊的兴趣,比如中东能源问题专家、拉美农业问题专家、美国金融问题专家、欧洲社会保障问题专家等。他们未必需要对这个地区或国家的其他方面做深入的研究。

第二种类型是区域问题研究的专家,比如阿拉伯问题专家、中东问题专家、中东欧问题专家等,他们可能通晓除英语之外的一门外语(如阿拉伯语、俄语),发表过有关著述,游历过该地区的主要国家,但未必对某一国家有特别专深的了解。

第三种类型是国别问题专家,比如伊朗问题专家、乌克兰问题专家等。这是很难得的一类研究者。一位伊朗问题专家,照理说应当懂波斯语,在伊朗长期居住过,结识过伊朗的一些知名人物,而且有关于伊朗的著述发表。在美国和欧洲,这样的伊朗问题专家不难找到,原因是在1979年伊朗伊斯兰革命后,不少伊朗本国的专家学者流亡到西方,他们加入了外国国籍,自己或亲属后来又有机会回到伊朗。但是,伊朗问题专家在中国就属凤毛麟角了。因为他们不可能具备身在欧美的伊朗研究者的上述条件。伊朗是中东大国,专门研究它的国内人才尚且如此稀缺,寻找和培养研究阿塞拜疆等小国的专家的困难,

---

① Henry A. Kissinger, *On China* (New York: The Penguin Press, 2011);〔美〕亨利·基辛格:《论中国》,胡利平等译,北京:中信出版社,2012年。

就更可想而知了。

平心而论，我国区域与国别研究的学科基础虽然相对薄弱，但从现在开始加强，为时未晚，机不可失。我本人参加过一些涉及区域与国别研究的国际研讨会，发现外国专家往往能够针对具体国家和地区的某些问题侃侃而谈，而中国学者能够谈得比较深的，多半是中国同这些国家和地区的关系。这一反差所反映的认知差距和学术水平差距，大概要经过一两代中国学者的艰苦努力，才能够明显缩小。在坚持正确政治导向的同时，我国研究者应当进一步解放思想，加强同国外学术机构、学术同行的交流与合作。①

可喜的是，我国的区域与国别研究的学术资源和物质条件，已经得到了明显改善。如今的问题不在于缺乏资料和对外交流的机会，而在于缺乏理论创新，缺乏学科间的融合。应当大力提倡跨专业、跨国别与区域的综合研究，开设一批高水平的课程，撰写一批相应的教材，努力培养更多的通才和专家。

作者简介：王缉思，北京大学国际战略研究院院长。

① 例如，日本的地区研究很有特色，值得借鉴。参见于铁军：《日本特色的地区研究及其对中国的启示》，《国际政治研究》，2018 年第 5 期，第 35—49 页。

主题论文

地区大国的崛起与中东地区秩序的重构

金良祥

摘要：中东地区大国的崛起并不表现为其硬实力的增长，而是表现为其在地区事务中的影响力不断上升。它们不再是地区事务的被动接受者，而是地区力量格局分化组合和议程结构的主动设计者。伊朗、沙特、土耳其和以色列等地区大国的崛起既源自其民族复兴的历史动力，也源于它们积极填补外部大国收缩所造成的战略真空以及自助安全的现实需要。地区大国崛起激发了新一轮以它们为主体的地缘政治博弈，将在一段时间内导致中东地区形成地区大国与外部大国相互借助的对抗性力量结构，对地区政治安全形势产生消极影响。

关键词：中东地区大国　中东地区秩序

长期以来，大国之间的地缘政治竞争被视为影响中东地区国际关系的主要甚至是决定性因素。但是进入新世纪特别是第二个十年以后，中东地区呈现出了地区大国群雄逐鹿的场景。地区国际关系的动力主要来自内部，而非外部。所谓地区大国的崛起，是指伊朗、沙特以及土耳其等地区力量在地区事务上更加活跃，影响大大上升。尽管以色列并不具备伊朗、沙特和土耳其等地区大国所具有的上千万人口和上百万平方公里的领土规模，但就它对地区议程以及地区政治安全形势的影响而言，以色列并不亚于上述三国。埃及虽然依凭 8500 万人口仍占据重要的地位，但其国内政治和经济还会面临严重困难，相当长时期内将不得不在地区事务中保持低调姿态。地区大国的崛起首先是对外部大国主导地区事务的能力和意愿下降的反映，但它将改变这样一种地区秩序：由美国单极主导，支持温和亲美力量、打压反美激进力量。地区大国的崛起既是地区力量格局和秩序调整的结果，也可能是未来地区格局和秩序的重要形成阶段。

在国际政治中，秩序包括三个方面的内涵，一是力量格局，二是规则、规范和机制，三是相对稳定的状态。① 中东地区秩序是指，中东地区行为主体在一定的地区力量格局所决定的规则、协议、惯例和机制限定下，彼此互动所形成的相对稳定状态。由于中东地区仍将在一段时期内处于力量格局调整阶段，新的规则和机制的形成遥遥无期，实现相对稳定的状态更是一种奢望，本文将侧重探讨地区大国崛起对地区力量格局和地区政治安全形势的影响。

一、地区大国崛起的表现

硬实力积累是传统国际关系理论界定国家崛起的条件之一，但中东地区国家的崛起主要表现为它们对地区事务的影响力上升，尽管这种影响力有时是促进和平与稳定的，有时则是消极破坏性的。进入新世纪以后，特别是进入第二个十年以后，伊朗、沙特以及土耳其等地区性国家，虽然实力未必实现了增长，但对地区事务的影响或多或少有所上升，成为了地区事务的主要影响者、地区秩序的塑造者，而不再是被动接受者。

地区大国崛起的主要表现是它们成为了地区力量分化组合的主动塑造者。后冷战时期，以海湾战争为标志，中东地区形成了以美国为主导的单极秩

---

① 关于国际秩序的概念和内涵可参见，潘忠岐：《世界秩序：结构、机制与模式》，上海：上海人民出版社，2004 年，第 1—18 页；杨剑：《全球治理像一艘大船，工具箱里不能只有一种工具》，上观新闻，2018 年 9 月 13 日。

序。美国将地区国家划分为激进反美国家和温和亲美国家,前者主要包括卡扎菲时期的利比亚、萨达姆时期的伊拉克、叙利亚和伊朗等,后者主要包括沙特等海湾国家、埃及、约旦等。由于美国对中东地区诸多事务具有决定性影响,地区国家成为了上述秩序的接受者。伊朗等激进反美国家虽对美国的单极秩序感到强烈不满,但并没有能力突破美国的单极秩序,没有对其造成实质性冲击。沙特等海湾国家则在海湾战争后主动邀请美国驻军,安于享受美国提供的安全保护,这种保护也一度为沙特奉行低调维持现状的政策提供了条件。正如基辛格所指出的,"沙特阿拉伯在公开场合几乎总是避免出头,与他国保持距离,用含糊不清掩盖自己的脆弱,用避而远之隐藏自己对外来者动机的猜疑。"[①]即使是以色列也基本接受了美国主导的中东和平进程,与巴勒斯坦达成了"奥斯陆协议",与约旦签署了和平协议。

进入新世纪以后,地区大国积极按照本国的意志合纵连横,事实上已经改变了上述美国主导地区事务的局面,尽管这种主动性在很大程度上是对美国战略收缩的反映。2003年伊拉克战争之后中东地区所出现的从伊朗到伊拉克、叙利亚和黎巴嫩的什叶派新月地带,既是美国战略失误,也是伊朗积极主动建构的结果。伊朗长期为黎巴嫩真主党提供军事援助和意识形态指导,为什叶派掌握实权的伊拉克提供政治、经济和安全支持,深度参与叙利亚问题的国际博弈,为阿萨德政权渡过危机创造了条件。不仅如此,伊朗还积极为巴林和沙特等国什叶派反政府力量提供道义和政治支持,将伊朗与沙特之间的博弈推进到了海湾国家的内部。伊朗改变了过去被遏制的状态,突破了美国的封锁,并成为引发后来中东地区秩序变迁的重要因素。

2011年3月14日,沙特等海湾阿拉伯国家合作委员会(海合会)成员国应巴林的要求派遣"半岛盾牌"部队进入巴林。其中沙特派遣了1000名士兵,阿联酋则派出了500人左右的警察部队,帮助巴林王室稳定了局势,渡过了那场席卷阿拉伯世界的政治危机。[②] 这一事件当时未必引起国际社会足够的重

---

① 〔美〕亨利·基辛格:《世界秩序》,胡利平等译,北京:中信出版社,2015年,第171页。

② "GCC Troops Dispatched to Bahrain to Maintain Order", Al Arabiya News, https://www.alarabiya.net/articles/2011/03/14/141445.html,访问时间:2017年7月12日。

视,但却意味着沙特地区战略的重大转变。在美国战略收缩的背景下,沙特逐渐意识到安于享受美国保护的时代已经一去不复返,沙特及其领导的海湾国家需要通过自己的力量维护自身的安全,塑造有利于自己的战略环境。不仅如此,2015 年沙特还试图以阿拉伯国家为基本成员,构筑以反恐为名义,实为遏制伊朗的联盟,2017 年则试图将上述联盟进一步扩大到整个伊斯兰世界。以色列和沙特均将伊朗视为最大威胁,并积极探索合作的方式,以色列还积极推动沙特等国构建以海合会六国为班底,包括埃及和约旦的“中东版小北约”,目标是遏制伊朗。

另一个地区大国土耳其也一度是美国主导的中东地区秩序的接受者,这部分是因为土耳其并没有将中东地区作为战略重点,而是曾先后将中亚和欧洲作为战略方向。进入新世纪以后,土耳其也积极按照自己的意志推动地区力量的分化组合。土耳其积极为巴勒斯坦人民的正义事业提供政治、道义和物质支持,扩大在中东地区的影响力,还利用沙卡断交将其身的军事存在延伸至阿拉伯半岛。不仅如此,在叙利亚问题上,土耳其先是与美欧国家站队,后是与俄罗斯和伊朗为伍,成为了阿斯塔纳进程的重要一方。

地区大国崛起的另一重要表现,是地区力量成为地区议程的主动塑造者。在这方面,以色列便是一个鲜明的例子。以色列与周边国家的关系存在结构性矛盾。由于巴勒斯坦人民实现民族权利的正义事业仍在伊斯兰世界得到高度认同,与以色列的战略合作在中东伊斯兰国家意味着政治不正确,是故,以色列常常是通过营造议程实现其地区战略目标。

2003 年美国发动了伊拉克战争。然而,无论是萨达姆政权发展大规模杀伤性武器,与“基地”组织有关联,还是实行独裁统治,这些都无法解释美国政府为何花费高昂代价发动战争,而以色列游说团体的推动却起了至关重要的作用。战争之前,萨达姆·侯赛因的伊拉克不断发布支持巴勒斯坦的言论,并成为能够对以色列的安全构成威胁的高调的伊斯兰教国家之一。米尔斯海默指出,推翻萨达姆·侯赛因的决定叫人难以看透,“虽然来自以色列和以色列游说集团的压力并不是布什政府在 2003 年 3 月作出进攻伊拉克决定背后的唯一因素,但那却是一个关键因素。"①

以色列塑造地区议程的另一个重大成就是建构了伊朗威胁。在萨达姆政权被推翻之后,伊朗成为中东地区唯一仍然高调恪守支持巴勒斯坦人民的正义事业的伊斯兰国家,且能对以色列的安全构成一定的威胁,伊朗合乎逻辑地成为了以色列建构地区安全威胁的目标。尽管伊朗问题的存在有一定的客观性,伊朗影响不断扩大对中东地区的力量平衡造成了冲击,但伊朗问题在很大程度上是以色列等地区力量主观建构的结果。国际原子能机构并没有对伊朗的核计划作出非和平的性质认定,2015年7月达成伊核协议以后,国际原子能机构的报告也明确肯定伊朗履行了协议义务。然而伊朗威胁已经取代巴以问题、反恐问题,成为中东地区牵扯主要大国外交资源的首要问题,其原因主要在于以色列以及美国犹太游说团体利用其强大的公关能力,改变了美国决策阶层的认识,进而改变了美国的政策。以色列和以色列游说集团"不厌其烦地阻止克林顿政府和布什政府同伊朗进行接触,而且他们几乎每个回合都取胜了。不幸但却可以预料的是,比起追求一项接触战略来,这种强硬方法并不像其被推销的那样管用,而是更加糟糕。"②而在特朗普政府时期,以色列游说团体对伊朗威胁的建构更是超过了以往任何时期,正是在以色列游说团体的作用下,美国甚至退出了其前任花费大量外交资源所达成的伊核协议,恢复甚至追加对伊朗的制裁。

综上所述,进入新世纪以后,地区大国不再是地区秩序的消极接受者,而是积极塑造者,尽管美国和俄罗斯等域外大国如果愿意投入战略资源,仍将是地区秩序的主导者。美俄之间的博弈固然是中东地区秩序的重要方面,但地区国际关系发展的基本动力则是来自内部,地区大国之间竞争势力范围构成了地区地缘政治发展的广阔图景。同时,从伊拉克战争到美国对伊朗实施极其严厉的制裁,中东地区政治格局的演变也在一定程度上反映了以色列外交政策的逻辑。

---

① 〔美〕约翰·米尔斯海默和斯蒂芬·沃尔特:《以色列游说集团与美国对外政策》,王传兴译,上海:上海人民出版社,2009年,第335页。

② 同上书,第420—421页。

二、地区大国崛起的历史和现实逻辑

伊朗、阿拉伯和土耳其等民族都曾经建立过横跨欧亚非三大洲的帝国。虽历经变迁，但他们仍然胸怀民族复兴的抱负。地区大国的崛起既源于它们民族复兴的内在要求，也是对美国等域外大国战略收缩的反映。换言之，美国的战略收缩为地区大国实现其长期蛰伏的战略抱负提供了空间和机遇。

（一）民族复兴是地区大国崛起的历史动力。中东地区被称为“三洲五海”之地，地理位置的重要性为帝国辐射力量提供了条件，为历史上伟大帝国的诞生奠定了基础。人类历史上总共诞生了六个横跨欧亚非三大洲的帝国，其中三个发源于中东地区，分别是波斯帝国、阿拉伯帝国和奥斯曼土耳其帝国。辉煌并不只属于过去，至今仍然深刻地影响着地区大国的地区政策。伊朗、沙特和土耳其等地区力量，虽然清醒地认识到，达到辉煌历史的顶峰是一种不切实际的目标，但都将本民族视为地区事务理所应当的执牛耳者。

波斯帝国是人类历史上第一个横跨欧亚非三大洲的帝国。两千多年前波斯帝国的辉煌已经转化为历史记忆，不仅仍然是当代伊朗民族自豪感的根源，也是伊朗谋求成为地区强国的意愿的重要历史来源。一位美国学者指出，“伊朗的国际取向历史性地基于自身伟大的假定，一种从未减弱的相对于邻国的优越感。”①基辛格也认为，伊朗“对征服者低头只是暂时的让步，骨子里仍然保持着独立，维持着自己特有的世界观”，②而这种世界观在很大程度表现为谋求地区大国地位。

先知穆罕默德以后的四代哈里发从阿拉伯半岛出发，经过多年征战建立了阿拉伯帝国，这一辉煌历史也仍然是当代阿拉伯民族谋求复兴的重要历史动力，而领土横跨阿拉伯半岛的沙特则将自己视为阿拉伯帝国历史遗产的自然继承者。沙特一直强调自己是伊斯兰世界两大圣寺的守护者，并自视为伊

① Ray Takeyh, *Guardians of the Revolution* (Oxford: Oxford University Press, 2009), p. 2.

② 亨利·基辛格：《世界秩序》，第 192 页。

斯兰教的正统继承者。就它倡议在阿拉伯和伊斯兰世界建立以自己为领导的联盟而言,沙特的雄心并不止于地区领导地位。穆罕默德·本·萨勒曼王储在“沙特阿拉伯2030年愿景”的序言中指出,沙特“愿景的第一大支柱是沙特阿拉伯作为阿拉伯与伊斯兰世界核心国家的重要地位……沙特阿拉伯王国是两大圣寺的所在之地,两大圣寺是这世上最为神圣的地方,也是克尔白天房(朝向)的所在之地。”①

土耳其则是奥斯曼土耳其帝国历史遗产的继承者,第一次世界大战虽然摧毁了奥斯曼土耳其帝国,但并没有摧毁土耳其人心中的帝国梦想。2002年土耳其正义与发展党执政以后,同时也是在经历了泛突厥主义和入欧政策挫折之后,该国开始将新奥斯曼主义(neo-Ottomanism)奉为圭臬,增加了对中东周边外交的资源投入,包括为巴勒斯坦人民的正义事业提供支持、支持阿拉伯国家的街头运动以及为卡塔尔提供军事支持等。“新奥斯曼主义就是把土耳其界定为一个与其自身的穆斯林身份能够和平相处的、拥有自豪感和自信的国家。”②

(二)地区大国的崛起也是对外部大国战略收缩的必然反映。③ 自奥巴马政府开始,美国便在中东地区采取了收缩战略,这部分是因为在阿富汗和伊拉克的两场战争对美国战略资源的消耗,部分是因为美国需要将更多的战略资源投入亚太地区。在此背景下,奥巴马2009年就任总统以后便着手从伊拉克和阿富汗撤军,对伊朗因选举发生的街头运动慎重表态,通过谈判的方式与伊朗达成伊核协议,对军事介入叙利亚危机也持慎重态度。

特朗普政府所推行的美国优先政策本质上也是以战略收缩为重要前提。2018年3月特朗普表示美国将从叙利亚撤出,其战略收缩之意十分明显。④

---

① Mohammed bin Salman, *Foreword* to *Vision 2030 Kingdom of Saudi Arabia*, http://vision2030.gov.sa/en/foreword.

② 昝涛、易鹏和李玲飞等:《重新发现土耳其》,成都:西南财经大学出版社,2016年,第16页。

③ 关于美国在中东地区的战略收缩可参见 Steven Simon and Jonathan Stevenson, “The End of Pax Americana: Why Washington's Middle East Pullback Makes Sense”, *Foreign Affairs*, November/December, 2015, pp. 2—10; Shadi Hamid and Peter Mandaville, “Bringing the United States Back into the Middle East”, *The Washington Quarterly*, Fall 2013, pp. 95—105.

④ Ryan Browne and Barbara Starr, “Trump Says Will Withdraw from Syria ‘Very Soon’”, *CNN*, March 29, 2018, https://edition.cnn.com/2018/03/29/politics/trump-withdraw-syria-pentagon/index.html.

特朗普政府轰炸叙利亚、退出伊核协议以及组建"中东版小北约"等行为并不表明美国将增加对中东地区的战略投入，只是美国在中东地区欲走还留的无奈体现。尽管美国优先的战略不允许美国在中东地区投入更多资源，但沙特、以色列以及叙利亚反政府力量等试图借助美国力量实现它们各自的目标，并竭力游说美国介入中东地区事务。

美国战略收缩最直接的影响是为伊朗等地区大国填补空间创造了条件。中国一度被西方视为在美国收缩后最有可能填补空间的国家，这部分体现了美国对中国的疑虑，部分体现了一些地区国家对中国发挥更大作用的期待。然而后来的事实表明中国无意在中东地区寻求代理人，无意谋求势力范围。事实上，美国战略收缩所留下的部分空间早已为伊朗等地区大国所填补。如果说伊拉克亲伊朗什叶派政权的产生还只是伊拉克战争的副产品，那么什叶派新月地带的形成以及巩固则是美国无力掌控地区局势、伊朗主动建构的结果。另外，俄罗斯以 2015 年 9 月强势介入叙利亚危机为标志，也填补了美国留下的部分战略空间。

美国战略收缩也使得沙特等地区大国不得不通过自助自强的方式维护自身的战略利益。2011 年 3 月巴林发生内乱，为了防止巴林内乱导致政权崩溃从而危及海湾君主制国家，沙特等以海合会名义派遣安全部队帮助巴林平息内乱。此后，沙特还先后以逊尼派阿拉伯国家和逊尼派伊斯兰国家为基本力量组建名为反恐实为反对伊朗的联盟。沙特在维护本国安全和战略利益的同时，也扩大了地区影响，它之所以不遗余力组建反伊、遏伊联盟，原因在于它已经意识到不能不切实际地完全依赖美国的安全保护。因此，以地区影响力上升为内涵的沙特崛起也是美国战略收缩的必然结果。基辛格指出，"在一个'圣战'、剧烈大动荡和认为美国将从这个地区抽身退出的时代，沙特阿拉伯王国有时不再含糊其辞，转而采取直截了当的做法，明确表达它对什叶派伊朗的恐惧和敌视。"①

① 亨利·基辛格:《世界秩序》，第 171—172 页。

三、地区大国崛起对地区秩序的影响

地区大国的崛起将对地区秩序产生深远的影响。这不仅将改变中东地区地缘政治格局长期由外部大国主导的状态,而且将在一段时期内导致地区政治安全形势更趋恶化,使得中东地区在一个相当长的时期处于地缘政治角逐紧张而又无序的不稳定状态。

(一)外部大国与地区大国相互借重将成为中东地缘政治博弈的新特点。奥斯曼土耳其帝国解体之后,中东地缘板块长期呈现出碎片化的基本特点,这是后来外部大国主导地区事务的重要原因。在地缘板块碎片化的条件下,中东地区不能形成强大统一的力量抵抗外部大国的主导。冷战期间,美苏两个超级大国在中东地区培植代理人,构筑对抗阵营,美苏对抗故而成为界定中东地缘政治格局的基本特点。冷战结束以后,美国携海湾战争获胜之余威,在中东地区建设军事基地,将中东国家划分为亲美温和国家和反美激进国家,并与亲美国家一起打压反美国家,以此建构了美国在中东地区的单极秩序。对此,王林聪指出,"域外大国将中东视为实现其战略利益的重要区域,利用地区内部的矛盾进行渗透和扩张,建立以自身安全利益为根本的所谓'中东秩序'……中东国家被迫受制于外部势力的操控,难以主导自身发展,缺乏自主性。"①

地区大国的崛起是对外部大国战略收缩的反映,但也会对外部大国主导地区事务的状态产生深远影响。诚然,美国仍将是在中东地区拥有最多军事基地的国家,俄罗斯凭借叙利亚战场上的得势实现了强势回归,外部大国仍将是地区战略态势的主要影响变量。然而,随着地区大国的崛起,地区大国之间的地缘政治竞争对地区秩序的影响将大大上升,而外部大国之间的博弈对地区政治安全形势的影响将大大下降。换言之,地区大国不再是大国竞争的被动卷入者,而是地区战略博弈的主动施动者;外部大国相应地将成为地区大国博弈的被动卷入者,而不是主动参与者。

---

① 王林聪:《中东安全问题及其治理》,《世界经济与政治》,2017年第12期,第17页。

叙利亚危机的产生和演变并不是外部大国主导推动的结果，而是主要由地区大国博弈所致。俄罗斯强势介入叙利亚危机固然在一定程度上是要维护其在中东地区的战略利益，没有叙利亚作为盟友，俄罗斯在中东和地中海地区的影响将遭到极大削弱。但美国并不愿意在叙利亚问题上投入战略资源。叙利亚危机爆发之初，奥巴马政府虽表示“要站在历史一边”，但不愿军事介入。特朗普也在2018年4月初明确表示美国将撤出叙利亚，认为美国对中东地区的投入得不偿失。美国之所以在叙利亚问题上欲走还留，主要是因为沙特等地区大国试图借助美国的力量推翻阿萨德政府，以遏制伊朗，削弱后者的地区影响。

美国宣布退出伊核协议，原因固然部分在于美国国内存在的强大反伊政治势力，但主要原因是以色列和沙特等地区力量的游说，特别是犹太游说团体对美国决策系统的独特影响。事实上，早在奥巴马政府时期，以色列便强烈要求美国政府不要与伊朗达成一项不彻底的伊核协议，但并没有成功。特朗普政府最终退出协议并为重新谈判协议提出苛刻的条件，既是其本人政治立场使然，更在很大程度上受到了其犹太裔女婿库什纳的影响。

最后，地区大国的崛起也将催生外部大国与地区大国相互借重的力量结构。一方面，外部大国在中东地区投入战略资源的意愿有所下降，另一方面，地区大国试图在地区事务中发挥更大作用，但又不具有足够的战略资源。内外大国相互借重将会成为中东地区力量结合的新模式。2017年以来，一些国家的官员不断暗示，美国将组建“中东版小北约”，拟包括海合会六国、埃及和约旦等，以对抗伊朗威胁。① 尽管一种正式的安全合作关系能够在多大程度上实现仍是未知数，但美国与阿拉伯国家之间的某种形式的战略和安全政策上的相互借重早已存在。而这种战略和安全关系便是地区大国与外部大国相互借重关系的体现。同样，伊朗、土耳其等地区大国和俄罗斯也形成了这种关系，三者在叙利亚问题上的纵横捭阖便是一例。

---

① 关于“中东版小北约”可参见 James Jay Carafano，“What a Middle East NATO Could Accomplish for Trump”，*The National Interest*，May 18，2017，https://nationalinterest.org/blog/the-buzz/what-middle-eastern-nato-could-accomplishtrump-20734。

(二)地区大国崛起造成了地区安全形势的恶化。理论上,地区大国的崛起未必不利于地区和平与稳定。如果地区大国能够就相互之间的关系达成规则和协议,将各自的行为置于彼此认同的机制内,并以协调的方式不断提供在真正意义上能满足集体安全需求的公共产品,这是有利于促进和平和稳定的。然而在现阶段,中东地区大国的崛起并不是以上述方式实现,而是竞相培植代理人,扩大和争夺势力范围。是故,地区大国崛起在一段时间内对中东地区安全形势的影响主要是负面的。

由于地区大国之间的争夺,一些地区危机和热点问题如叙利亚危机、也门危机、黎巴嫩国内动荡以及巴勒斯坦问题等,非但没有得到解决,反而出现了更为复杂的前景。比如,叙利亚危机的核心矛盾并不是叙利亚内部的政治问题,而是地区大国伊朗和沙特竞争地区影响力。包括沙特在内的外部力量为叙利亚反政府力量提供支持,向它们发出了错误信号,提供了一种能够推翻阿萨德政府的虚幻前景,导致它们仍在寻求不切实际的目标,致使政治解决进程难以实质性启动。总之,正是地区大国的博弈导致叙利亚危机的政治解决进程停滞不前,政治安全形势持续恶化,上千万无辜民众流离失所。

地区大国之间的博弈也是导致中东恐怖主义持续蔓延的重要因素。地区大国博弈致使地区安全、经济和就业形势恶化,为“基地”组织和“伊斯兰国”等恐怖主义势力提供了生存土壤,为它们招募新生力量提供了条件。不仅如此,一些地区大国奉行消极反恐政策,甚至试图借助恐怖主义牵制其他地区大国,这些都是恐怖主义势力尾大不掉的重要原因。打击恐怖主义势力,需要地区大国之间在边界控制、资金往来以及武器运输等方面加强协调,但地区大国之间围绕打击恐怖主义的合作和协调事实上并不存在。

地区大国崛起也助长了中东地区的教派矛盾。宗教是界定中东群体的主要文化边界,因此,地区大国的崛起及其导致的地区大国的博弈必然带有强烈的宗教色彩。同时,尽管崛起的中东力量具有一定的多元性,但地区大国博弈首先表现为逊尼派代表国家沙特和什叶派代表国家伊朗之间的斗争,这就进一步加强了地区大国崛起的教派色彩。需要指出的是,当代的沙特和伊朗都是作为民族国家而存在于中东地区,宗教作为文化或意识形态对中东国家之间关系的影响已经大大下降。但宗教作为界定身份认同的一种标准常常被工具化，并被用来培植代理人和扩大势力范围，正如政治、经济和军事手段常常被美国等超级大国用来扩大势力范围一样。这反而会强化宗教身份认同，并激化中东地区的教派矛盾，成为新的不稳定因素。

四、地区大国崛起对中国的中东外交的影响

进入新时期以后，中国与中东国家之间的互动空前增加，政治上的相互支持进一步发展，经贸关系持续升温，特别是中东国家将成为中国提出的"一带一路"倡议的重要合作伙伴。地区大国崛起作为新的历史现象也将对中国的中东外交产生深远影响。

（一）地区大国崛起在短期内将制约"一带一路"倡议的推进。中东地区处于三洲五海之地，连接欧亚非三大洲，是陆上丝绸之路和海上丝绸之路的交汇点，在"一带一路"建设中处于重要的战略地位，也理应成为主要受益者。"一带一路"倡议得到中东国家积极响应，便是中东国家地理位置客观重要性和主观上重视的双重体现。然而在现实中，地区大国的崛起将对"一带一路"建设产生复杂的影响。

就长期而言，地区大国的崛起未必不利于地区政治安全形势走向稳定，一旦中东地区形成了相对稳定的力量结构，并在此基础上形成了得到认可的规则和机制，地区大国之间的政策协调也是有可能的，地区的稳定与和平也是可以预期的。果真如此，以"五通"建设为主要依托的"一带一路"倡议可能在作为整体的中东地区取得重要进展。

然而在短期内，地区大国的崛起将主要为"一带一路"建设带来严峻挑战。地区大国仍将扩大势力范围作为周边战略的主要目标，它们之间相互为敌、各自为政的状态短期内难以改变，会严重制约"一带一路"建设。后者不仅将基础设施的互联互通作为重要目标，而且对沿线国家之间的政策协调和沟通有着较高要求。受此影响，中国在"一带一路"建设中，将不得不在涉及中东地区时坚持双边原则。另外，地区大国之间的地缘政治博弈造成地区安全形势恶

化,也会对项目的实施以及参与者的投资信心产生消极影响。

(二)中国坚持不干涉内政原则的定力将面临挑战。长期以来,中国在中东问题上坚持不干涉内政的原则,这为中国实施总体超脱的政策提供了道义保障。冷战期间,美苏两个超级大国构筑相互对抗的阵营是地区国际关系的基本动力;后冷战时期,美国构建单极秩序构成了地区国际关系的基本动力。在这两个时期,主要是外部大国在不断干涉中东国家的内政和地区事务,地区国家本身是受害者。是故,中国反对干涉内政的原则得到中东国家的广泛欢迎。比如,2003年伊拉克战争之后,一些阿拉伯国家唯恐自身成为美国实施政权更迭的对象,希望中国在中东地区发挥更大作用,制衡美国的影响。

然而在地区大国崛起的背景下,不干涉内政原则将面临越来越多的挑战。进入新世纪第二个十年以后,地区国际关系背后的主要推动因素并不主要来自外部大国,而是地区大国自身。不仅外部大国,地区大国也成为了破坏中东地区民族国家结构的主要力量,这对中国坚持不干涉内政原则提出了一些挑战。换言之,该原则不再能够得到更广泛的中东国家的认同。比如,中国曾先后多次否决联合国安理会和大会关于干涉叙利亚内政的决议,虽得到了部分中东国家认同,但引起了沙特等诸多中东国家的不满。

中国未来仍将坚定不移地坚持不干涉内政的原则,因为这一原则既符合现代国际关系中尊重民族国家主权原则的要求,也是中国传统的和合文化在当代对外交往中的体现。但在新形势下,地区大国之间矛盾上升,相互成为民族国家结构的破坏者,坚持不干涉内政原则所需要承担的外交成本将会上升,如何保持定力将面临一定压力。

结语:中东地区会产生新秩序吗?

动荡和混乱是近年来学术界和媒体描绘中东最常用的词汇,但中东地区的确曾经有过基于一定的力量格局以及一些脆弱的规则和机制基础之上的低水平稳定状态。冷战期间,中东是美苏争夺的地区之一,虽动荡不断,但相对于新世纪第二个十年,总体比较稳定的。后冷战时期,美国凭借赢得海湾战争确立了在中东地区的单极格局以及在此基础之上的单极秩序，地区大国伊拉克入侵邻国的行为得到制止，中东和平进程一度取得重要进展，一些地区组织如海合会等得到发展，中东地区总体一度处于相对稳定的状态。

新世纪以来中东地区的动荡和失序是多层次上的原因造成的。其中之一是随着美国在中东地区实施收缩战略，中东地区的原有力量格局和地区秩序被打破，而新的格局和新的秩序一时没有形成。换言之，中东地区秩序处于破而未立的阶段。在这种情况下，一些地区力量或是纷纷填补真空，或是扩大势力范围，实现自助安全。原有的一些机制，如关于中东和平进程的四方机制，以及一些地区组织，如阿拉伯国家联盟和海合会等，或是几乎陷于瘫痪状态，或是运营非常困难。一度在中东地区得到热议的关于建立无核武器区或无大规模杀伤性武器区的倡议，也都不了了之。

然而，我们虽不能对地区形势的发展过于乐观，但也不能过于悲观。在现阶段，以及很有可能在未来一段时期内，动荡和无序仍将是界定中东地区的政治、经济和安全形势的关键词。但地区国家终将认识到共同安全和稳定是它们的共同利益，认识到它们各自力量的限度和边界，在地区博弈中采取理性的态度，而不是追求不切实际的目标。如此，在未来有望形成新的格局和新的秩序，将可能实现某种水平的稳定。

地区大国的崛起将对中国外交造成新的挑战。但是于中国而言，与各崛起大国均保持友好关系，在不卷入地区冲突、坚持不干涉内政原则的同时积极劝和促谈，推动中东地区形成新的秩序，仍将是符合中国传统和合文化特点的最佳政策选择，也是最能维护自身利益的政策。

作者简介：金良祥，上海国际问题研究院西亚非洲中心副研究员。

"7·15 未遂政变"以来的土耳其军政关系

——变化与走势

朱泉钢

摘要:"7·15 未遂政变"既反映了正义与发展党执政以来的土耳其军政关系变化,也加速了土耳其走向总统制的进程。政变之后,通过一系列制度和非制度安排,军方在军政关系中的地位进一步削弱,而总统在军政关系中的权限显著增强。这进一步固化了文官政府对于军队的优势,并有利于总统制的稳定,但降低了军队的专业化和战斗力。未来,土耳其政府将努力把军队锚定在总统制体系中,其关键是确保政府控制军队与军队的强战斗力之间的平衡。

关键词:"7·15 政变"　土耳其军政关系　土耳其政治体制

长久以来,军队在土耳其国家历史发展进程中具有重大作用和影响,土耳其也形成了军人监国体制。正义与发展党(简称正发党)执政以来,土耳其军政关系发生了显著变化,文官政府对于军队的控制明显增强。2016 年发生在土耳其的"7·15 军事政变"以失败告终,这正是土耳其军队在国家政治中地位下降这一"大篇章"中的最新"注脚"。政变之后,土耳其军政关系延续了文官控制增强的总趋势,也在制度安排上呈现出一些新变化。本文试图在土耳其军政关系演变的大脉络中理解"7·15 未遂政变",分析政变后的军政关系变化及其影响,并指出土耳其军政关系的未来走势。

一、土耳其文官政府控制军队的增强与"7·15未遂政变"的失败

2003年正发党执政以来，土耳其内外环境发生一系列变化，这对土耳其军政关系影响显著。在国内层面，正发党一党独大的政治体系基本确立并得以延续，军方关于军政关系的理念出现了变化，民众对于军队的认知也有所改变。同时，在国际层面，土耳其深受加入欧盟谈判的影响，加入欧盟的意愿对土耳其军方构成制约。最终，土耳其军政关系变得更加接近西方的文官政府对军队控制的模式。

(一) 文官政府对军队控制加强的表现

军政关系可以被理解为作为国家制度的军队与政府之间的联系和互动，以及在互动基础上形成的有关军政双方在政府职位招募、国家安全问题、经济社会事务和军队团体议题中权限分配的制度安排。政府职位招募是指政府人员招募的标准和程序，在军政关系中体现为军人担任政府官员的状况。国家安全领域涉及内外安全，在军政关系中体现为军队在内外安全中的责任和职能。经济社会事务是指军队参与国家经济活动，以及社会活动的状况。军队团体议题涉及士兵招募和培训、军官晋升和退休、武器装备采购和维修等内容。[①] 这种定义的好处在于既能观察军队与政府在诸议题中决策权限的大小程度，又能评估一国军政关系的性质。正发党执政以来，土耳其军队在政府职位招募、国家事务决策和军队团体议题中的权限逐渐下降，而军队无力成功进行政变更是凸显了文官政府对军队控制的增强。

第一，2003年8月以来，土耳其军方在国家安全委员会(简称国安委)中

---

① Aurel Croissant, David Kuehn, Paul Chambers, Siegfried O. Wolf, "Beyond the Fallacy of Coup-ism: Conceptualizing Civilian Control of the Military in Emerging Democracies", *Democratization*, Vol. 17, No. 5, October 2010, p. 955.

的权力不断下降,而国安委在国家安全事务决策中的作用也逐渐降低。1960年政变成功后,军方倡议组建了国安委,作为军方影响国家政策的常规机构。[①] 2003年之后,文官逐渐在国安委中获得相对军方的优势。随着财政部长、司法部长、人权协调委员会高级代表成为国安委成员,文官在国安委中的代表数量超过军方,其秘书长也由文官担任。此外,国安委的作用在降低。国安委的例行会议从之前的每月一次减少到两月一次,政府也无需像之前那样完全遵循国安委的决定。从2010年起,《国家安全政策文件》由政府而非国安委来审议。最后,政府为了削减国安委的作用,在2006年建立了安全事务总局(General Directorate of Security Affairs),2010年建立公共秩序与安全部副部长一职,用来协调国家的危机管理。[②] 最终,军队在政府职位招募和国家事务决策中的作用明显下降。

第二,自2004年开始,土耳其国防预算在国民生产总值中的比例有下降趋势,并且透明度有所增强。2004年之后,教育预算开始超过国防预算。虽然军队开支的数额增长显著,但是国防开支在国民生产总值中的比例从2000年的3.7%降至2005年的2.5%,2011年更是下降到1.96%。土耳其的国防开支虽仍不完全透明,但2003年通过《公共财政管理和控制法》之后,财政部关于国防开支的规定更加具体。此外,在2004年宪法修正案中,有关军队国有资产的秘密条款被删除。[③] 总体看来,土耳其军队在国防预算中仍占有特权地位,但其权限有明显下降。

第三,军队无力通过政变实现政权更迭,意味着军方在国家政治中的地位下降。2002年之后,军方虽然试图通过密谋影响政权,然而总是未果,反而是正发党对军队屡屡主动出击。正发党通过披露“大锤案”和“于都斤山案”,以

① Ayşegül Kars Kaynar,“Making of Military Tutelage in Turkey:The National Security Council in the 1961 and 1982 Constitutions”,*Turkish Studies*,Vol. 19,No. 3,September 2018,p. 451.

② İlhan Uzgel,“Between Praetorianism and Democracy:The Role of the Military in Turkish Foreign Policy”,*The Turkish Yearbook*,Vol. XXXIV,2003,p. 192.

③ Mehtap Söyler,*The Turkish Deep State*:*State Consolidation*,*Civil-military Relations and Democracy*(London:Routledge,2015),p. 180.

及对军队政变密谋发起一系列指控，不仅降低了军队在社会中的形象，而且加强了政府对军队的控制。① 通过修改宪法和相关法律，并对密谋政变的相关人员进行审判，民众对军队干政的支持舆论逐渐降低，土耳其军队在政治中的作用显著下降。“7·15 政变”的失败，再次证明军方直接干预政治的能力降低。

（二）文官政府控制军队加强的原因

土耳其军政关系出现转变的原因，既有制度性因素，也有结构性因素，还有观念性观念因素。

第一，土耳其政局一改长期的动荡状态，正发党在国家政治中表现出强势地位，这种结构和制度层面的特点有利于加强政府对军队的优势。

相关研究表明，政治失稳、经济衰退和社会混乱往往是军队干政的重要因素。② 而正发党执政后的良好绩效显然削弱了军队干政的机会。2002 年议会大选是土耳其政治发展的分水岭，除了共和人民党获得 19％的选票外，之前政坛上的主要政党大多仅仅获得不足 10％的选票支持。与此相对应的是正发党大获全胜，赢得了 35％的选票，埃尔多安出任总理。2012 年大选中，正发党获得 50％的席位，该党的居尔任总统，土耳其首次出现一党两首的局面。正发党执政期间，土耳其政治整体稳定，经济持续发展，文化上融合了民族主义和传统主义。正发党是奉行实用主义的政党，发展出亲商业、亲现代和亲西方的新自由保守主义理念。③ 该党最终的目标是变革体系，而非革命，逐渐弱化世俗主义的限制，而非彻底背离世俗精神，这使得精英和大众都相对满意。

第二，加入欧盟的动机，以及 21 世纪的地区局势变化加速了土耳其军政关系的转变。

---

① 昝涛：《延续与变迁：当代土耳其的政教关系》，《西亚非洲》，2018 年第 2 期，第 58 页。

② Aurel Croissant, David Kuehn, Paul W. Chambers, Philip Völkel and Siegfried O. Wolf, “Theorizing Civilian Control in New Democracies: Agency, Structure and Institutional Change”, *Zeitschrift für Vergleichende Politikwissenschaft*, Vol. 5, No. 1, 2011, p. 91.

③ 王林聪：《论正义与发展党执政下的土耳其“民主模式”》，《西亚非洲》，2009 年第 8 期，第 21 页；朱传忠：《土耳其正义与发展党的保守民主理念与政治改革探析》，《西亚非洲》，2015 年第 4 期，第 59—68 页。

在1999年欧盟国家首脑的赫尔辛基峰会上，欧盟承认了土耳其的官方候选国身份，这催化了土耳其国内的一系列改革举措，包括军政关系领域的调整，这种趋势在正发党执政之后进一步加速。[①] 21世纪初，土耳其加入欧盟的谈判对军方具有影响。2002年基伏里克格鲁(Kivrikoglu)总参谋长表示，加入欧盟对土耳其来讲，在地缘上是必要的。2003年，新参谋长厄兹柯克(Özkök)认为，土耳其的未来在于加入欧盟，他认为军队在加入欧盟方面存在共识："军队是土耳其现代化的先锋，加入欧盟是实现现代化的工具。军队不反对加入欧盟，但要平等，同时保护民族和领土的统一。"[②]正发党政府利用军方试图加入欧盟的意愿，执行欧盟要求的"政治去军队化"的改革，降低军方在国家政治中的作用，军方逐渐丧失了在军政关系中的优势地位。

此外，内外安全形势的变化降低了军队的安全作用，加速了土耳其军政关系的转变。面对内部的库尔德武装的威胁，伊拉克战争之后，土耳其政府采取更加温和的态度解决库尔德问题。而对于外部的塞浦路斯问题，正发党接受了前联合国秘书长安南关于塞浦路斯的和平计划。[③] 最终，军队在解决内外安全事务中的重要性下降，这有利于文官控制军队。

第三，民众对军队的信任程度在下降，同时军方对干政的态度也在改变，这些促进了文官政府对军队的控制。

一是2000年以来，民众对军方的态度发生了显著变化。2000年，民众对土耳其军队的信任程度高达86.2%，远高于对政党、政府和警察的信任度，后三者所获民众信任度分别为27.8%，45.4%和68.7%。[④] 然而，2007年之后，民众对军队的信任程度开始出现显著下滑。2008年，虽然仍有83%的民众信

---

① Arzu Güler, Cemal Alpgiray Bölücek, "Motives for Reforms on Civil-Military Relations in Turkey", *Turkish Studies*, Vol. 17, No. 2, April 2016, p. 252.

② Feroz Ahmad, "Military and Politics in Turkey", in *Turkey's Engagement with Modernity: Conflict and Change in the Twentieth Century*, eds., Celia J. Kerslake, Kere Öktem and Philip Robins (New York: Palgrave Macmillan, 2010), p. 111.

③ Yaprak Gürsoy, "The Changing Role of the Military in Turkish Politics: Democratization through Coup Plots?", *Democratization*, Vol. 19, No. 4, August 2012, p. 744.

④ Zeki Sarigil, "Deconstructing the Turkish Military's Popularity", *Armed Forces & Society*, Vol. 35, No. 4, July 2009, p. 710.

任军队,但不信任军队民众的比例增长了5%,2009年和2010年不信任军队的民众比例分别为20%和28%,而信任军队的民众比例分别降低到77%和69%。① 二是军方对干政的态度发生了变化。2006年8月,布于卡尼提(Yaşar Büyükanıt)出任总参谋长,他指出军队是共和国基本原则和国家内外安全的捍卫者,但是文官具有最终的发言权。即使他对于文官政府的某些态度不认同,但是依旧接受政府的决策。例如在居尔出任总统的问题上,虽然他代表军方表达了反对立场,但并未逆转最终的结果,更没有因为政府拒绝接受军方的意见而进行干预。整体看来,21世纪以来,军方的思维似乎发生了变化,即他们越来越愿意接受"文官也有犯错的权利"。②

(三)"7·15政变"及其失败

2016年7月15日晚间,土耳其爆发了共和国历史上的又一次军事政变。政变爆发后,埃尔多安成功动员大量民众阻击军人,证明政变缺乏大众支持。土耳其的民主化进程影响了各方对军队政变的态度,导致政变缺乏军队高层、其他政治力量和广大民众的支持,注定了失败的命运。在很多人眼里,此次政变似乎是军队干政的又一轮回。然而,这次政变绝非此前政变的翻版。

第一,此次政变爆发时的国家形势与之前多次政变有相似性。政变爆发时,土耳其政治极化严重,各政治力量关于内政外交诸议题分歧明显;经济下滑显著,面临通胀高企、失业增加、赤字上升等问题;安全形势恶化,"伊斯兰国"组织和库尔德工人党频繁制造暴恐活动。在这种内外交困的时刻,军队中的一些军官试图假借"恢复秩序、民主和法制"的名义发动政变,这与之前军事政变的原因有一定相似性。

第二,此次政变是部分军官发动的,不同于之前军队多以超国家制度的身份干政。此前,土耳其军队发动政变多以总参谋部的名义进行,凸显政变的合

① Yaprak Gürsoy,"Turkish Public Opinion on the Coup Allegations:Implications for Democratization",*Political Science Quarterly*,Vol. 130,No. 1,Spring 2015,pp. 108—109.

② Metin Heper,"Civil-Military Relations in Turkey:Toward a Liberal Model?",*Turkish Studies*,Vol. 12,No. 2,June 2011,p. 243.

法性。此次政变的成员主要来自土耳其第1军中的一小撮中下层军官,据土耳其政府称,这些人主要是“居伦运动分子”。一批高层军官谴责政变,这意味着军队内部对于政变的态度分裂,以及政变在军内缺乏足够支持。这也反映出以下事实:进入21世纪,土耳其军方高层不愿再频繁通过军事政变重启政治进程。

第三,此次政变并未像之前那样得到部分文官精英和广大民众的支持。政变之后,反对派政党纷纷对军事政变表示谴责。土耳其主要政党普遍接受民主制度,反对军事政变。共和人民党、民族行动党、人民民主党表示,他们支持民主和人民的意愿,反对政变,不想重复军事政变对国家造成的困难。此外,大多数民众并不支持军事政变。

通过观察正发党上台之后的土耳其军政关系变化,我们发现“7·15政变”的失败有其必然性。同时,正发党治下的文官对军队控制的增强趋势也为土耳其政变后的新一轮军政关系变革奠定了坚实的基础。

二、“7·15未遂政变”以来的土耳其军政关系变化

本文在此将基于前文提到的评估军政关系的标准,即军政双方在相关领域中的权限分配,分析“7·15未遂政变”以来的土耳其军政关系变化。整体而言,这一波军政关系变化的核心有两点:一是军方在军政关系中的地位进一步削弱,二是总统在军政关系中的权限得到加强。

(一)通过军政关系调整,降低军方地位

“7·15政变”之前,军方在军政关系中的地位已经显著下降。政变虽然加剧了政府对军队忠诚的担忧,但是却为埃尔多安依照自身意愿变革军政关系提供了难得的好机会。相较文官政府,军队在政府职位、国家安全问题、军队团体议题、经济社会事务中的权限进一步下降。

在政府职位招募领域,土耳其政府降低了军方的地位,这表现在两方面。

一是在国家整体的官僚体系中降低了军方作用。文官代表国防部的权限得到加强,军方代表总参谋部的权限受到削弱。此外,土耳其陆、海、空三军指挥权从之前的总参谋部转向国防部。二是某些特定国家机构进一步文官化,其中最显著的是最高军事委员会。该委员会的成员除了总理、总参谋长、国防部长、各军种总司令外,新增了副总理、外交部长、司法部长、内政部长等文职官员。①

在国家安全领域,土耳其军方的作用明显被缩减。一是政府迫使军队在规模和功能上"瘦身",不仅将之前总参谋部掌管的宪兵武装和海岸保卫队并入内政部,并且提升了内政部的武装能力,增强其在国内安全中的作用,降低军队职能。内政部计划购买T129型直升机,TB2 Bayraktar和Anka-S型攻击型无人机,以及防空武器装备。② 二是发展非制度化的武装力量,秘密执行某些安全任务。这些力量包括三类:与埃尔多安有联系的私人安全公司,例如SADAT A. S.国际防务咨询公司(SADAT A. S. International Defense Consulting);具有黑手党性质的组织,例如奥斯曼日耳曼人组织(Ottoman Germania);青年俱乐部,例如奥斯曼之家组织(Ottoman Hearths)。③

在军队团体议题领域,土耳其军方的权限被进一步削弱。一是在军人职业培训上,土耳其新建国防大学,并归国防部管辖。同时,关闭其他的军事院校,并将战争学院和参谋学院并入国防大学。二是之前由总参谋部承担的军官委任和晋升权限收归国防部。修订军队内部的军官晋升和任命标准,使得国防部成为军官任命的最终权威。④

在经济社会事务领域,土耳其军方的权限有所降低。在社会领域中,政府

---

① Metin Gürcan, "Tentative Transition: Civil-Military Relations in Turkey Since the July 15 Uprising", Policy Notes 48 (The Washington Institute for Near East Policy), March 2018, p. 5.

② Metin Gürcan and Megan Gisclon, "Turkey's Security Sector After July 15: Democratizing Security or Securitizing the State?", *Turkish Policy Quarterly*, Vol. 15, No. 4, Winter 2017, p. 75.

③ Suat Cubukcu, "The Rise of Paramilitary Groups in Turkey", http://smallwarsjournal.com/jrnl/art/rise-paramilitary-groups-turkey.

④ Metin Gürcan, "Tentative Transition: Civil-Military Relations in Turkey Since the July 15 Uprising", p. 5.

废除自治的军队医疗体系和独立的军队司法体系。此外，政府还重新修订了本科和研究生阶段军事教育的相关课程。然而，军队凭借军人互助基金会(Ordu Yardımlaşma Kurumu，通常缩写为 OYAK)仍然广泛参与经济活动。这主要是由于两方面原因：一是军队通过经济活动嵌入了土耳其的资本主义经济体系，它与土耳其的宏观经济紧密相连，这为政府控制军队的经济行为增大了难度。① 二是根据全球范围内的政府控制军队的经验，由于军队物质利益的敏感性，政府削减军方的经济利益总是放在政府加强对军队控制的较后阶段进行。

(二) 通过双重制度安排，提升总统作用

2013 年“加齐公园”抗议示威事件后，土耳其的权力集中趋势逐渐明显。②“7·15 政变”之后，这一进程进一步加速。目前，土耳其转向总统制，或者说强总统制是其政治权力集中趋势的最新进展。权力集中事实上是通过两种制度途径实现的：一种是正式制度，另一种是非正式制度。③ 在土耳其政变之后的军政关系领域，埃尔多安通过制度化的总统行政法令，加强总统的主导地位，并使用非制度化的手段来清除旧军官和任命新军官，加强军队中的亲总统力量。

第一，通过制度途径确立总统在土耳其军政关系中的主导地位。“7·15 政变”爆发之后第五天，即 2016 年 7 月 20 日，土耳其政府开始执行一项没有时间表的紧急状态。宣布紧急状态之后，总统被赋权颁布行政法令。在持续的紧急状态中，行政法令成为了治理土耳其的主要工具，而总统成为了国家政治体系的核心。政府颁布多项行政法令，试图重建国家机构和摆脱官僚制的束缚，这对于军政关系的重构是重要的内容。

---

① 朱泉钢：《论土耳其军队的经济行为及其影响》，《西亚非洲》，2018 年第 2 期，第 84 页。

② 李艳枝：《土耳其的总统制：修宪结果与不确定性未来》，《人民论坛·学术前沿》，2018 年第 19 期，第 23 页。

③ Marién Durán, “Dual Presidentialization and Autocratization: Turkey at a Critical Crossroads”, *Mediterranean Quarterly*, Vol. 29, No. 3, September 2018, p. 100.

对于正发党领导的政府来说,想要应对军队构成的威胁,最有效的方式就是建立总统制,"7·15 政变"为他们提供了千载难逢的良机。2017 年 4 月 16 日的土耳其宪法公投得以通过,为总统制的实现提供了合法性。对于这一制度变化的支持者来讲,土耳其长期实行的议会制导致政治碎片化,这直接带来了 1990 年代的政府脆弱和国家不稳定。而解决这一问题的方案就是创建总统主导的军政关系制度安排。① 这将不仅避免类似"7·15 政变"之类的事件再次发生,而且将增强军队的战斗力。

政变爆发之后,政府加速构建总统主导型的军政关系模式,其目的是使土耳其军政关系制度架构契合于总统制,将军队置于总统制体系中,进一步降低军队在军政关系中的地位。总统在军政关系中作用的增强,主要表现在两个新的制度安排上:一是之前军队的总参谋部对总理负责,如今总参谋部长转变为总统的协调者。二是总统具有了直接任命总参谋长的权限,而且总统还可以不经总参谋长批准,直接向任何军队指挥官发布命令。

第二,通过非制度方式加强总统对于军队的影响。一是在军队内部开展大规模的调整,大量疑似反政府的军官和士兵被解职和审判,甚至入狱。截至 2018 年 3 月,"7·15 政变"之后有约 7800 名军人被解职,约 1.6 万名军校学生被解散,还有 8000 多人被逮捕,包括军官和士兵,以及文职军人。就军种而言,被清理的陆军、海军和空军人数分别为 4690 人、1075 人和 1726 人,比例分别占被清理总人数的 63%、14%和 23%。就军衔而言,司令官系统受冲击最大,325 名将军中被解职的有 167 人,比例高达 45.8%,其中四星上将 2 人,中将 9 人,少将 30 人,准将 126 人。此外,有 586 名上校被解职。② 值得注意的是,特种部队中的许多指挥官被解职或逮捕。据称,海军的水下突击队,以及空军的战斗搜救队中许多指挥官被处理。

大规模的军队清理为军队"重新洗牌"、塑造新的军队意识形态、重用正发

---

① Burhanettin Duran and Nebi Mis, "The Transformation of Turkey's Political System and Executive Presidency", *Insight Turkey*, Vol. 18, No. 4, 2016, p. 18.

② Metin Gürcan, "Tentative Transition: Civil-Military Relations in Turkey Since the July 15 Uprising", p. 4.

党统治下晋升的军官铺平了道路,其核心是更多地启用亲正发党,尤其是亲总统的军官。早在正发党执政之初,该党就试图在军队中安插自己的亲信,政府通过利用土耳其加入欧盟的意愿促进这一进程。欧盟支持这一倡议,将此举视为国家去军事化和民主化的重要举措。2016年未遂政变后,正发党能够采用更广泛的措施实现这一目标,而不仅仅是缓慢地替代旧军官,目前的变化旨在形成一个全新的军人阶层。虽然这个新阶层仍在形成中,政府使用非正式的制度手段,偏向某些团体,挑起军队内部冲突,并暗示与当局合作的忠诚者能够确保军人职业。① 2017年8月,土耳其军队最高层走马换将,除了忠诚的阿卡尔(Hulusi Akar)留任总参谋长之外,陆、海、空三军的总司令都改由亲埃尔多安的军官担任,前宪兵部队司令亚萨尔·居莱尔取代萨利赫·泽基·乔拉克出任陆军司令,前海军副司令阿德南·厄兹巴尔取代比伦特·博斯坦奥卢出任海军司令,前导弹部队司令哈桑·屈奇卡克于兹取代阿比丁·于纳尔出任空军司令。

三、土耳其军政关系新变化的影响

“7·15未遂政变”之后,土耳其军政关系显示出延续性和变化性。军政关系的新变化对于文官政府与军官的权力对比,土耳其的总统制,军队的专业化程度和军队的战斗力产生了影响。

第一,军队作用持续下降,使得政府在土耳其军政关系中的优势地位进一步加强。土耳其军政关系的演变大体经历了四个阶段:威权政府控制军队时期(1923—1960),军人不断政变与还政于民的军队监国时期(1960—2003),议会制的政府控制军队时期(2003—2016),尚在形成中的总统控制军队时期。凯末尔时期的军政关系属于威权政府控制军队的模式,这种趋势大体维持到1950年代中期。1960年军事政变标志着土耳其整体上进入军人监国时期,即

① Mateusz Chudziak, “Cadres Decide Everything-Turkey's Reform of its Military”, No. 274 (Centre for Eastern Studies), June, 2018, p. 4.

军官在某些时候进行军事干预,但短暂监管政治进程之后便还政于民。2003年以来,正发党在国内一党独大,土耳其为加入欧盟面临强大的外部压力,土耳其的军政关系逐渐进入文官政府控制军队的阶段。

"7·15 政变"表明,军队运用政变成功实现政治变更的难度越来越大,而且军队不能再像之前那样,以超国家制度的身份干政。政变后的军政关系变化,将进一步加强这种趋势。通过进一步降低军方在国家中的地位,土耳其之前军人监国型的军政关系模式基本被彻底逆转。军队在政府职位招募、内部安全政策制定和军队团体议题中的权限基本被解除殆尽,在社会事务中的权限也显著下降,仅仅在经济活动中保留有一些特权。

第二,加强总统对军队的控制,是土耳其转向总统制的重要内容。2017年4月的土耳其修宪公投,以及2018年6月的土耳其大选彻底确立了总统制,总统有权任命副总统、部长等高官;有权解散议会,成为政党成员,并在任命最高法院法官时有很大发言权;能够颁布法令和宣布紧急状态等。埃尔多安成为了"三位一体"的国家领导人,即国家元首、正发党领袖和政府首脑,这意味着总统成为了土耳其政治体系的中心。

"7·15 政变"后总统在军政关系中作用的增强,无疑有利于巩固土耳其的总统制。在现代社会,依托武装力量的强制和依托意识形态的观念是政治支配的重要途径。[①] 统治阶级实现社会霸权固然需要从属阶级对于政权主导意识形态的认同,但政权也需要掌控支配性的强制力量,即控制军队。显然,一国物质、意识和制度的匹配是社会政治稳定的重要基础。正发党作为土耳其统治阶层的代表,通过新自由主义与民粹主义的融合,已经基本实现了意识形态上的支配。随着总统成为军政关系中的主导性力量,土耳其的军政关系安排逐渐契合于总统制的制度体系,这无疑会增强土耳其总统制的稳定性。

第三,由于政府的一些主观控制军队的策略,军队的专业化程度下降。军队的专业化可以通过多个指标来衡量,伯恩斯将军队专业主义总结为七个特征:

---

① 〔美〕托马斯·R.贝茨:《葛兰西与霸权理论》,吕增奎编译,《马克思主义与现实》,2005年第5期,第32页。

代表性(Representativeness)、内聚力(Cohesiveness)、区隔性(Distinctiveness)、官僚化(Bureaucratization)、附属性(Subordination)、专业化(Expertise)和外部关注(External Focus)。[①] 通常来讲,专业化程度较高的军队具有代表性广泛、内聚力强、区隔性明确、官僚化程度高、附属于政府、专业化程度高和外部导向的特征。

政变之后,土耳其军队的专业主义程度下降,主要体现在两个方面:一是军队的内聚力下降。之前,土耳其军队长期作为凯末尔主义原则的捍卫者,具有较高的内聚力。政变之后,土耳其军队内部对于军队转型出现了不同的意见,他们基于不同的世界观和政治态度、军种和军衔、对从军作为职业的看法,产生出机会主义者、职业主义者和改革主义者三类军官,[②]军队不再具有之前的内聚力。

二是军官的政治化趋势有所回升。事实上,军队的政治化在2018年大选竞选阶段表现明显。2018年4月底,总参谋长阿卡尔和总统发言人卡林乘直升机前往前总统居尔家中,劝说他放弃参选总统。2018年6月2日,第2军总司令泰梅尔赞扬埃尔多安,嘲笑共和人民党候选人因斯。在土耳其历史上,军官直接在选举中表明政治态度的做法并不多见。

第四,短期内大规模的军队人事清理,一定程度上影响了军队的战斗力。军政关系影响战争决策、战争过程和战争结束,合理有序的军政关系促进军队战斗力,而混乱冲突的军政关系破坏军队的战斗力。[③] 军队中大量的人员清理,造成熟练军官和士兵的减少。同时,大批新军官上任,彼此之间缺乏协调经验,这将降低军队的战略和战术能力。例如,在深受人员清理影响的空军中,在政变前,一架飞机配有两个飞行员,到2017年10月,十架飞机配有的飞

---

① Sean Burns, *Revolts and the Military in the Arab Spring: Popular Uprisings and the Politics of Repressions* (London: I. B. Tauris & Co Ltd, 2018), p. 58.

② Metin Gürcan, Megan Gisclon, "What Is the Turkish Military's Strategic Identity After July 15?", Istanbul Policy Center, September 2016, pp. 2—3.

③ 朱泉钢,《埃及军政分歧与第三次中东战争》,《军事政治学研究》,2015年第1期 第36—46页;朱泉钢,《土耳其军政关系与1974年塞浦路斯战争》,《土耳其研究》,2018年第1期,第63 77页。

行员降至八人,这显然影响着军队的战斗力。此外,由于大量亲西方的军官被清除,北约其他成员国抱怨土耳其政府,甚至暂停与土耳其的部分军事合作,如美国威胁停止向土耳其交付F-35战机等。

"7·15政变"之后,土耳其发动了数次对外军事行动,虽然都取得了胜利,但仍显示出清理对军队战斗力的影响。以"幼发拉底河之盾"军事行动为例,该行动造成了69名士兵死亡,200余名士兵受伤的结果。有军事专家指出,此次行动的计划设计并不完善,作战计划过分依赖特种作战而忽视了常规作战,军队在战场上缺乏经验,军队缺乏与国际社会的协调等,①这些都凸显出土耳其军队战斗力的缺陷。

四、土耳其军政关系的未来走势

全球范围内军政关系的演变经验表明,文官对军队控制增强的进程可能会发生逆转,即军队再次回归政治。② 因此,不能排除土耳其军队重新干政的可能性,这种趋势取决于军方如何回应政府可能削弱军队在经济和国防领域中的权限和利益的行动,以及部分政治精英与民众对于埃尔多安权力集中倾向的反对态度的发展变化。根据当前的一系列结构、制度和观念因素看,土耳其重回军人监政体系的可能性不是很大。

土耳其军政关系更可能的走势是,政府将努力把军队锚定在总统制的体系中。为此,土耳其政府会在以下几个方面重点着力:第一,进一步完善总统在军政关系中的核心地位。由于要变更之前议会体制下的军政关系模式,因此需要在制度层面增强总统在政府职位招募、内外安全议题、经济社会活动、

① Murat Yeşiltaş, Necdet Özçelik, Merve Seren, "Operation Euphrates Shield Implementation and Lessons Learned", SETA Publications 97, 2017, p. 43.

② Rhoda Rabkin, "The Aylwin Government and 'Tutelary' Democracy: A Concept in Search of a Case?", *Journal of Interamerican Studies and World Affairs*, Vol. 34, No. 4, Winter 1992, p. 119—194; Chaitram Singh, John Hickman, "Soldiers of Saviors of the State: The Cases of Turkey and Pakistan Contrasted", *Journal of Third World Studies*, Vol. 30, No. 1, January 2013, pp. 39—54.

军队团体事务诸领域中的权限。第二,明确国防部与总参谋部在土耳其安全架构中的地位。虽然土耳其政府已经在提升国防部的地位,并弱化总参谋部的作用,但二者的具体职责和协调方式仍未明晰,2017年的18条修宪内容中也未对此有明确规定。第三,在保证军队忠诚的同时,加强军队的战斗力。为了确保军队忠诚,埃尔多安在军队中进行了大清理,这降低了军队的战斗力。而土耳其面临的内外安全环境的恶化,以及政府更加积极主动的对外战略,要求政府加强军队的战斗力。

作者简介:朱泉钢,中国社会科学院西亚非洲研究所助理研究员。

古今往来路，文明交汇地

——古城白沙瓦浅介

张嘉妹

摘要：在历史的步步叠加与政治生态环境的层层裹挟中，巴基斯坦古城白沙瓦陷入了今日的发展困境。安全、难民、宗教等方面的问题使外界愈发担忧此地的形势。本文将扼要梳理该地区的历史脉络，尝试分析影响该地区当今面貌的历史、文化、政治等因素，以期在地区间合作的良好愿望与当前“中巴经济走廊”项目的实施过程中深入了解该地区，探寻地区问题的长远有效的解决方案。

关键词：巴基斯坦　白沙瓦　“中巴经济走廊”

位于巴基斯坦开伯尔普什图省的白沙瓦，既是该省的省会，也是联邦部落直辖区的行政中心所在地。白沙瓦位于广阔的白沙瓦山谷中，城市建立在地势平坦的犍陀罗平原上，东、西、北三面群山环绕，南面（东南）朝向开阔的旁遮普平原。白沙瓦恰处开伯尔山口（兴都库什山脉和苏莱曼山脉的“错口”）的东端，从西面和北面进入次大陆的入侵者必经此地。自贵霜时期起，南来北往的商队在这里络绎不绝。自此，她成为中亚与南亚往来通道上的要塞城市，是连接中亚、南亚、西亚的枢纽，次大陆由此通往中东。如今，地缘让这里难得太平，加之媒体报道中涉及的恐怖事件，世人已惯于用危险、极端、保守这类“不友好”的词语来描述这里的境况。可当人们在对丝绸之路的回溯中，在高僧法显、玄奘传于后世的文字中，在历史学家的记录中，读到“布路沙布逻""丈夫宫""百花之都"这些名称时,那个热闹繁华、四通八达的商贸中心,那个让人心驰神往的佛教圣地,那个融合不同族群的历史古城,会如同连绵画卷,栩栩如生地在脑海中缓缓展开。那么究竟哪一个,才是她的真实面貌?

据文献记载,白沙瓦的历史可以追溯到公元前539年,是南亚次大陆可以考证到的最古老城市之一。据2017年统计数据显示,白沙瓦城市人口已经达到1,970,042人,是开伯尔普什图省第一大城市,巴基斯坦第六大城市,而整个白沙瓦大区人口也已经达到4,269,079人。[①] 悠久的历史沉淀了丰厚的底蕴,如今,这里依然保有多样的语言。目前,书面语以乌尔都语、英语为主,普什图语和波斯语为辅。日常交流用语中,包括了古今、各地多种语言:印德固语、郭锡斯坦语、科瓦尔语、达利语、赫扎拉语、波斯语、塔吉克语、古杰尔语、克什米尔语、俾路支语、信德语、布拉灰语、希纳语、布尔锡斯基语、瓦西语、伯勒蒂语等等。语言的多样说明人流往来的频繁,而这意味着对便利交通的需求,反过来,也是便利交通的早期建设——公路和铁路,增强了这里人群流动的速度和数量。其中比较重要的道路之一,是修建于16世纪的"主干线"(Grand Trunk Road,简称GT Road),至今仍承载着日益繁重的交通。而这条绵长线路的历史,已有近2000年之久,是亚洲最古老最长的公路之一。这条公路东端起始于今天的孟加拉国,横穿印度,经巴基斯坦境内旁遮普省、开伯尔普什图省,最终到达阿富汗首都喀布尔。

重要的地理位置赋予白沙瓦突出的政治地位。公元2世纪,迦尼色伽王登基后,将都城从布色羯逻伐底城(پشکلاوتی,今加尔色达)迁到了这里。16世纪,莫卧儿王朝阿克巴大帝为其定名白沙瓦,沿用至今。"白沙瓦"(پشاور,Peshawar)一名来自梵语,译音布路沙布逻(*Purushapura*, *Puruṣapura*),意为"男人之城"(古译为"丈夫土"、"丈夫城",《续高僧传》卷二作"丈夫宫")。据历

① http://www.pbscensus.gov.pk/sites/default/files/DISTRICT_WISE_CENSUS_RESULTS_CENSUS_2017.pdf.

史学家马苏迪[①]和贝鲁尼[②]记载，10 世纪中期及伽兹尼王朝时期，该城以波罗沙瓦尔（پَرَشاوَر，Parashawar）之名为人所知。“白沙瓦”，据说取自波斯语“前线城市”（پیش شہر）之意。阿克巴大帝的宫廷史官阿布勒·法兹尔[③]在波斯语史书中同时采用前后两个名字（Parashawar 和 Peshawar）来指代这一地区。根据巴基斯坦当代历史学家达尼教授的记叙，白沙瓦的曾用名有巴尔斯布尔（پارس پور）、古殇布尔（کشان پور）、布尔沙布尔（پرشاپور）、巴格拉姆（باگرام）等。

古城重镇白沙瓦在地理上处于连通四方的枢纽地带，拥有悠长的历史和丰富的语言文化。如今被裹挟在纷杂的地缘格局中，它该如何主动寻求出路？“一带一路”旗舰项目“中巴经济走廊”的建设又会引发哪些对时代机遇的认识与思考，推动该地区走出困境？本文通过梳理当地的历史脉络，尝试进一步分析该地区当今社会政治文化面貌背后的历史影响因素，以期双方在地区间合作的良好愿望与当前项目的实施过程中，深入了解彼此，协同提升。

一、今日概况

1947 年巴基斯坦建国后，白沙瓦成为西北部地区的政治文化中心。1950 年这里建立了白沙瓦大学，并逐渐将英国殖民时期的研究机构并入其中。1960 年代，美苏冷战时期，白沙瓦是美国中央情报局在巴基斯坦的基地；1980 年代苏联发动入侵阿富汗的战争，白沙瓦成为美国中央情报局和巴基斯坦三军情报局的政治中心。这里不仅是阿富汗难民逃离家乡的首选之地，更是在阿富汗难民营中培训武装分子的大本营，全省遍布小型武器制造厂。自此，代表枪支泛滥的“AK－47”文化开始成为当代人对这里的第一印象。据统计，

① 马苏迪（*Abu al-Hasan ʻAlī ibn al-Husayn ibn ʻAlī al-Masʻūdī*；896—956），阿拉伯历史学家、地理学家，被称为“阿拉伯的希罗多德”。一生游历世界，著书不辍，研究领域涉及历史、地理、哲学、神学等。代表作有世界史《黄金草原和宝石矿藏》（*The Meadows of Gold and Mines of Gems*）等。

② 贝鲁尼（*Abū Rayhān Bīrūnī*，973—1050），波斯学者，生于花剌子模（今中亚乌兹别克斯坦），卒于加兹纳（今阿富汗）。在数学、天文学、物理学、医学、历史学等方面均有贡献。

③ 阿布勒·法兹尔（Shaikh Abu al-Fazal ibn Mubarak，1551—1602），莫卧儿王朝阿克巴大帝时期首席大臣、宫廷史官，著有《阿克巴本纪》（*Akbarnama*）等。

1980年,每个月有10万阿富汗难民涌入西北边境省,其中四分之一的难民都被安置在了白沙瓦大区。难民的涌入完全超出了白沙瓦市政的承受能力,大幅度甚至彻底改变了这里的人口构成,继而影响了这里的社会文化面貌以及政治动向。

当今,白沙瓦的居民大致可分为两部分:讲印德固语(Hindko)的当地少数族裔,即原居民白沙瓦族(Pishoris);以及人口占多数,且继续从阿富汗流入的普什图族人。值得注意的是,在英印帝国时期,操印德固语的族群在英政府的支持下,在白沙瓦地区的文化中发挥了很大影响力。从宗教上划分,虽然在白沙瓦地区如今的人口构成中穆斯林是绝对多数,但锡克教徒、印度教徒、基督徒也共居于此。历史上,印度教徒、锡克教徒、犹太人、袄教徒、巴哈伊教徒都曾来此地定居生活过。在这里,犍陀罗文化、印德固文化和普什图文化共同流淌过历史的长河,相互影响,渗透融合,共同勾勒出今日当地伊斯兰文化的面貌,其多元特色在音乐、绘画、文学等领域均有体现。此外在巴基斯坦穆斯林中占少数的伊斯兰教什叶派,也在这里的文化生活中独显特色,这从每年庆祝阿舒拉节①时的热闹景象中,便可窥觑一斑。值得一提的是,印巴分治后,白沙瓦地区的锡克教徒数量锐减。但后来约有4000名锡克教徒从阿富汗和部落直辖区为寻求避难来到此地,又使这里的锡克教人数回升。至2008年,白沙瓦已成为巴基斯坦境内锡克教徒数量最多的城市。这里的锡克教徒自称是普什图人,但他们的母语却是印德固语。

二、历史回溯

(一)普什图人的到来(10世纪之后)

11世纪,普什图人来到这里,其中迪拉扎克支(Dilazak)在白沙瓦一带定居

① “阿舒拉”为阿拉伯语“第十日”的译音,指伊斯兰教历的1月10日,是伊斯兰教什叶派穆斯林哀悼先知穆罕默德外孙侯赛因遇难的重要纪念日。每年的这一天,什叶派穆斯林都要举行隆重的纪念活动。

下来。1179—1180年间，白沙瓦被东伊朗帝国的[1]穆罕默德·古尔(Muhammad Ghori)攻占，13世纪初，又毁于蒙古大军的铁蹄之下。1206年，穆斯林在德里正式建立政权，开启了德里苏丹国的统治时期。德里苏丹国历经5个王朝，在第五个王朝即洛蒂王朝时期，白沙瓦再次成为次大陆西北部地区的中心城市。15世纪后期，当代优素夫扎伊部(Yusufzai)和吉格亚尼部(Gigyani)普什图人的祖先来到白沙瓦附近地区，这两个部(族)的普什图人共属于赫什(Khashi Khel tribe)子部落，他们与之前定居在此地区的迪拉扎克支(Dilazak)普什图部落于1515年在马尔丹附近开战，结果战败的原部落迁移到了印度河流域的东边。

1494年帖木儿后裔巴布尔继承费尔干纳的王位，后被强势的乌兹别克人驱逐出中亚。“费尔干纳帖木儿后王的败亡，基本原因在于他们不断的内战。巴布尔和他的兄弟们在各封建主的挟持下争城争地，相持不下。而巴布尔并没有什么实权，他手下始终没有一支常备的军队，不过有时得到一些拥有军队的苏丹和大小封建主的支持。这些封建主们根本不讲什么信义，也没有什么原则。他们参加巴布尔的行列，仅仅是为了争夺禄位和地盘，其士兵则是想在战争中掠夺财富，故有利则趋，失利则散，反复无常，叛服不止。在危难时期，巴布尔经常只有200多人，顶多不超过300人。因此，他始终未能在费尔干纳建立巩固的政权，也无力保持住他曾两度夺得的撒马尔罕，终于被昔班尼汗驱逐，南奔喀布尔。”[2]失去国土的巴布尔1504年在喀布尔登上王位，而且意识到他无法返回河中地区了。喀布尔也不是安全的久留之地，时时受到强大敌人的威胁。考虑再三，他决定南攻印度。哪里是他所说的印度呢？“(兴都库什山)以南的所有地方即印度(Hindustanat)。”[3]这便是印度次大陆的地理概念，包括今天的阿富汗和巴基斯坦。1523年巴布尔准备再次发兵印度次大陆，恰巧洛蒂王朝苏丹易卜拉欣暴政，导致国家四分五裂。经过几年多次交

---

① 东伊朗帝国(East Iranian Empire)，南下拉合尔直至孟加拉，北至今阿富汗中部、塔吉克斯坦，从佛教改宗伊斯兰教逊尼派，属波斯文化，有说其族属为普什图人。

② 王治来：《中亚通史》(古代卷下)，乌鲁木齐：新疆人民出版社，2007年，第442—443页。

③ 〔印度〕巴布尔：《巴布尔回忆录》，王治来译，北京：商务印书馆，1997年，第477页。

战,1526年,终于击败了那个巴布尔口中缺乏经验,漫不经心的青年人(易卜拉欣)[①],建立莫卧儿王朝。

但初期莫卧儿人的政权并不牢靠,巴布尔之子胡马雍继位10年后,于1540年被强势崛起的普什图王公舍尔·沙·苏利击败,逃亡波斯。如前文中提到的,16世纪舍尔·沙在白沙瓦地区修建了著名的"主干线"。这条公路的修建,让白沙瓦作为贸易中心的地位再次大放异彩。莫卧儿王朝时期,中央政权对西北部地区的实际管控力与震慑力并不稳定,脱离管控的起义接连爆发。1586年,普什图人在本地苏非派"光明长老"(Pir Roshan)[②]的带领下,发起苏非派平等运动(Roshaniyyas)[③],矛头直指莫卧儿王朝。运动切断了白沙瓦四周的交通,让该地区被围困1年之久。17世纪,到贾汉吉尔统治时期,宫廷派往驻守喀布尔的总督穆赫巴德·汗·本·宾·阿里·马尔丹·汗(Mohabbat Khan bin Ali Mardan Khan)在管辖期内,将白沙瓦作为喀布尔地区冬季的首府,并于1630年兴建了著名的穆赫巴德·汗清真寺。1667年优素夫扎伊部落起义,与莫卧儿大军在阿多克(Attock)附近鏖战。1670后阿法利德部落也奋起反抗,并于1672年在开伯尔山口附近歼灭了莫卧儿大军,关闭山口,切断商道。直到1674年奥朗则布亲自率兵再次夺回这一地区。1707年强势的奥朗则布去世后,庞大的王朝逐渐走向衰落,中央政权在这里的影响再次跌落低谷。

1738年冬,驻守白沙瓦的莫卧儿总督纳西尔·汗(Nasir Khan)不敌波斯君主纳迪尔沙(Nadeer Shah)[④]大军的进攻,成为波斯阿夫沙尔王朝(Afsharid

① 参见巴布尔:《巴布尔回忆录》,第404页,"(伊伯拉欣)是一个没有经验的年轻人;他毫未作战斗准备,无论行军和驻扎,都是杂乱无章;无论攻城和野战,都是漫不经心。"

② "光明长老",原名Pir Bayazid Khan(1525—1581/1585),普什图语诗人、苏非长老,出生于布尔吉部落(Burki tribe)。早年曾武装反抗莫卧儿王朝阿克巴对次大陆西北部地区的武力征服,后发起苏非派平等运动,倡导男女平等,民族独立,以"光明长老"之名为人所知。阿克巴派多名大将与其交锋,并著书驳其思想,称他为"黑暗长老"(Pir-e-Tarik)。他的母语为奥尔姆尔语(Ormuri),却是普什图语文字的创始人,并用普什图语创作大量诗歌,同时掌握波斯语和阿拉伯语。

③ 苏非派平等运动,16世纪南亚次大陆苏非派改革与启蒙运动之一,倡导无论出身,人人平等,尤其强调男女平等,反世袭压迫,提倡每个个体都有获得知识的权利与自由。

④ 纳迪尔沙(1688/1698—1747,1736—1747在位),波斯阿夫沙尔王朝建立者,原属波斯东北部呼罗珊省阿夫沙尔部落,伊朗历史中有名的铁腕统治者之一,军事天才。被史学家赋予"波斯之剑"等称号。

Dynasty)①的领地。1747 年，白沙瓦又被阿富汗杜兰尼王朝②的创建者艾哈迈德沙·杜兰尼③攻下，直至锡克教徒入侵前，白沙瓦再次和喀布尔分别扮演起冬都和夏都的角色，只不过不再与莫卧儿王朝有关，而是阿富汗杜兰尼王朝的都城。其间，1758—1759 年，白沙瓦又被在次大陆推翻莫卧儿王朝的主力——马拉塔人夺去近一年。据英国探险家威廉姆·默克罗夫特④记录，18 世纪后期，白沙瓦依然是连接布哈拉和印度次大陆的商贸中心，同时，这里还是农业高产区、干果主要出口区。在这一时期内，白沙瓦成为杜兰尼王朝内部纷争、王位争夺的附加对象。

1809 年，英国首次派出特使前往白沙瓦实现第一次外交会晤，彼时该地区隶属沙·舒贾（Shah Shuja，1785—1842，在位时间：1803—1809，1839—1842）当政的杜兰尼朝廷。19 世纪初，在名存实亡的莫卧儿王朝遭受各方势力挑战的混战期间，锡克教领袖兰吉特·辛格（Ranjit Singh）率兵于 1818、1823 年两次攻占白沙瓦。据苏格兰探险家亚历山大·伯恩斯（Alexander Burnes）⑤记载，截至 1830 年，白沙瓦地区的经济状况急剧下滑，锡克人毁掉了城内的宫殿和城外的良田，该地区全面陷入战乱。在普什图人和锡克人接连不断的冲突中，白沙瓦和喀布尔之间的商队往来被迫中断，加之兰吉特·辛格政府强加在商人身上的恶性税收，以及对农业剩余产出的强行征用，让这里的商贸彻底瘫痪，同时干果市场的崩溃反过来让农业雪上加霜。1834 年，在

---

① 阿夫沙尔王朝（1736—1796），由纳迪尔沙建立，纳迪尔在位时期，帝国版图扩大一度达到萨珊王朝之后的又一顶峰。

② 杜兰尼帝国（普什图语：د درانيانو واکمني）由普什图人艾哈迈德沙·杜兰尼 1747 年创立于坎大哈，是阿富汗历史上的第一个独立政权。全盛时期领土包括今阿富汗、巴基斯坦、伊朗东北部和印度旁遮普东部、克什米尔等地。

③ 艾哈迈德沙·杜兰尼（Ahmad Shāh Durrānī，1724—1773，1747—1773 在位），《清史稿》称爱哈默特沙，杜兰尼王朝创建者。因杜兰尼王朝被视为阿富汗历史上第一个统一的独立王朝，由此被奉为阿富汗国父。

④ 威廉姆·默克罗夫特（William Moorcraft，1767—1825），兽医、植物学家，受雇于英国东印度公司的英国探险家。足迹遍及印度次大陆北部地区、中亚和中国西藏地区。

⑤ 亚历山大·伯恩斯（1805—1841），英国探险家，19 世纪英俄大博弈中的著名外交家。代表作有三卷本《布哈拉之旅》。

哈利·辛格·那勒瓦(Hari Singh Nalwa)[①]统帅的震慑下,白沙瓦地区正式并入在旁遮普建立中央政权的锡克帝国。在被锡克帝国占领期间,锡克教徒在这里重建了巴拉·赫萨尔要塞(Bala Hissar fort),并接纳安置了大量锡克教教徒。

1849年,锡克帝国与英国东印度公司之间的第二次战争结束,锡克帝国全面溃败,领地全部由东印度公司接管,白沙瓦地区成为英殖民地。在1857年大起义中,白沙瓦地区地方长官与英统治者保持良好关系,因而该地区没有卷入武力冲突。1868年,英印帝国在白沙瓦城西修建白沙瓦军营,该城成为英印帝国的前线军事总部。与此同时,这里开始修建铁路交通,连接英印帝国的其他城市,曾经被锡克教徒毁坏的穆哈巴德清真寺等代表性建筑的修葺工程也相继动工。如今巴基斯坦和阿富汗之间的国界线,也是在1893年英印帝国时期,由英属印度政府外务大臣莫蒂默·杜兰德(Sir Henry Mortimer Durand)[②]在英属印度与阿富汗之间划定的,明确了英国政府在次大陆西北部地区的权力范围。

英国殖民期间,英政府将西式教育引入白沙瓦,在当地设立了隶属于圣公会的教会学校,并分别于1901年和1913年建立了爱德华兹学院和伊斯兰学院。为了更好地治理本地,英政府于1901年将白沙瓦及其周边地区从旁遮普(省)分离出来,并立白沙瓦为新省份(西北边境省,2010年更名为"开伯尔普什图省")的首府。1930年代,在英印反英殖民的浪潮中,白沙瓦地区在圣雄甘地的弟子厄非尔汗[③]的领导下,发起大规模非暴力抵抗运动,在"故事巴扎"(Qissa Khawani Bazaar)的示威运动中,上百人倒在英军的枪口下。

在这1000年左右的时间长河中,作为波斯、阿富汗、印度次大陆的中间地带,白沙瓦始终是各方势力争夺的目标,强大的一方总要竭力争取把其揽入自

---

① 哈利·辛格·那勒瓦(1791—1837),锡克帝国军队统帅,克什米尔、白沙瓦和赫扎拉等地省督。

② 莫蒂默·杜兰德(1850—1924),英国外交官,英属印度文职官员。

③ 厄非尔汗(Abdul Ghaffār Khān,1890—1988),在英殖民时期领导普什图独立运动,致力于终结英帝国在次大陆的殖民统治。作为和平主义者、虔诚的穆斯林,因倡导以非暴力方式进行反抗,成为当地的政治和精神领袖。1929年发起旨在让英国人退出印度的"真主的侍从"(Khudai Khidmatgar,خدائی خدمت گار)运动。

己的势力范围，一来牢固自身的疆界，二来为进一步攻城略地做准备。在英殖民时期，英印当局与西北方向的阿富汗“划清”了边界，然而，这不仅将普什图人族群在地理、政治上一分为二，而且为1947年独立的巴基斯坦埋下了“普什图分离主义”的无尽隐患。

（二）伊斯兰教的传入

伊斯兰教在7世纪后期传入白沙瓦地区，那时这里的居民多信奉佛教和祆教，处于夏希王朝①的统治下。该王朝统辖区域主要在喀布尔河谷和犍陀罗地区（今阿富汗东部和巴基斯坦西北部地区），并与克什米尔、旁遮普等地保持联姻等关系。公元986—987年，白沙瓦地区受到穆斯林大军的侵袭，阿布·曼苏尔·苏布克特勤②击败了当地印度教王国统治者阿难德伯勒（Anandpal），将次大陆西北部地区纳入伽兹尼王国。1001年末，其子马茂德（Mahmud Ghazni）在白沙瓦战役中决定性地击败了阿难德伯勒之子贾亚帕拉（Raja Jayapala），正式在白沙瓦地区确立了伽兹尼帝国的管辖。在从属于伽兹尼王国时期，白沙瓦成为由阿富汗平原到达重镇要塞拉合尔之间的重要通道和驿站，是南下深入次大陆的关键枢纽，是政治军事要地。

10—12世纪，白沙瓦还是印度教湿婆崇拜中纳特派瑜伽士（Hindu Nath Panthi Yogis）③的活动中心，该派别融合了佛教、湿婆派和瑜伽等传统思想与修行方式，受中世纪次大陆“吠檀多不二论”影响，并与同时期内的“毗湿奴派”（Vaishnavism）、“性力派”（Shaktism）、“帕克蒂（虔信）运动”（Bhakti move-

---

① 夏希王朝（Sahi），又称沙希王朝（Shahi）、沙希亚王朝（Shahiya），一般指贵霜王朝衰落后统治喀布尔和犍陀罗一带的政权。公元6世纪初至11世纪初又被称为喀布尔-夏希王朝，学界有观点认为，以870年为界，该时期前后又分为佛教夏希王朝和印度（教）夏希王朝。此处指佛教夏希王朝，又称刹帝力-印度夏希王朝。

② 苏布克特勤（Abu Mansur Sabuktigin，约942—997，977—997在位），伽兹尼王朝创建者。早年在部落战争中被俘，卖为奴，服务于萨曼王朝伽色尼总督阿尔普特勤。因骁勇善战受到总督赏识，后者将女儿嫁与他，名义上承认萨曼王朝政权，实则自立为王。总督去世后，苏布克特勤继其位，在打败对手后，正式宣布伽兹尼独立。

③ 印度中世纪（指8世纪初西北部部分地区被纳入哈里发帝国的行政范围至18世纪中叶莫卧儿王朝名存实亡）宗教运动的一个派别。

ment)等相互影响。尤其值得一提的是,该派别与传入当地不久的伊斯兰苏非神秘主义间的互动也十分活跃。从此,在宗教上,伊斯兰教成为这一地区的主导宗教,苏非圣贤的思想也深入影响了当地人文思想,圣贤的陵墓等至今仍是人们拜谒的圣地。

在伊斯兰教传入该地区最初的五百年间,也即白沙瓦进入德里苏丹国伊斯兰主导势力范围之前,大致可以分为两个阶段。在传入最初的300年内,即伽兹尼的马茂德频繁入侵之前,这一地区的伊斯兰文化与本地的印度教各派别共存互动,相互影响。随着马茂德的入侵,神秘主义苏非派由中亚进入次大陆,这可视为第二阶段,此间伊斯兰教的民间势力逐渐发展壮大,渐成主导。

(三) 伊斯兰教到来之前

至公元前5世纪时,白沙瓦虽然是有据可考的城市之一,可规模不过是村庄大小。彼时旧称布路沙布逻(Purusapura),所处的犍陀罗地区被划为波斯阿契美尼德帝国的第7省,位于古波斯文化圈东部。

公元前4世纪,前327—前326年冬,马其顿亚历山大大帝东征印度,攻下白沙瓦山谷地及附近斯瓦特等地区,几年后亚历山大大帝在东征返途中去世,手下大将塞琉古独立建国,白沙瓦遂成塞琉古一世(Seleucus I Nicator,前358—前281)统辖时期塞琉古帝国的一部分。接下来伴随孔雀帝国的建立及其与塞琉古帝国间的战争,月护王①逐步征服了次大陆西北部地区,这一地区于公元前303年并入孔雀帝国的版图。据希腊历史学家麦加斯梯尼②记载,公元前300年前后,白沙瓦古城是当时连接帝国首都华氏城(今印度比哈尔邦巴特纳附近)的最西端城市。

公元前3世纪,前255年,巴克特里亚总督狄奥多图斯一世(Diodotus I Soter,前285—前239)宣告独立。后伴随孔雀王朝的衰落,其子德米特里一

① 全称Chandragupta Maurya,Chandragupta音译"旃陀罗笈多",意为"月护";Maurya,意为孔雀,生卒年不详,印度孔雀王朝的开创者,阿育王的祖父。

② 麦加斯梯尼(Megasthenēs,前4世纪末至前3世纪初),古希腊作家,历史学家。旃陀罗笈多统治时期,被塞琉古一世任命为驻孔雀帝国的第一任大使,著有《印度志》。

世(Demetrius I of Bactria，约前 200—前 180 年在位)即位后，在公元前 190 年左右，将中亚地区的喀布尔、印度河流域上游的犍陀罗和旁遮普等地纳入王国的版图，建立印度-希腊王国。之后，在列国的争战中，该城被伊朗-帕提亚王国统治过，后在冈多帕莱斯一世(Gondophares I)时期，成为印度-帕提亚王国的领土。据称，也正是在此时期的公元 46 年，在附近(今马尔丹)建立了佛教寺院达赫德巴依(Takht-i-Bahi)。

公元前 2 世纪，约前 139—前 129 年，伊犁河、楚河流域的大月氏人西迁，大夏遂臣服于大月氏。据《史记 · 大宛列传》记载，汉张骞于前 128 年左右抵达此地时，月氏“臣畜大夏”。大月氏人分为休密、双靡、贵霜、肸顿、高附(或都密)五个翕侯。按《后汉书 · 西域传》记载，公元 1 世纪时，丘就却为大夏五翕侯之一的贵霜翕候，后来起兵攻灭其他四个翕候自立为王，创立贵霜王国。贵霜王国立国后，丘就却继续出兵，将安息、高附土地，健驮逻国，全部并入贵霜王国版图。白沙瓦成为帝国冬都。

公元 2 世纪，约 128 年，在迦尼色伽统治时期，白沙瓦古城成为帝国唯一都城。迦尼色伽不仅建了佛教大寺院，在他去世后在白沙瓦地区兴建的迦尼色伽大塔成为宝贵的佛教遗址。约 232 年，伴随着最后一位贵霜帝王波调(Vasudeva I，约 191—232 年在位)的去世，贵霜王朝在白沙瓦地区的黄金时期也落下了帷幕。

公元 3 世纪，约 260 年，波斯萨珊帝国沙布尔一世(Shapur I，约 240/242—270/272 年在位)率兵进攻白沙瓦，大肆破坏了山谷中的佛教建筑，包括大塔、寺院等。不敌萨珊的贵霜王朝走向衰落，自此，萨珊帝国管控了白沙瓦地区西去的商贸口岸。之后，迦尼色伽三世曾再度夺回整个白沙瓦地区，但在公元 5 世纪初期，该城又被来自中亚的寄多罗王之子①占领。约 460 年，白匈奴入侵次大陆西北部地区，白沙瓦地区尤其是犍陀罗地区遭到严重毁坏，大量寺院未逃过此劫。公元 402 年东晋高僧法显西行求法来到此地，

① 李延寿：《北史》，卷九十七 · 列传第八十五，北京：中华书局，1974 年版，“其王寄多罗勇武，遂兴师越大山，南侵北天竺。自乾陀罗以北五国，尽役属之。小月氏国，都富楼沙城，其王本大月氏王寄多罗子也。寄多罗为匈奴所逐，西徙。后令其子守此城，因号小月氏焉。”

518年宋云与惠生从洛阳出发西行取经，630年左右大唐高僧玄奘巡礼此地。穿梭于这两个多世纪中的西行与记录，为后人了解次大陆的历史境况提供了珍贵的汉语文献资料。法显的《佛国记》中记录道"从揵陀卫国南行四日到弗楼沙国。佛昔将诸弟子游行此国，语阿难云：'吾般泥洹后，当有国王名罽腻伽于此处起塔。'……于是王即于小儿塔上起塔。高四十餘丈，众宝校餝。凡所经见塔庙，壮丽威严都无此比。"公元520年左右宋云巡礼此地时，正逢与邻近的迦毕试国争战。又依玄奘《大唐西域记》卷二所载："健驮逻国东西千余里，南北八百余里，东临信度河。国大都城号布路沙布逻。周四十余里，王族绝嗣，役属迦毕试国。邑里空荒，居人稀少。宫城一隅有千余户。谷稼殷盛，花果繁茂，多甘蔗，出石蜜。气序温暑，略无霜雪。人性恇怯，好习典艺，多敬异道，少信正法。自古已来，印度之境。作论诸师，则有那罗延天、无著菩萨、世亲菩萨、法救、如意、胁尊者等，本生处也。僧伽蓝十余所，摧残荒废，芜漫萧条，诸窣堵波颇多颓圮。天祠百数，异道杂居。"①此处的纷争与佛教的式微，可见一斑。

三、古今相承

(一) 保守的社会面貌

在连接印度次大陆和中亚的商道上，白沙瓦始终是南来北往的中心枢纽之一。古时，往来的商队和纷乱的铁蹄让白沙瓦地区很难归于平静。在这里，奇闻怪谈、各派思想和商品货物一起，跟随商贾小贩传往各地；在这里，从开伯尔山口进入的希腊、波斯、蒙古、突厥、阿富汗的宗教文化艺术相遇、交融、碰撞。然而，历史赋予她内在的丰富内涵，在如今却呈现为"保守"的模样。她的"保守"不仅浮现于一眼望去画面鲜明的街头风貌，也诉说于女性的出行状态和衣着打扮，更酝酿在无处不在的警力戒备中。从前文可知，这里并不是封闭

① 玄奘：《大唐西域记校注》，季羡林等校注，北京：中华书局，2000年，第233页。

贫瘠之地,却在地缘政治造就的生态环境中被层层包裹,难得喘息。众所周知,“9·11”事件之后,巴基斯坦成为国际反恐行动的前沿阵地,另一方面,该地区宗教团体内部的军事武装力量也随之增强。在国际社会持续施压和国内军人执政时期,军人政府与地方政党间的关系紧张又微妙。2002年,宗教政党在西北边境省首次联合执政[①],并于2005年相继通过了《禁止舞蹈与音乐法案》(“Prohibition of Dancing and Music Bill,2005”)、《禁止妇女形象在照片中的使用法案》(“Prohibition of Use of Women in Photograph Bill,2005”)两项法案。前者激发了白沙瓦地区地下音乐的活跃,后者成功去除了所有公众广告中的女性形象。该宗教政党联盟还试图强制规定女性服饰、男女分校,甚至禁止男医生为女病人做超声波检查,关闭省内电影院等极端行为。一方面,可将这种保守甚至极端的做法视为面对外界强压时启动的应激行为、自我保护行为;另一方面,在政局动荡的前提下,宗教较易形成凝聚力,发挥安抚人心的功用。这为宗教政党控制社会提供了时机。但同时,也体现了当代地缘政治博弈中,巴基斯坦的被动与无奈。最终,该宗教政党联盟的“极端”主张也导致其内部发生分歧,在2005年后走向分裂,2008年正式解散。

对大众信徒来讲,宗教文化在社会功能中发挥的作用,更偏重于实用性,这主要涉及个人生活境况与集体生活秩序两个方面。该省的经济发展,在历史上既得益于往来必经的商队,也常常毁于时常发生的争战,毕竟这里占据着要塞枢纽,本是兵家必争之地。尤其在1979年阿富汗战争爆发后,大量阿富汗难民源源不断地涌入,几乎拖垮了原本就落后的经济。

在当代的经济发达地区,宗教组织一来可发挥满足个人精神需求的功能,二来可在经济上提供联盟及地区保护的名义。在经济欠发达地区,且在信息极度不对称的情况下,宗教才能极大地发挥社会政治功能,实现控制社会的目的。因此,内陆地区在国力不强、经济欠发达的境况下,在短时期内相对较容易被宗教势力利用,成为影响发展的又一不利因素。然而长远来看,白沙瓦虽

---

① 该宗教政党联盟即 Muttahida Majlis-e-Amal(乌尔都语:متحدہ مجلس عمل),简称 MMA,由5个伊斯兰教右翼政党组成,2002年在西北边境省省议会选举中胜出,联合执政。2008年解散,2017年重组。

地处内陆,自古却因次大陆“门户”这一角色,并没有形成闭塞的人文环境。同时伴随当今信息的日益畅通,人为只可能暂时性地影响信息流通的速度和方式,完全封闭信息既是不可能,又是无效无洞见的行为。更何况在巴基斯坦的政治体制内,媒体私营,言论自由度相当大。因此,宗教势力这一不利因素的消长,还取决于国家政策、地缘政治环境,尤其是经济发展等主要因素。具体到白沙瓦的境况,在现代民族国家的疆界形成之后,主要经历了三个阶段:第一步,成为新兴国家巴基斯坦的一部分;第二步,成为美苏争夺境外利益的前线地区;第三步,冷战结束,遗留的武装力量、隔阂的意识形态,让这里成为极端主义激进分子的温床。由此可见,存在经济落后,且在地缘政治中被利用、被边缘化的族群,为宗教势力的发展提供了条件,便于后者短期内发挥控制社会的功能。针对这一点,巴基斯坦联邦政府和军方仍在尽其所能地遏制武装和宗教极端势力的发展。综上,如今此地保守的社会风貌、频发的极端事件,主要是近现代地缘政治格局使该地区被动成为前线战场,且战后遗留诸多社会问题等因素所致。这一方面遏制了经济发展,另一方面让极端宗教势力乘虚而入,成为影响当地社会健康发展的帮凶。

(二)复杂的政治生态

如前所述,1947年巴基斯坦建国后,白沙瓦及周边地区进入当今的民族国家框架内,成为西北边境省首府,继续发挥政治功能。巴基斯坦建国后延续英殖民时期的议会制政体,施行议会内阁制,最初是一院制,1973年之后实行两院制。开伯尔普什图省与阿富汗的边界,即巴阿两国的国界,沿用了1893年划定的“杜兰线”,这为一分为二被分属两国的普什图族群的身份认同诉求埋下了隐患,也对两国边境安全造成了实际困扰。在大国博弈和国家内部问题的发酵下,进入21世纪后,与巴基斯坦西北部其他地区一样,白沙瓦地区也无法逃脱恐怖主义和极端主义的阴霾,不仅本地诗人的圣墓成为“巴塔”攻击的目标,基督教教堂更是难逃劫难①。最为惨绝人寰的是,2014年岁末,巴基

① 2013年9月22日,巴基斯坦塔利班运动向位于白沙瓦的全圣教堂(All Saints Church)发动自杀式爆炸袭击,造成170人受伤、87人死亡。

斯坦塔利班运动对军方公立学校的袭击导致 132 名 10—18 岁青少年不幸身亡，震惊世界。①

根据前文的历史回溯和当代的地缘政治可知，白沙瓦地区的政治生态主要可以分为三层：第一层，大国博弈的要塞位置。武装力量、军事情报、各类组织纷纷驻扎在此。21 世纪初美国发动阿富汗战争，大量阿富汗难民源源不断越过边境进入巴基斯坦，其中在开伯尔普什图省的安置数量最多。第二层，周边小环境的离心力作用。西部是刚刚并入该省的原联邦直辖部落区，不仅体制不同，也是打击恐怖分子、极端主义分子的重地。距离不远的巴阿边境“杜兰线”不被普什图分离主义分子承认，常年安全形势不佳。北面的斯瓦特山谷地，同样是巴塔等极端组织的活跃地带。再往东北，巴基斯坦的北部地区和自由克什米尔，是巴基斯坦与印度边界领土纷争尚未解决之地。第三层，白沙瓦地区是巴基斯坦国内局势稳定的“心脏”。除去第一、二层在大国和周边政治环境中的地位，白沙瓦距离首都伊斯兰堡不到 200 公里，是首都安全的护卫。从白沙瓦到伊斯兰堡，沿途经过喀布尔河的支流，道路两边草木繁茂，良田果园接连不断，平原谷地的天赐优势，尽收眼底。巴基斯坦由东北至西南的狭长国土，让这个在历史上一直占据重要政治地位的历史古城白沙瓦，在当今国家政治安全中承担起责无旁贷的重任。

2017 年 3 月 2 日，巴政府提案将联邦直辖部落区与开伯尔普什图省合并，虽然遭到来自个别政党的反对，但并未就此舍弃。2018 年 5 月 24 日，巴基斯坦国民议会投票通过“宪法修正案”，正式将直辖部落区并入开伯尔普什图省。5 月 28 日开省省议会继而通过了历史性的法案，正式启动合并程序，最终由巴总统马穆努恩·侯赛因（Mamnoon Hussain）在法案上签字，标志着此次历史性合并法案程序的完成。建国后，主持开伯尔普什图省省议会的主要政党是人民民族党（ANP）。20 世纪 70 年代后期，由布托家族主导的巴基斯坦人民党（PPP）高调兴起，在该省的影响力扶摇直上。如前文所述，宗教政

① 2014 年 12 月 16 日，巴基斯坦塔利班运动 6 名成员潜入开设在白沙瓦的军方公立学校，开枪袭击校内师生，造成 121 人受伤、145 人死亡的严重后果。

党在穆沙拉夫执政期间,尤其在"9·11"事件后组成"反美"联盟,并在省议会选举中获胜,但其短视强势的施政理念和行为,使它难逃迅速下台的命运。在2008年的大选中,人民民族党卷土重来,再次夺回阵地,并正式废除了此前宗教政党联盟颁布的禁令。因此,人民民族党成员也是巴基斯坦塔利班的重点攻击对象。之后,在2013年的大选中,成立于1996年的巴基斯坦正义运动党(PTI)在省议会选举中获胜,在反腐的旗帜下,成为巴国内中青年和中产阶级的期望所在。2018年7月,该政党在国民议会选举、开省省议会选举中,以绝对优势胜出,党首伊姆兰·汗从白沙瓦走向首都,"走进"伊斯兰堡的总理府,成为巴基斯坦第22任总理,他誓言要建设一个"新巴基斯坦"。总之,历史上遗留下来的分离主义、极端分子等不安定因素,地缘上的多重政治地位,以及主要政党在当地不同阶段的影响,造就了白沙瓦地区交错复杂的政治生态。

(三)与"中巴经济走廊"的关联

2018年,"中巴经济走廊"的建设进入第三年。在政府换届、执政党更替的重大国内变动中,巴国的外交政策,尤其是进行中的"一带一路"倡议中的样板工程——"中巴经济走廊"项目是否会受影响,是中巴两国积极关注的重点问题。新总理伊姆兰·汗在胜选演讲中表明了立场,丝毫没有动摇中巴传统友谊及当前的首位合作关系。

自古是商道,今日尤繁忙。"一带一路"中目前包括六个经济走廊项目,其中"中巴经济走廊"为旗舰项目。在其路线规划中,东北起自中国新疆喀什,西南至巴基斯坦俾路支省瓜达尔港出海口的"走廊",将北接"丝绸之路经济带",南连"21世纪海上丝绸之路",成为贯通南北丝路的关键枢纽。其中,正在建设中的白沙瓦至卡拉奇高速公路,将成为巴基斯坦首条拥有智能交通系统的高速公路,更是巴国内贯通南北的经济大动脉和国防要道。"走廊"将通过公路、铁路等交通基建连通巴基斯坦境内的主要城市,并以东、中、西三条主线路的形式辐射周围地区,形成便利的交通网络,同时计划配以油气管道和光缆,最终建设成为"四位一体"的通道。基础建设完成后,白沙瓦将通过公路、高速路、铁路等与国内主要城市连接畅通,并通过陆路交通网即可实现与中国更加高效地通行。

伴随着工程的推进与中方投资额的不断增加，两国期望通过促进贸易往来和能源流通等各方面合作，达到“互利共赢”的长远目标。在此期间产生的问题，不仅是经济发展解决不了的，而且更可能是伴随经济状况改变而发生的。从本文对白沙瓦地区扼要的历史脉络梳理可知，白沙瓦的历史，在某种程度上浓缩了巴基斯坦西北部地区，即如今开伯尔普什图省的历史，甚至可以被视为位于南亚次大陆西北部的巴基斯坦这个年轻国家的历史缩影。这里有着与中国文化完全不同的社会面貌，对生活也有着不同的看法和要求。但这并不意味着消极看待合作，而是应带着耐心与真诚去尝试理解彼此。在中国从事科研工作多年，并著有《中巴关系研究》一书的巴基斯坦学者古拉姆·阿里(Ghulam Ali)先生说，巴基斯坦在伊斯兰世界中独树一帜，有着自己鲜明的特点，她不同于当今世界上任何一个伊斯兰国家，更不同于阿拉伯世界的“主流”伊斯兰教国家。笔者几乎问过每一位巴基斯坦朋友同一个问题：“中国人和巴基斯坦人最大的区别有哪些？”回答中排在第一位的，几乎无一例外是“中国人勤奋”。个人以为，这“勤奋”的对面，并不简单意味着“巴基斯坦人不勤奋”。因为，这些正在，或曾经生活在中国的巴基斯坦朋友还表示，与巴基斯坦人相比，中国人在日常生活中更有目标感和计划性。在这个95%以上民众信仰伊斯兰教的清真之国，人们对生活在“现世”的态度，去除宗教因素外，当然有对和睦、友爱、良好物质生活等方面的人类共通的追求与渴望。但如何将这种渴求与向往在日常生活中有效转化为“勤奋的行为”，是巴年轻人积极观察、思考、学习的一个潜在隐性内容，也是中国文化影响力的侧面体现。借助他者的评论反观自身，当我们每日谈论国内社会中的各类问题，感叹发达国家社会生活中的种种优点时，从友邻一侧，我们也会接收到自身习以为常、不曾关注的“闪光点”。而来华学习工作的巴基斯坦朋友也纷纷表示，他们以前总望向欧美发达国家，希望可以学习到先进的东西来改善自身的生活、帮助祖国的发展，现在当他们开始了解中国，特别是来到这里有了切身感受后，更相信与中国的合作是多么难得的历史契机。巴基斯坦的年轻人越来越多地开始选择学习汉语，并在近年来显现出自费来中国留学的趋势，毕竟以前的留学生基本都是依靠申请政府奖学金。在巴国内,包括白沙瓦大学在内,多所高校及研究机构陆续成立了中国研究中心,在智识上支持两国的深入合作。由此可见,两国在长远的合作规划中主动了解彼此,在互信的良好基础上积极调整方式,才有望共同解决问题,实现互利双赢的目标。在此过程中,两国关系的健康发展也表现在官方、政治层面的传统友好关系逐渐连接深化到民间交流合作中。于是,伴随着“经济走廊”的发展,“文化走廊”的建设也已悄然展开。

进一步来看,在当今交通日益便利、信息通讯日益发达、商贸往来日益密切的人文流动中,“走廊”的建设为其他国家地区提供了地区协作发展的又一典范:地区间合作发展是“学习他者——深化自我认知——提升自我——被他者学习”的深度关联连接。后两个环节,便是我国在经济迅速发展、国际影响力不断提升的境遇中,尤其重视的“在国际社会中塑造国家形象”的相关课题。由此,以“中巴经济走廊”项目为样板、为旗舰,不仅是经济发展上的互利共赢,更是通过认知彼此,各自更好地提升自我的契机,是在事务合作中,在方式与理念上互相学习的契机。作为中国唯一的全天候战略合作伙伴,巴基斯坦在历史文化、日常生活轨迹上,与中国差异颇多。在建设“走廊”的合作中,双方的姿态由过去的“心连心、背靠背”,逐渐调整为携手同行,将目光投向彼此。这种姿态的转变,便是与经济合作并行的文化互动中的旗舰项目、样板工程,这为世界如何理解中国,和中国如何理解世界,奏响了新的乐章。

作者简介:张嘉妹,北京大学外国语学院南亚学系副教授。

阿富汗政治安全新动向及其对中国的影响

李青燕

摘要:美国在阿富汗的反恐战争已进入第 18 个年头,对地区政治与安全形势产生了深远影响。当前,阿富汗国家转型迎来重要节点,美国转变对阿政策,和解进程面临历史性窗口期。但同时,阿国内政局因大选竞争动荡加剧,安全形势亦持续紧张,塔利班势力不断扩张,"伊斯兰国"残余加速向阿巴聚集,恐怖外溢风险增加。美国、俄罗斯、伊朗、巴基斯坦、印度等国在阿富汗的利益博弈加剧,地区安全合作动力弱于地缘战略竞争。中国作为阿富汗重要邻国与负责任大国,密切关注阿局势发展,积极参与阿和解进程与经济重建,推动相关国家跳出地缘政治窠臼,加强地区安全与经济合作,为地区和平稳定发挥建设性作用。

关键词:阿富汗　安全形势　和解进程　地缘战略竞争

2014 年底,以美国为首的北约从阿富汗大规模撤军,仅留万余人执行非战斗任务。塔利班再次壮大,与阿政府军争夺地盘;"伊斯兰国"加紧向阿巴地区渗透,频繁发动暴恐袭击。阿富汗依然是全球恐怖主义活动最为活跃的国家之一。长年战乱,阿富汗人民渴望和平,加尼政府不断向塔利班挥动"橄榄枝"。美国推出阿富汗与南亚新战略,实施一年来效果不彰,特朗普对阿富汗战争耐心渐失,加紧推动阿和解进程取得突破,以期尽快结束战争。阿和解进程迎来重要机遇,但内外挑战并存。大国与地区国家在阿利益交错冲突,各国在阿和解与反恐问题上难以形成合力。阿问题与中国西部的安全与发展息息相关,阿富汗是中国“一带一路”沿线上的重要合作国家,中国将加强与周边国家在阿问题上的合作。

一、阿富汗安全形势持续紧张

特朗普政府于2017年8月推出阿富汗与南亚新战略,向阿富汗小规模增兵,并允许美军根据战场需要灵活调整战术与参战人员,但新战略仍难阻止阿安全局势日趋恶化。塔利班在阿全境“多点开花”,不断扩张地盘,与阿政府军在重要城市展开拉锯战。“伊斯兰国”在叙利亚和伊拉克溃败后,残余势力加速向阿富汗和巴基斯坦聚集。跨境恐怖组织趁机作乱,加重周边国家对恐怖活动外溢的担忧。

据联合国阿富汗援助团报告称,2018年1—9月,阿富汗境内武装冲突共造成平民伤亡8050人(2798死、5252伤),死亡人数是2014年以来同期最高值。其中,35%的伤亡来自塔利班的恐怖活动,25%来自“伊斯兰国”的恐怖活动,5%来自未明确的恐怖组织的活动。① 平民伤亡人数大增,主要是由于塔利班和“伊斯兰国”加大了对人口稠密的城市区域的袭击力度。“伊斯兰国”更是挑动教派冲突,发动多起针对什叶派穆斯林的袭击。2018年10月20日,阿富汗议会选举当天,百余起袭击造成435名平民伤亡,创下阿单日伤亡新高。美国阿富汗重建事务特别总检察长办公室(SIGAR)发布报告称,截至2018年10月,阿政府已失去16%的国土面积,控制区域降至占国土面积的55.5%,是自2015年11月该机构发布第一份报告以来的最低值,而极端武装组织的控制区域增加了5.5%,双方争夺的区域增加了11%。② 美国研究阿

① “The Situation in Afghanistan and Its Implications for International Peace and Security”, General Assembly Security Council, UNAMA, Dec 07, 2018, p. 7.

② “Afghan Government Continues to Lose Ground to Taliban: SIGAR Afghanistan News”, Al Jazeera, https://www.aljazeera.com/news/2018/11/afghan-government-continues-lose-ground-taliban-JPsigar-181101082721510.html.

富汗战争的《长战争杂志》(*Long War Journal*)指出,阿政府控制全国 407 个区中的 145 个,塔利班控制 52 个,199 个区处于双方争夺之中。① 持续紧张的安全局势使阿富汗成为全球恐怖主义指数排名第二的国家。根据澳大利亚智库经济与和平研究所(IEP)发布的 2018 年《全球恐怖主义指数报告》,恐怖主义指数最高的国家依次为伊拉克(9.746)、阿富汗(9.391)、尼日利亚(8.660)、叙利亚(8.315)、巴基斯坦(8.181)和索马里(8.020)。②

(一) 塔利班攻城略地显示实力

塔利班是阿富汗土生土长的极端武装组织,且实力强大,曾一度掌握阿富汗国家政权(1996—2001 年)。在与驻阿北约联军对抗了十余年后,塔利班虽受重创,但仍保存一定实力。塔利班的人员规模目前维持在 4.5 万至 6.5 万人左右,达到 2001 年战后高峰。发动自杀式炸弹袭击是塔利班惯用手段,但伴随美军大幅撤离,阿安全部队兵力捉襟见肘,塔利班不满足于在农村和郊区活动,开始攻城略地,扩大地盘,抢夺主要城市与联络线。2018 年,塔利班全年保持攻势,除了继续保有南部大本营坎大哈省和赫尔曼德省等,在东部加兹尼省、西部法拉省和北部法利亚布省、巴格兰省等发动猛烈攻击,全面开花,争夺战略要地。阿政府军在驻阿北约联军空中支援下,多次打退塔利班的进攻,但部分地区落入塔利班手中。

塔利班之所以频繁发动攻势,一是因其领导层为遏制内部分裂,重回强硬路线。塔利班灵魂人物奥马尔的继任者、曾被视为温和派的毛拉·曼苏尔于 2016 年被美军无人机击毙后,塔利班内部分化趋势加剧,主战派占据上风。现任最高领导人海巴图拉·阿洪扎达被认为是"鹰派"人物,上台后即采取强硬措施,选择立场激进的"哈卡尼网络"头目贾拉勒丁·哈卡尼和奥马尔的长子雅库布做副手,武力打压反叛分支拉苏尔派等,公开拒绝与阿政府和谈,以减少内部分歧与摩擦,缓解分裂走势。二则出于如下形势,塔利班正巩固势

---

① "Afghanistan Watchdog:Government Control Lowest Ever",FDD's *Long War Journal*,https://www.longwarjournal.org/archives/2018/11/sigar.php.

② *Global Terrorism Index 2018*,Institute for Economics and Peace,December,2018,p.10.

力，扩大地盘，以应对阿境内外国极端武装组织的竞争与蚕食。美国国防报告称在阿富汗和巴基斯坦存在20余个恐怖武装组织，包括"基地"组织、"伊斯兰国"、"哈卡尼网络"等。[①] 其中，让塔利班倍感压力的是"伊斯兰国"的渗透和蚕食。此外，更为重要的是塔利班为其"前途命运"筹谋，竭力保持战场上的进攻势头，并扩展控制区域，壮大声势，试图在政治和解进程中攫取更多利益，增加其对美国和阿政府的谈判砝码。

(二)"伊斯兰国"伺机扩张站稳脚跟

阿富汗乱局为"伊斯兰国"在阿建立据点提供了机会。长期战乱，阿多地缺乏有效治理，地方割据、军阀混战、外军参战使该国犹如一盘散沙。伊斯兰极端主义思潮在阿泛滥，且阿经济萎靡不振，社会动荡，民不聊生，促成"伊斯兰国"在阿富汗落脚生根。阿中央政府对地方控制力十分有限，政府军力不足，凝聚力缺乏，塔利班力量亦不能覆盖阿全境，与巴基斯坦接壤的阿东部地区呈现"治理真空"状态，"伊斯兰国"得以迅速渗透，建立稳固据点。鉴于阿富汗重要的地缘战略位置和对伊斯兰国家的影响力，"伊斯兰国"早有意向阿富汗和巴基斯坦及周边地区渗透，先期派遣少量指挥官和伊斯兰法学家进入阿巴两国及中亚费尔干纳谷地，开始筹建"伊斯兰国呼罗珊省"。此后，其势力在阿富汗悄然崛起，并在2015年中期达到活动高潮，遍及阿东部、北部、中部和西部的25个省，并基本控制楠格哈尔省东南部八个区的大部分地盘。[②]

从2016年开始，塔利班对"伊斯兰国"势力进行反攻，"伊斯兰国"的扩张进入停滞阶段。塔利班在与"伊斯兰国"的合作与竞争中，明显感受到对方的蚕食威胁，逐渐放弃绥靖政策，转而采取武力打击，将其在赫尔曼德、法拉、洛加尔和扎布尔四省的据点清除。同时，在驻阿美军、阿安全部队和地方部落武装的合力围剿下，"伊斯兰国"遭受重创，丢掉大量地盘，只剩楠格哈尔省的阿

---

① *Enhancing Security and Stability in Afghanistan*, Department of Defence USA, December 2018, p. 9.

② 畅红:《"伊斯兰国"在阿富汗的渗透及其前景》,《现代国际关系》,2017年第4期,2017年8月。

钦、纳兹延和哈斯卡·米纳三个控制区。为了拓展在阿生存空间，“伊斯兰国”加大舆论宣传力度，制造多起暴力事件；渲染其萨拉菲主义的正统性，打压塔利班的影响力；煽动逊尼派和什叶派矛盾，企图垄断伊斯兰教法解释权和反美、反阿政府战争的领导权。“伊斯兰国”还利用造成大量青年失业（失业率高达40%）的经济困难进行宣传，许诺“高薪”吸引失业和贫困民众加入。同时，塔利班的分裂和分支的庞杂也让“伊斯兰国”有机可乘。“伊斯兰国”不断用“高官厚禄”拉拢塔利班、乌伊运等极端组织的低层指挥官和武装分子“投诚”，进一步侵蚀塔利班的基层组织。

作为外来势力，“伊斯兰国”越来越表现出“水土不服”，其在阿富汗的生存和发展均受本土力量牵制，加之阿政府军和驻阿北约联军已将其列为重点打击目标，“伊斯兰国”很难再现前期的快速扩张之势。阿富汗约有80%的人口信奉温和的哈乃斐教法学派，“伊斯兰国”宣扬的萨拉菲主义极端思想对阿民众的吸引力很小，且其在占领区的高压暴力行径已激起阿民众不满。尤其是在传统的普什图部落地区，尽管在阿加入“伊斯兰国”的多为普什图族人，但“伊斯兰国”肆意破坏部落习俗和秩序，严厉执行伊斯兰法，残忍处决部落长老和成员等暴行，引发部落民众强烈反感。与之相反，塔利班与普什图部落有着千丝万缕的关系，根基深厚且擅用怀柔政策笼络人心，抵制住了“伊斯兰国”的进一步蚕食。一些投靠“伊斯兰国”的塔利班成员又重返塔利班组织。同时，特朗普的阿富汗新战略更加重视来自“伊斯兰国”的安全威胁，把其作为美军在阿行动的重点目标。“伊斯兰国”在阿的四任头目均已被美军击毙。内外夹击下，缺乏“群众基础”的“伊斯兰国”在阿活动备受掣肘，无法与本土武装组织持续抗衡。但各方也需警惕溃败的“伊斯兰国”武装人员自中东加速向阿巴渗透的趋势。尤其是在阿政局动荡、经济衰退、各方力量博弈加剧的环境下，“伊斯兰国”在阿仍有较大生存空间，而其实施的恐暴袭击又将加剧阿局势的动荡性和复杂性。

二、阿富汗和解进程面临重要机遇

进入2018年，延宕已久的阿富汗和解进程出现新动向，为连年战乱的阿富汗带来和平曙光。美国转变对阿政策,任命阿和解事务特别代表与塔利班展开直接对话,希望在短期内使阿和解进程取得突破。加尼政府也在日内瓦会议上推出为期5年的和解路线图,并成立高级和平协商委员会(HPCB)准备与塔利班展开和谈。饱受战乱之苦的阿富汗人民热切盼望和平,阿和解进程迎来重要历史机遇期。但在阿政局混乱并趋于"碎片化"背景下,政治和解实现突破性进展仍面临严峻挑战。

(一)大选博弈加深阿政治裂痕

阿富汗政治生态复杂多变,族群认同历来大于国家身份认同。阿富汗现任"民族团结政府"(NUG)自2014年执政以来,内部矛盾重重,严重制约各项政策有效实施。总统加尼阵营与"首席执行官"阿卜杜拉·阿卜杜拉代表的"北方联盟"[①]阵营就政治资源分配、国家发展决策、体制改革等问题分歧不断,"双头共治"负面作用凸显。"北方联盟"主要成员第一副总统杜斯塔姆、第二副首席执行官穆哈齐克、伊斯兰促进会执行主任努尔等30多个政党成立"阿富汗大民族联盟"(GNCA),与加尼政府处处抗衡,致使阿中央和地方政府职位空缺严重,治国理政能力低下,军阀割据与民族裂化并行。

2018年以来,围绕议会选举与总统大选,阿富汗各派政治势力分化组合,展开激烈竞争。10月20日,拖延三年之久的阿议会选举终于举行。由于各政治团体在引用生物注册系统、选民注册民族身份和语言等问题上的龃龉,议会选举工作一度停滞。阿独立选举委员会(IEC)在一些省区的办公室受游行示威冲击被迫关闭。坎大哈省和加兹尼省因安全原因推迟举行选举,部分地区的选举站点也未能按期开放。花费巨资仓促投入使用的生物投票系统,未能阻止体系化腐败和贿选,大规模舞弊丑闻不断曝出,议会选举结果迟迟未能公布。原定于2019年4月20日举行的总统大选存在较大变数,独立选举委

① 反塔利班的阿富汗少数民族联盟,主要由塔吉克族、哈扎拉族和乌兹别克族等北部少数民族联合而成。其中塔吉克族占主导地位,该民族约占阿富汗总人口的25%。阿富汗的主体民族是普什图族,约占总人口的42%,主要分布在南部与东部。

员会副发言人易卜拉希米表示，该委员会已决定对选举系统进行改革以更好应对总统大选，为此总统大选将推迟 3 个月举行。而届时如总统大选与包括加兹尼省议会下院选举、各省议会和区议会的四个选举同时举行，将面临前所未有的政治与安全挑战。阿各派以族群或利益划分的政治力量就选举时间及竞选同盟等相互博弈，力图抢占先机。加尼总统与首席执行官阿卜杜拉就是否推迟选举时间分歧较大，两人也已得到不同政要支持准备参选，此外前内政部长达乌德扎伊和前国家安全顾问阿特马尔等十余位有较强竞争力的候选人，也纷纷组建竞选团队。同时，预算不足、安全形势恶化及域外力量干涉等因素也使阿总统大选困难重重，新政府或再次难产或维持弱势政府状态。

（二）和解进程机遇与挑战并存

美国转变对阿政策，为长期停滞的阿和解进程注入新动力。2018 年 10 月，特朗普政府任命哈利勒扎德为美国阿和解事务特别代表，全力推动阿和解进程在短期内取得实质性进展。随后，哈利勒扎德率美国代表团与塔利班代表在多哈直接接触，改变了美国此前不与塔利班直接谈判的立场。此后，哈利勒扎德多次与塔利班代表接触对话，美塔就停火协议、释放囚犯和美国撤军等问题展开讨论。哈利勒扎德频繁访问印度、巴基斯坦、伊朗、俄罗斯、土耳其、沙特、阿联酋等周边国家，协调各方立场并敦促各国支持阿和解进程。他表示，美国希望尽快通过政治渠道解决阿富汗问题，最好在 2019 年阿总统大选前达成和平协议。塔利班可作为政治力量参加选举或以其他方式加入阿政治主流。加尼政府也积极推动和解进程，表态愿与塔利班展开不设前提条件的和谈。2018 年 2 月，加尼总统在第二次“喀布尔进程”会议上表示，为实现和平与和解进程，阿政府提出一系列举措，包括停火、承认塔利班为政党、建立互信以及举行公平自由的选举。加尼指出，阿政府正寻求与塔利班组织中的温和派达成真实持久的和平协议，并计划启动宪法修改、释放塔利班囚犯、将塔利班领导人从国际制裁名单上除名，并为该组织在喀布尔及阿其他城市设立办公室,以展现诚意。① 在11月举行的阿问题日内瓦部长级会议上,加尼总统进一步提出了为期5年的和解谈判路线图,寻求将塔利班纳入阿和平协议。阿政府还成立了高级和平协商委员会与和平谈判小组,负责政府与塔利班的未来谈判。② 塔利班领导人阿洪扎达在开斋节讲话中称,为结束战争,美国应该与塔利班直接谈判。塔利班驻多哈代表处也被授权与美国接触。塔利班还响应阿政府提议在开斋节期间停火3天,这是自2001年阿战以来双方首次实现停火。阿和解进程的积极进展,反映出阿国内对结束战乱、实现和平、恢复民生的热切渴求。对于使用武力压制乃至消灭塔利班,阿政府和美国感到力不从心,尤其是特朗普政府在"美国优先"原则下,不愿继续负担在阿的高昂花费。同时,塔利班也看到以美国为首的北约对阿政府的持续援助和支持,这让塔利班重新掌控政权的野心受挫。内外压力促使各方在阿问题上均寻求政治解决方案。

阿和解进程迎来关键窗口期,人们期望2019年成为阿富汗结束战乱之年。塔利班若能抓住机会实现身份合法化转换,将对阿政治进程产生深远影响。阿富汗实现长久和平与稳定也将极大缓解国际反恐斗争压力。但也应看到,阿和解进程能否真正实现突破还面临诸多挑战。塔利班迄今仍不同意与阿政府展开直接谈判,也不回应美国与阿政府提出的停火协议,而是希望美国在撤军、释囚、除名等问题上先做出让步。和谈将聚焦于美国撤军和塔利班以何种方式、何种身份加入阿政治主流等问题,这些问题事关"后美国时代"的阿富汗新政治安排,因此各方预期将展开激烈博弈,包括通过在战场上保持攻势施压,对于能否达成长久和平协议尚难乐观。塔利班内部分化令它在和谈上难以用一个声音说话,即便达成和解协议,也面临被个别激进分支破坏的威胁。

---

① "President Mohammad Ashraf Ghani's Statement at the 2nd Kabul Process Conference", Embassy of Afghanistan in Washington, https://www.afghanembassy.us/news/president-mohammad-ashraf-ghanis-statement-at-the-2nd-kabul-process-conference.

② "Afghan President Announces Team to Hold Peace Talks with Taliban", Afghanistan News Al Jazeera, https://www.aljazeera.com/news/2018/11/afghan-president-announces-team-hold-peace-talks-taliban-181128100114901.html.

同时,阿政府过于软弱,且内耗严重。大选当前,阿政府无力推进和解进程,若选举一再推迟或成立过渡政府,阿政府的合法性与执行力将更加无法保障。作为关键方的美国,尽管制定和谈时间表可有力加速进程,但仍难摆脱早日撤军和塔利班卷土重来的两难境地。在美军在阿战场处于被动的情况下,特朗普却已释放出撤军信号和计划,令美国国内就撤军问题的争议升温。撤军问题将成为2020年美国大选两党竞争的重要议题之一。2018年12月,媒体报道称特朗普考虑在2019年夏天之前从阿撤出7000名士兵。美国前防长马蒂斯警告撤军将使美国本土再次面临恐怖主义攻击。美国共和党资深参议员格雷厄姆批评特朗普,称撤军将让美国失去在阿既得利益,并面临第二次遭受"9·11"恐袭的危险。北约发言人朗杰斯古强调,北约成员国将致力于维护阿长期安全与稳定,北约保持在阿存在对确保阿不再成为恐怖主义避风港、避免其威胁北约国家安全至关重要。为兑现他的竞选承诺、争取连任,不排除特朗普使美军从阿富汗"闪撤"的可能,但他亦不得不考虑撤军带来的"灾难性"后果:一是塔利班可能重新掌握政权,二是阿政府或许会迅速垮台,阿富汗再次陷入内战。这两种局面都将使阿富汗成为国际恐怖组织的庇护所,美国本土发生恐袭的可能性将因此大增。

三、各国在阿富汗地缘竞争加剧

阿富汗问题一直是全球热点问题,阿富汗地区也成为大国与地区国家利益竞合的重要场地。美国推出阿富汗与南亚新战略,抬升印度作用,希望印度加大介入阿富汗事务力度;同时美国与俄罗斯、伊朗、巴基斯坦关系不同程度恶化,进一步加剧地区安全让位于地缘政治竞争的趋势。

(一)美国拉印度强化地缘政治竞争

特朗普于2017年8月推出阿富汗与南亚新战略,①尽管新意有限,但仍

---

① "Remarks by President Trump on the Strategy in Afghanistan and South Asia", Whitehouse, https://www. whitehouse. gov/briefings-statements/remarks-president-trump-strategy-afghanistan-south-asia.

突出了三个“支柱”作用:综合运用外交、经济和军事等手段,迫使巴基斯坦加强反恐力度,及希望印度在阿富汗问题上提供更多帮助。特朗普对印巴这两个重要的地区国家可谓“爱憎分明”:严苛指责巴基斯坦的反恐表现,对印度在阿富汗问题上发挥更大作用抱有殷切希望。特朗普在2018年新年当天的推特上,抨击巴基斯坦,称美国在过去15年给巴提供了330亿美元援助,但后者一直在愚弄美国领导人,并称“不会再向巴提供更多援助了”。[①] 特朗普政府暂停了对巴基斯坦的所有军事援助。巴基斯坦各界对特朗普的举措普遍失望甚至愤怒,认为本国为阿富汗战争做出的牺牲最多,却成为美国在阿富汗挫败的“替罪羊”。印度媒体则为之欢欣鼓舞,印外交部积极回应,表示将增大对阿富汗的重建和发展援助。特朗普对印巴的政策取向,不利于阿富汗问题的最终解决。巴基斯坦对阿富汗地区的安全与稳定,尤其是阿和解进程起着关键作用。当前印巴实力对比失衡,南亚地缘战略天平进一步向印度倾斜。配合“印太战略”,特朗普政府强化美印战略伙伴关系,提升军事合作水平,其南亚政策趋于在印巴之间选边站队。美国以印度为重心处理包括阿富汗在内的地区事务,模糊了反恐斗争焦点,降低了地区安全与稳定的重要性。

(二)俄伊与美对抗增加“代理人”战争风险

奥巴马执政中后期,美俄关系趋于紧张。特朗普上台后,未能实现美俄关系转圜,反而进一步加强了对俄罗斯的制裁。美国财长姆努钦表示,特朗普政府将继续对俄罗斯实施制裁政策。特朗普在2018年5月宣布退出伊朗核协议,并逐步恢复了对伊朗的严厉制裁。美国在2018年10月公布的新版反恐战略,10次提到伊朗,并称伊朗是支持恐怖主义的头号国家,指认伊朗支持多个恐怖组织。[②] 俄罗斯、伊朗对阿富汗问题均可产生重要影响,俄美、伊美对抗升级增加了在阿富汗发生“代理人”战争的风险。俄罗斯与伊朗均视美国在

---

① “Trump's Tweet Was Deeply Hurtful to Pakistanis, Bilawal Tells American News Outlet”, the Dawn, https://www.dawn.com/news/1388132.

② *National Strategy for Counterterrorism of the United States of America*, October 2018, the White House, https://www.whitehouse.gov/wp-content/uploads/2018/10/NSCT.pdf.

阿的军事存在如芒在背，直接威胁自身安全与地区利益。美国指责俄罗斯与伊朗为塔利班提供武器和后勤支援，增加塔利班在阿富汗的合法性，给美军在阿行动制造麻烦。

随着与中亚国家接壤的阿富汗北部安全形势恶化，俄罗斯加大了对阿富汗的投入，加强了与吉尔吉斯斯坦和塔吉克斯坦在阿富汗问题上的军事合作。俄罗斯称其在塔吉克斯坦的军事基地是中亚地区安全的保障，并增强了这一军事基地的战备水平。俄罗斯还与塔利班展开接触，积极参与阿和解进程。俄罗斯近期着力推动阿富汗问题的"莫斯科进程"，于 2018 年 11 月召开第二次阿富汗问题国际会议，塔利班第一次派代表参加并公开发言。伊朗是阿富汗西侧邻国，与阿富汗在历史、文化、经济等各方面交往密切。伊朗尤其支持阿境内信奉什叶派的哈扎拉族，与逊尼派的塔利班有宿怨。在美国发动阿战初期，伊朗一度支持美国军事打击塔利班。但随着美国被视为"更大的敌人"，伊朗转而帮助塔利班抗击美军，允许塔利班在伊设立办事处。2018 年以来，塔利班加强了对阿西部与伊朗接壤省区的袭击，一度占领法拉省和赫拉特省部分区域。美国指责塔利班的这一行动得到了伊朗支持和庇护。伊朗与阿政府和塔利班同时保持联系，亦希望在阿政治和解进程中提升话语权和主动性。

（三）外部环境不佳制约巴基斯坦发挥作用

巴基斯坦在反恐问题上一直被美国为首的西方国家指责为"两面派"、"出工不出力"。特朗普多次在推特上批评巴基斯坦"无所作为"，不但取消了对巴 3 亿美元的军费拨款，还将巴官员排除在国际军事教育和培训计划外，并使巴重新被列入反洗钱金融行动特别工作组的灰色名单。印度更是在国际社会给巴贴上"支恐航母"标签，处处以反恐问题打压巴基斯坦。美印走近与美巴疏远使巴基斯坦处境堪忧，巴在对外政策上的选项有限，掣肘其调整反恐政策。

巴基斯坦是阿富汗的重要邻国，在阿和解进程中扮演重要角色。但两国历史纠葛复杂，边境摩擦时常发生，经常上演的"指责游戏"严重侵蚀双方互信。阿巴习惯性地将对方指责为本国遭受的恐怖袭击的来源地。阿富汗指责巴基斯坦为塔利班、“哈卡尼网络”等提供庇护所,认为巴在反恐上有所保留,有选择地打击恐怖分子,不真心乐见阿实现和平稳定,尤其是巴为自身战略利益,操纵塔利班获取在阿资源,谋求平衡印度的“战略纵深”。巴也同样指责阿富汗庇护威胁其安全的恐怖组织,如巴基斯坦塔利班、俾路支分裂武装组织等,并多次将巴境内恐袭的策划源头锁定在阿富汗,向阿政府递交人员名单,要求阿逮捕指定的恐怖分子并移交给巴。两国动辄互相指责对方的行为损害双方互信,增加阿问题解决难度,也制约双方各领域关系健康发展。尽管巴基斯坦承受的外部压力加大,但阿巴互信缺失,巴尚未有足够动力改变地区与反恐政策,难以在阿和解问题上发挥更大作用。

四、中国在阿富汗发挥建设性作用

阿富汗局势走向影响中国周边安全与稳定。中国与阿富汗是传统友好邻邦,中国从不干涉阿内政、从未派兵进驻阿、从不在阿谋求势力范围的一贯做法,赢得了阿政府和人民的高度信任与支持。同时,中国作为负责任大国,密切关注阿局势发展,积极参与阿和解进程与国家重建。中国认为“政治对话是解决阿富汗问题的唯一出路”,“融入地区发展是阿和平与重建的重要出路”。各方在阿富汗的利益博弈是阿问题长期难解的主要原因之一,中国希望各利益攸关方摆脱地缘战略竞争窠臼,加强地区安全与经济合作,在阿富汗问题上凝神聚力,共助阿早日实现和平与发展。

(一)中国积极推动阿富汗和解进程

阿富汗和解进程离不开国际社会的协力支持。中国多次在联合国涉阿大会上表明,中国坚定支持阿富汗冲突各方实现和平和解的立场。2018年第73届联合国大会中方立场文件重申,中方一贯坚定支持“阿人主导,阿人所有”的和解进程,认为实现广泛包容的政治和解是解决阿富汗问题的唯一出路,呼吁阿富汗塔利班早日参与和解进程。中国希望国际社会加强协调配合,为阿政府与塔利班早日重启和谈创造良好外部条件。[①]

中国在促进阿政治和解进程中发挥着建设性作用。阿富汗、巴基斯坦、中国、美国关于阿富汗问题四方机制首轮对话会于2016年1月召开。经过多次闭门磋商,四方就阿和解进程达成诸多共识,制定了阿政府与塔利班直接和谈的路线图。美国击毙塔利班前头目曼苏尔后,阿巴中美四方协调组工作停滞。中方呼吁四方协调组继续开展工作,以推动阿和解进程取得突破。同时,中国积极促成恢复上海合作组织-阿富汗联络组。2018年5月"上海合作组织-阿富汗联络组"副外长级会议第二次会议在北京召开,与会各方就阿富汗及地区当前形势、阿富汗和解进程、上合组织与阿富汗合作等问题达成广泛共识。印度与巴基斯坦成为上合组织正式成员后,阿富汗问题亦成为该组织的重要议题之一,中国希望各方在上合框架下促成涉阿问题多边合作。

中国重视地区国家在阿和解进程中的作用,与周边主要国家就阿富汗问题保持密切沟通与协商。中国多次参加由地区国家主导的阿富汗问题伊斯坦布尔进程会议,并主办第四次部长级会议,达成"深化地区合作:促进阿富汗及地区持久安全与繁荣"的《北京宣言》。中国积极参与伊斯坦布尔进程框架下的措施合作,为阿举办反恐、禁毒和灾害管理等领域的培训班。中国还利用自身优势发挥建设性作用。中国与阿富汗和巴基斯坦均拥有良好关系,并充分认识到两国建立互信对阿政治和解及地区稳定至关重要。2017年6月,王毅外长在阿巴间展开穿梭外交,取得积极成果。中阿巴三方达成五点核心共识,并发表了三方联合新闻公报。巴阿双方愿积极改善相互关系,同意建立双边危机管控机制,就突发事件进行及时有效沟通。2017年12月,在中国推动下,中阿巴举行了首轮三方外长对话会,在政治、经济和安全领域达成广泛共识。2018年12月,第二次中阿巴三方外长对话会在阿富汗喀布尔举行,三方取得六点重要共识,将在促进阿富汗早日实现广泛包容的政治和解、增强阿巴

---

① 《第73届联合国大会中方立场文件》,2018年8月30日,https://www.mfa.gov.cn/ce/cgvienna/chn/zgbd/t1589668.htm。

关系改善势头、推进务实合作与互联互通、深化反恐合作等方面加强合作。三方均认为阿富汗和解进程面临重要机遇,愿加强协调,推动塔利班早日重返谈判桌,回归政治主流。阿愿继续推进此前倡议的和平计划,争取重启和谈。中巴坚定支持"阿人主导,阿人所有"的和解进程以及阿富汗方面的主体地位,将继续利用自身优势,为此发挥建设性作用。① 中国帮助阿巴开展对话、建立互信、改善关系,有助于阿富汗问题取得突破性进展,并可共同维护和促进地区安全、稳定与发展。

(二)"一带一路"倡议助阿融入地区发展

融入地区经济发展与互联互通是阿和平重建的重要出路。国际社会应积极兑现援阿承诺,支持阿富汗推进经济社会发展。安理会第2344号决议及有关联大决议均指出,各方应以合作共赢精神构建人类命运共同体,通过"一带一路"倡议等促进阿经济发展及区域合作。② 未来中国将在"一带一路"框架下扩大同阿富汗的务实合作。

中阿产业与贸易合作互补性较强,但合作潜力尚未释放。长期战乱给阿经济基础设施造成严重破坏,百废待兴。阿农牧业与工业水平落后,产业发展失衡。80%以上劳动力务农,农耕技术仅相当于中国20世纪六七十年代水平;工业基础几乎为零,只有少量轻工业和手工制造企业;服务业发展不平衡,对经济拉动作用有限。阿被称为"躺在金矿上的穷人",该国拥有丰富的自然资源,尤其是矿产资源种类繁多、储量巨大,铜、锂、稀土、铬、铝等与中国资源需求互补性较强。阿年轻适龄劳动力充足,25岁以下青年人占总人口约60%。中国已成为世界第二大经济体,正在推进产业结构优化升级,加快实施创新驱动发展战略。因而,就产业结构而言,中阿之间的产业转移承接顺畅,中国的优质产能尤其是劳动密集型和资源型产业,为阿富汗所迫切需要。从

① 《王毅谈第二次中阿巴外长对话达成六点共识》,人民网,http://world.people.com.cn/n1/2018/1215/c1002-30469118.html? spm=smpc.content.content.1.15457747517931btZgzq。

② 《常驻联合国副代表吴海涛大使在安理会阿富汗问题公开会上的发言》,中华人民共和国外交部,http://www.mfa.gov.cn/web/dszlsjt_673036/ds_673038/t1497126.shtml。

贸易结构来看，中阿贸易结合度[①]高于1的产品种数较多，两国整体贸易结合程度较高，且在资源和能源开发、基础设施建设、工程和农业等领域具有较好合作前景。[②] 当前，中国已是阿富汗重要贸易伙伴，2017/2018财年中阿贸易总额为11.91亿美元，中国继续成为阿富汗第三大贸易伙伴国，仅次于巴基斯坦和伊朗。[③] 但受制于安全形势严峻、政局走向不明、国际援助锐减等因素，阿富汗从2013年以来的国内生产总值增长率降至1%—3%。[④] 在世界银行发布的《2018年营商环境报告》中，阿富汗在190个国家中排名第183位。[⑤] 由中国投资开发的埃纳克铜矿项目和阿姆达利亚油田项目进展缓慢。据中国海关统计，2017年中阿两国进出口贸易额为5.44亿美元，其中，中国从阿富汗进口额仅为343万美元，主要为农产品，同比下降24.4%。[⑥] 尽管中阿经济合作潜力巨大，但阿经济复苏还需要一个艰难的过程，当前中阿贸易总体规模较小，且贸易结构单一、投资领域过于集中、主体单一，双边合作潜力实现度较低。

阿富汗的国家重建与“一带一路”倡议的地区合作高度契合，中阿正积极探讨“一带一路”框架下两国务实合作的实现路径。阿政府重视经济重建，积极争取外援，期待能充分发挥阿的区位优势与资源禀赋，实现从“输血”到“造血”的经济转型。阿政府将能源和矿业开发作为重点发展方向，并全力推进工农业及区域经贸合作的互联互通项目，包括跨境输电、铁路、公路、石油天然气输送管道项目等，重心是将阿打造成地区“交通与能源枢纽”。阿发展战略可与“一带一路”倡议的地区规划实现对接，阿富汗对参与“一带一路”建设充满

---

① 贸易结合度指数(Trade Intensity Index，TII)，常用来衡量贸易联系的紧密程度。如果指数小于1，表明两国在贸易方面联系松散，低于它们与世界其他国家的联系程度；如果等于1，则为平均水平；如果大于1，则说明两国之间的贸易联系紧密，高于与世界其他国家的联系程度。

② 张其仔主编：《中国产业竞争力报告(2016)：“一带一路”战略与贸易发展新动能培育》，北京：社会科学文献出版社，2016年12月，第104页。

③ 商务部国际贸易经济合作研究院等：《对外投资合作国别(地区)指南：阿富汗(2018)》，2018年12月，第40页(阿富汗的财年自当年4月1日至次年3月30日)。

④ 世界银行，Afghanistan Data，https://data.worldbank.org/country/afghanistan。

⑤ *Doing Business 2018: Reforming to Create Jobs*, World Bank Group, Nov, 2018.

⑥ 商务部国际贸易经济合作研究院等：《对外投资合作国别(地区)指南：阿富汗(2018)》，2018年12月，第40页。

期待。中国支持阿富汗发挥其作为天然大陆桥、亚洲中心的区位优势,鼓励阿融入区域经济与联通合作,并付诸实际行动。喀布尔与乌鲁木齐实现复航,中阿货运专列正式开通,中阿就中国-吉尔吉斯斯坦-塔吉克斯坦-阿富汗-伊朗五国铁路项目保持沟通。两国电信业启动"丝路光缆项目",以乌鲁木齐为起点,经吉尔吉斯斯坦、塔吉克斯坦,连接阿富汗,未来将进一步延伸至中亚、南亚、西亚等其他国家,这将提升整个区域的网络联通水平。

中国为阿富汗和平重建做出的努力,得到了阿富汗及地区国家的充分认可与赞赏。中国在充分尊重阿富汗各方意愿的基础上,摒弃狭隘的地缘政治竞争思维,与包括美国、欧盟、俄罗斯、巴基斯坦、伊朗、印度等域内外国家进行建设性合作,积极探讨涉阿经济倡议,融合及推动各类多边机制形成合力,赢得了各方的尊重与信任。中国将继续发挥自身优势,做阿富汗和解重建的支持者和参与者,为促进阿富汗及地区和平稳定贡献中国智慧与中国力量。

作者简介:李青燕,中国国际问题研究院发展中国家研究所副研究员。

普什图议事会

——从部落习俗到国家正式制度

钱雪梅

摘要:部落议事会(支尔格)是普什图地区社会秩序的传统核心柱石。它以普什图法则为基础,集部落共同体的立法、行政、司法权力于一身。其运转方式类似“直接民主制”,但有别于古代雅典的民主实践。19世纪末20世纪初,普什图议事会习俗被英印政府纳入国家体系。20世纪下半叶开始,阿富汗宪法以议事会为基础设定了议会民主制度。目前,议事会在阿富汗国家政治生活中有三种形态:部落乡村和社区议事会、议会、大议事会。三者权责范围各异,但功能互补。

关键词:议事会　普什图　部落　阿富汗　政治制度

普什图社会有据可考的历史超过两千年,当前人口估计在4500万到6000万之间,其中绝大部分集中居住在今阿富汗-巴基斯坦边境线两侧,人们习惯称之为“普什图地区”。① 在阿富汗,普什图人是第一大民族群体,占全国人口的44%以上。“议事会”(jirga)是普什图社会传统秩序的核心支柱,是理解普什图社会政治生态的关键。“jirga”相当于英语的“assembly”(议会),中文音译为“支尔格”,本文使用“议事会”。它是普什图社会原生的政治制度,19世纪末被正式纳入国家体系,如今已成为阿富汗国家机器的重要部分——议会

① 时至今日,该地区的基本社会结构主要还是部落,所以又称“部落地区”。

两院都以"jirga"命名,大议事会(Loya Jirga)被宪法确认为人民意志的最高体现。

普什图议事会从部落习俗转变为国家正式制度的历史过程相当复杂,在理论层面涉及诸多论题,比如国家政治制度的形成发展、部落与国家间关系、政治文化与政治制度的关系、非正式制度与正式制度的关系、比较政治制度研究等等。本文的中心任务是探究两个基本的事实问题,以求为更多深入研究奠定基础。这两个问题是:(1)普什图部落议事会是什么,(2)它如何被纳入国家政治制度,前后有哪些明显变化。

一、部落议事会的基本类型和主要功能

多数学者认为,"支尔格"是普什图语原生词汇。也有人认为它源自古代雅利安人和波斯人。还有人发现,突厥语和蒙古语也有这个词。实际上,在今天被称为阿富汗的土地上长期生活的其他民族,如塔吉克人、乌兹别克人、哈扎拉人、努里人、土库曼人、俾路支人等,都有议事会制度。由此可以说,议事会流行于中亚地区。不过,我们不能由此断言它是中亚居民专有的组织习俗。议事会大概是世界多个民族共有的基本政治实践。摩尔根描述过北美印第安人的议事会制度。① 从亚里士多德记录的古代雅典政制来看,它与普什图议事会也有相似相近之处。

"支尔格"在普什图语中的原意其实就蕴含着议事会的基本样态。一种说法认为,它的词根"jar"意为"公开言论",后缀"ga"意为"地点""场所"。由此引申出"公众聚集讨论"。还有人解释说,该词的原形是"火"(jirqa)。冬天在屋内围绕火堆坐成圆圈说长论短,是普什图部落男子的日常生活习俗,因而引申为"一群成年男子的集会"。② 普什图部落议事会的典型外观正是:部落成

---

① Ahmad Salim, *Loya Jirga: The Afghan Grand Assembly* (Lahore: Sang-e-Meel Publications, 2006), pp. 68—69;〔美〕路易斯·亨利·摩尔根:《古代社会》,杨东莼等译,北京:商务印书馆,1995年,第十五章。

② Hasan M. Yousufzai & Ali Gahar, *Towards Understanding Pukhtoon Jirga* (Peshawar: Just Peace International 2005), p. 63. Barakatullah Advocate, Imran Ahmad Sajid, "Jirga System in Pakhtun Society: An Informal Mechanism for Dispute Resolution", *Pakistan Journal of Criminology*, Vol. 5, Iss. 2 (July—Dec. 2013), pp. 45—60.

年男子聚集一起，围坐成圈（象征平等），讨论公共问题。各乡村一般设有专门的议事会场所，称为“议事屋”(hujra)。①

（一）基本类型

议事会是乡村部落秩序的首要维持者。但普什图社会没有成文法典，②也没有超部落的统一权力中心。历史上，普什图各部落、氏族、宗族共同体彼此独立，在某些方面类似于马克思笔下的印度村社。因此，部落议事会的召开频率和具体组织方式并无一定之规。一般主要有两种类型：

临时议事会：针对具体问题临时召集。最常见的是调解民事纠纷。这类议事会没有固定成员和人数，依问题所涉人数而不同。一般程序是，发生纠纷后，(1)一方当事人找到本乡村部落某德高望重的长老，请求其出面干预。长老作为第三方，出面召集相关人员与会，由此组成议事会。(2)当事人宣誓同意由议事会仲裁，承诺全心全意接受裁定，承诺在调停期间停止暴力行动，等候裁决。如遇牵涉人命等重大纠纷，议事会将对双方当事人实行禁足，要求他们在仲裁前不得离开自己的住所，以避免因血亲复仇导致冲突升级。(3)议事会听取各方陈述，调查基本情况。长老仔细审查，进行调解和裁决。(4)裁定完成后，当事人双方根据裁定履行各自的义务。

公共议事会：负责讨论并决定部落共同体所有公共事务，包括土地、山林、灌溉资源的内部分配、发展项目、违法犯罪案件、与其他部落的关系、安全和战争等问题。本部落所有成年男性成员都有资格参加，人人平等，各抒己见，直至达成一致同意为止。其典型样态是：“所有与会者都有说话的权利，不过绝大多数成员更喜欢静默观察。会议没有任何正式发起人，每个人都把首先说话的

---

① 在普什图部落，议事屋的功能不限于召开议事会，它同时还是当地成年男子的社交中心以及部落乡村的信息交流中心，同时也是别宗他乡的来访者和旅行者的暂时栖身地。人类学家弗雷德里克·巴特形象地称之为“男子之家”。参见〔挪威〕F. 巴尔特：《斯瓦特巴坦人的政治过程》，黄建生译，上海：上海人民出版社，2005 年。

② 普什图社会在 10—11 世纪归信伊斯兰教，此后，《古兰经》成为普什图人的成文法典，与更加古老的普什图法则一起规约社会秩序。

机会让给别人。然后,有人从一个故事或传说讲起,为讨论做铺垫。会议将讨论关于议题的各种要素,论及共同体每个人的关切,会议召集人聆听并推动讨论走向深入。最后,人们会发现共同立场,达成所有人一致同意的方案。"①

根据议题需要,公共议事会的范围还可能扩大到跨部落和跨地区共同体。部落联盟全部宗族参与和跨部落的议事会称为"大议事会"(loya jirga)。就此而言,大议事会是公共议事会的一种变体,在一定意义上也可以把它当作议事会的第三种类型。大议事会与普通公共议事会的区别在于,后者实行"直接民主",即部落全体成员均可参加,而大议事会则实行"代表制"(代议民主),由各基层共同体议事会推举代表与会。代表的名额不是按当代通行的比例代表制或单一代表制,而是同古代雅典改革家梭伦设置的四百人议事会一样,每个部落委派相同数量的代表参加。

如果对照现代国家机器来看,临时议事会大约相当于司法机关,公共议事会则类似议会。在普什图部落传统中,两种议事会都遵循自由平等的协商原则,与会者在会议过程中有同等发言权;会议没有固定期限,为达成一致同意而需要多次/轮开会。议事会的决定对共同体所有成员都具有同等约束力。

(二) 主要功能

议事会的首要使命是维护部落基本秩序,捍卫公共利益和安全。具体主要体现在三个方面:

第一,捍卫普什图法则的权威,保持其活力与效力。

普什图社会的规范体系由两大支柱构成:普什图法则(Pashtunwali)和伊斯兰教。普什图法则是原生的,始终没有统一文本依据;伊斯兰教从外部传入,以《古兰经》为神圣经典。普什图法则是普什图人成其为普什图人的根本,是他们区别于其他地区和民族的穆斯林的关键。其核心内容包括尊严、荣誉、

① Fakhr-ul-Islam, Khan Faqir, Malik Amer Atta, "Jirga: A Conflict Resolution Institution in Pukhtoon Society", *Gomal University Journal of Research*, vol. 29, iss. 1 (June 2013), http://www.gu.edu.pk/new/gujr/pdf/june-2013/87-95.jarga.pdf.

自由、平等、血亲复仇、慷慨待客、宽恕、庇护等基本原则，是普什图社会共同遵守的“不成文宪法”，有人称之为“普什图社会组织和社会行为的核心，是普什图社会的理想型”。①

议事会与普什图法则相辅相成。一方面，议事会的权威源自普什图法则；另一方面，议事会通过解释、捍卫和执行普什图法则，使法则保持恒久生命力。议事会不是普什图法则的消极容器和被动执行者。它是法则的解释者和支撑者。议事会根据不断更新的社会现实，通过解释和重新解释法则并加以适用，来保持法则与实际生活的联系，捍卫法则的权威，维持法则的生命力。

议事会的组织规则和议事程序也充分体现了普什图法则中尊严、平等、独立、自由、宽恕等基本原则。仅以“平等”为例就可管窥一二：议事会不设主席，没有领导人，本部落所有成年男子都可参加；与会者无论年龄、能力和财富状况如何，都享有平等发言权，讨论过程中任何人都不得将意志强加于他人；会议最终以“一致同意”的方式达成决定；在议事会决定面前，所有人一律平等，部落首领②也不例外。

议事会有权在必要时组建部落民兵，保卫部落公共利益，确保决定得以落实。服从议事会决定，是普什图社会通行的责任和义务观念。在社会实践中，违抗议事会决定的人将受严惩，惩罚措施包括罚款、没收财产、焚毁房屋，等等。③

第二，调解纠纷，维护部落乡村的基本秩序和团结。

部落议事会的重要职能之一是调解本部落居民之间、与邻近部落之间的矛盾和纠纷，是日常冲突中的第三方。议事会并不是总能化干戈为玉帛，但它居间调停的努力常能有效防止冲突的蔓延和扩大。

---

① Akbar S. Ahmed, *Pukhtun Economy and Society* (Routledge & Kegan Paul, 1980), pp. 89—90; Dipali Saha, *Socio-Economic Behaviour of Pukhtun Tribe* (New Delhi: Global Vision Publishing House 2006), chap. 1; Lutz Rzehak, *Doing Pashto*, AAN Thematic Report 01, 2011, http://www.afghanistan-analysts.org/wp-content/uploads/downloads/2012/10/20110321LR-Pashtunwali-FINAL.pdf.

② 部落首领是研究普什图部落政治结构的另一个重要支点。但在议事会框架内，首领只是全体平等成员中的一员。

③ Claud Herbert Alwyn Field, *With the Afghans* (London: Marshall Brothers, Ltd. 1908), p. 18; Akbar S. Ahmed, *Pukhtun Economy and Society*, p. 87.

议事会的调停仲裁功能没有随现代司法体系的建立和普及而削弱。在普什图地区,议事会如今依然是人们在面临争端时的首选。2012年亚洲基金会的调查显示,阿富汗民众主要诉诸传统方式来解决日常社会矛盾,议事会在这些求助对象中首屈一指。如下表所示。

表1 部落传统权威和政府机构在阿富汗社会的影响力(2012年)①

(调查问题:"发生纠纷时,你向谁求助?",数字表示选择相对应求助对象的受访者占总受访者的百分比)

求助对象	全国	中部	东部	东南部	西南部	西部	东北部	西北部
议事会/长老	59	56	63	51	48	60	73	72
部落首领	30	35	38	21	32	23	33	30
毛拉	25	15	18	26	38	28	19	30
朋友和家人	25	12	31	28	33	29	30	24
国家警察	22	19	34	21	32	28	10	13
政府部门/官员	15	19	7	20	9	16	17	12
社区发展委员会	15	15	7	14	6	17	25	19
省长/省政府	13	17	5	10	5	16	16	19
议会议员	11	15	15	12	11	10	7	9
国民军	11	9	22	15	20	10	3	2

调查还显示,议事会的地位和威望超过政府司法部门。在民众看来,议事会比国家法院更可信可靠(参见表2)。

表2 阿富汗民众对议事会和法院的评价:2012年②

评价	国家法院(%)	乡村和本地议事会(%)
是公正和可信的	68	86
遵循本地规范,符合我们的价值观	55	74
有效地促进正义的实现	56	75
能够便捷高效地解决实际问题	42	70

第三,民主管理共同体事务。

公共议事会是部落成员以平等的方式,共同参与管理公共事务的机制,是名副其实的部落民主实践。它足以证伪近现代西方人对所谓"东方专制"的想

① The Asia Foundation:*Afghanistan in 2012*,*A Survey of the Afghan People*, p. 144.

② Ibid.,p. 156.

象和定见。已有学者提出，普什图议事会“是最接近雅典民主本色”的制度。[①]

雅典政制在许多方面包含有部落元素，但它是城邦，是以公民为基础的、超部落的政治共同体，以德莫(demo)为基本单元。普什图社会在18世纪之前还是完全的部落结构，没有建立起超部落政治体系，部落共同体内部的基本单元是家庭。普什图议事会与雅典民主的相似性主要在于运转机制。首先，二者都对民众开放，会议过程完全公开，有资格的成员都有权参与议事。现代政治学把这种政治过程称为直接民主，即民众“不间断地直接参与行使权力”。[②] 其次，在普什图部落和雅典城邦的政治生活中，“成员”都不是自然人，而是有特定资格门槛。在雅典，奴隶、妇女儿童、外乡人没有公民权。普什图议事会成员也仅限“本部落成年男子”；女子和未成年男童、外乡人和客居者都无权参与。[③] 再次，普什图大议事会和雅典四百人议事会都实行各部落等额代表制。

二者之间的区别相当明显，在此仅简单列举四点。其一，雅典城邦以奴隶制为基础，城邦居民分为奴隶主、自由民和奴隶；各部落都有一个首领，即“部落王”。[④] 普什图部落没有固定的部落王制度[⑤]，普什图社会没有制度化的权力等级结构，没有奴隶制。平等自由是普什图法则中荣誉和尊严原则的核心内涵，是人们誓死捍卫的基本价值。[⑥]

---

① S. Rahel,“Constitutional Developments”, *Kabul Times Annual*, 1967, pp. 15—17; James W. Spain, *The Pathan Borderland* (The Hague: Mouton & Co. 1963), p. 69; Akbar S. Ahmed, *Pukhtun Economy and Society*, p. 90.

② 〔意〕乔万尼·萨托利：《民主新论》(下卷)，冯克利、阎克文译，上海：上海人民出版社，2015年，第431页。

③ 从性别群体角度看，印第安人的议事制度比雅典和普什图社会更加平等。据摩尔根和恩格斯的研究，易洛魁人的议事会是“一切成年男女享有平等表决权的民主集会”。〔德〕恩格斯：《家庭、私有制和国家的起源》，《马克思恩格斯选集》第四卷，北京：人民出版社，1972年，第84页。

④ 〔古希腊〕亚里士多德：《雅典政制》，冯金朋译，长春：吉林出版集团有限责任公司，2013年，第7页。

⑤ 普什图部落首领称为“汗”或者(在今巴基斯坦地区)“马里克”，不具有古代雅典社会部落王的权力和权威。

⑥ 与此相关，普什图人被英国殖民者称为最桀骜不驯的民族。这是理解阿富汗之为“帝国坟场”的基本背景。

其二,雅典城邦的议事会是正式制度。普什图社会的议事会属于习俗和今人所言"非正式制度"的范畴,19世纪末,英印政府开始把它嵌入国家机器,20世纪在阿富汗被改造为正式制度。

其三,雅典民主决策的方式除了抽签以外,主要采用投票和举手表决,遵循"多数决"原则。普什图议事会奉行"一致同意"原则,不会把多数人的意见强加于少数人,类似当代所论"协商民主"的理想状态。

其四,议事会的结构和功能在普什图历史进程中保持相对稳定,演变主要是渐进的。在雅典政制进程中,议事会的形式和权能屡经剧变,民主几起几落,历经民主-专政-民主重建-僭政的变迁。及至第十一次重大变革后,议事会职权范围大大扩展,但在司法方面受民众法庭的牵制。在普什图部落社会,议事会是最高权力机构,没有比肩和分权者。它集部落共同体的立法、司法、行政大权于一身,还兼具外交防务功能。比如,当某部落与邻近部落发生领土资源争端或伤害案件,议事会将采取双边交涉、组建部落民兵前往讨伐、求助其他部落介入(召开大议事会)等方式,捍卫本部落利益,保卫乡土安全。

因此,严格说来,很难在西方政治学既有框架中找到普什图部落议事会的准确对应物。有普什图学者提出:议事会依照普什图法则进行治理,但它"既不是政府也不是统治机构。它不是纯粹的立法机构,也不是司法实体。我们把议事会视为一系列程序,其目的和其他许多社会实践一样,在于和平建设和发展。"①

二、部落议事会国家化的开端

议事会被纳入国家正式制度,是近现代国家体系扩展并覆盖和渗透到普什图地区的产物。英印政府率先尝试在部落地区建立统治秩序。

英印政府与普什图议事会的关系可归结为两个词:利用、改造。东印度公司时代以利用为主。19世纪40年代,英俄大博弈日渐升温,英国力量还没有

① Hasan M. Yousufzai & Ali Gahar, *Towards Understanding Pukhtoon Jirga*, p. 13.

扩展到普什图腹地，殖民者主要通过交好部落权威，与议事会和长老们签订协定、给他们提供津贴和物质支持等方式换取合作，借助部落力量了解沙俄动向、保持与喀布尔的通道和商路安全。

改造部落议事会的努力是在英印政府夺占普什图地区之后开始的。1893年英国划定杜兰线，攫取普什图土地。这一行为引发普什图多个部落的武装抵抗斗争。英印政府为平息局势，先后数十次派出远征军，付出巨大代价。1895年3月，德里政府在瓦济里斯坦成功推动马苏德部落召开大议事会，下属各宗族共272名首领与会，讨论杜兰线以及与英国人的关系等问题。议事会最后发表声明，一致承认并接受杜兰线为边界线，承诺将"敦促各部民众遵守英印政府命令"。[①] 由于马苏德部落原本站在抗英第一线，所以这次大议事会极大地缓解了英帝国在边疆的统治危机。英国人由此真切感受到议事会的政治效能，于是着手把议事会纳入殖民统治体系。1901年英印政府修订《边疆地区犯罪管理条例》[②]，提出要在部落地区组建议事会，具体而言：(1)议事会由副专员任命三位长老组成；(2)副专员有权把当地民事和刑事案件提交议事会讨论，有权修改议事会的决定，并做出新的裁决；(3)高级法院不得受理有关议事会决议或副专员裁定的争议诉讼案件。[③]

很显然，英国的这种"官办"议事会只是借用了"议事会"的形式和权威，在实际构成和运转方面，与普什图传统的议事会大相径庭。比如，官办议事会的成员由英帝国指派，议程由政府决定，英帝国政府代表在议事会中享有特权，政府有权推翻议事会决定，等等。直言之，它已被改造为英帝国政府在部落地区的抓手和工具，服务于帝国统治秩序的需要。不仅如此，官办议事会机制还把部落地区建构为帝国政治秩序中的一个"例外区域"——议事会和政治代表

---

① Annonymous, *Report on Waziristan and Its Tribes* (Lahore: Sang-e-Mell Publications, 1901), p. 61.

② 巴基斯坦建国后对联邦直辖部落区的管理制度，在很大程度上继承了英国的遗产，1901年《边疆地区犯罪管理条件》至今还是部落区社会法律秩序的基石。2018年5月，联邦议会决定把部落区与开普省合并，过渡期为两年。

③ Baha Lal, *NWFP Administration Under the British Rule 1901—1919* (Islamabad: National Commission on Historical and Cultural Research, 1978), p. 30.

的裁决不受高等法院的监督。在一定意义上可以说,这是如今人们常说的部落地区为“法外之地”的制度基础。

20世纪初,官办议事会在杜兰线以南、以东的部落地区迅速普及,成为英国在西北边疆统治秩序的支柱。1948年4月,巴基斯坦最高领导人真纳召集普什图部落大议事会,正式确认新国家对该地区的主权地位。

三、融入阿富汗国家制度

部落议事会在阿富汗国家正式制度体系中已有两大“化身”:国家议会和全国大议事会。与传统的部落议事会和大议事会相比,国家议会的“创新”之处较多,大议事会的变化则主要体现为范围扩大、政治地位得到提升与正式确认。

(一)国家议会

纳迪尔沙(Nadir Shah,1929—1933年在位)颁行的1931年宪法首次把议事会纳入国家正式制度。宪法第27章明确规定,设立国家议事会(National Jirga),并称之为“人民意志的体现”,要求政府各部部长对议事会负责。议事会由“全国协商会议”和“贵族院”组成,“全国协商会议”成员由选举产生,贵族院成员由国王任命。各省设立协商会议,其成员选举工作由相关立法机构负责。这就是阿富汗议会制度的开端。

1964年宪法规定了议会的组织细节:议会采取两院制,下议院成员全部通过选举产生。上议院成员通过三种方式产生:国王任命、直接选举、间接选举,三者各占1/3。2004年宪法继承了1964年宪法的基本原则。新宪法第5章规定:议会是阿富汗的立法机构,体现人民的意志,代表整个国家。议会由上议院和下议院组成。下议院(Wolesi Jirga)设250个席位,全部直选产生;任期五年。上议院(Meshrano Jirga)设102个席位,分别通过三种方式产生:各省级议会选举一名代表(共34人),各省属地区级议会推选一名代表,其余1/3由总统任命。各代表任期分别为4年、3年和5年。新宪法还明确界定了议会权责,主要包括:批准、修订或废除法律和条例;批准社会、文化、经济和技术发展项目;批准政府预算,准许接受和发放贷款;创建、调整或取消行政机构设置;批准国际条约和协定,退出国际组织,以及宪法赋予的其他权力。①

从实践来看,1931—1978 年,议会在国家政治生活中的象征意义大于实际意义,国家权力始终掌控在国王和总统手中。1978 年人民民主党上台,1979 年即爆发抗苏战争,议会制度和国家机器濒临瘫痪。穆贾希丁政府(1992—1996 年)时期,政府和议会都徒有其名,国家陷入军阀混战。塔利班政权(1996—2001 年)时期,没有民选议会。2004 年新宪法颁行后,新议会于 2005 年 11 月选举产生。议会依宪法规定在 2010 年 9 月按时完成换届。但第三届议会却由于各种原因推迟到 2018 年 10 月下旬才选举产生。也就是说,第二届议会超期运行长达三年。2015—2018 年间,人们热衷于从恐怖主义、政治和解等媒体头条去观察分析阿富汗战后重建和地区政治局势的问题,却极少关注阿富汗政治制度建设本身。

(二) 大议事会

阿富汗王国其实就是普什图部落大议事会的产物。1747 年 6 月,普什图九大部落首脑联合在坎大哈召开大议事会,决定推举阿布达里下属萨多扎部落的年轻王子为王,即艾哈迈德沙·杜兰尼(Ahmed Shah Durrani,1747—1772 年在位),建立阿富汗王国。

在王国框架内,部落大议事会转变为全国大议事会,会议代表来自全国各地、各民族和各阶层。其组织惯例是由国王/政府首脑出面召集。与会者有三种产生方式:一是政府(宫廷)要员;二是国王/首脑挑选的精英;三是各地各民族、各部落、各行各业选举产生的代表。会议的时间没有定规,依据国家政治需要而召集。召开地点主要在坎大哈、喀布尔、贾拉拉巴德等中心城市。

纳迪尔沙曾尝试把大议事会确立为正式制度,但没有写入 1931 年宪法。他的设想是,每三年召集一次全国"大议事会",国家大政方针,特别是增设新

---

① 1964 年宪法文本参见 http://www.afghangovernment.com/Constitution1963.htm。2004 年宪法文本参见 http://www.afghanembassy.com.pl/afg/images/pliki/TheConstitution.pdf。

税目、推行重要改革等事项,需事先征得大议事会许可。① 他在任期间只召集了一次大议事会。

1964年宪法正式界定了大议事会的基本程序和职能权限。它规定:(1)召集大议事会是国王的权利和责任。(2)以下事项需经大议事会讨论决定:国王退位、选举新国王;政府与议会之间的重大纠纷(涉及弹劾政府或解散议会);国家面临严重危机且准备实行为期超过三个月的全国紧急状态;修订宪法等。(3)大议事会成员包括国会成员、各省级议会主席。如议会被解散,在新议会成立前,已解散议会的成员依然是大议事会成员。如果没有省级议会,则可在省级议会主席缺席的情况下召开大议事会。(4)会议由国王下令召集,由议会下院主席主持。若下院主席因故缺席,则由长老院(上院)主席代为主持。大议事会的第一项议程是从大议事会成员中选举一位书记。会议期间,所有讨论都对外开放;除非应政府要求,或经大议事会至少20名成员集体要求,并征得大议事会同意,才可召开闭门会议。大议事会的决定经与会成员表决,以多数为准。②

1977年宪法宣布,大议事会是国家权力机器关键部件的集合体。新宪法把大议事会职能扩展到决定国家的战与和、关系国家命运的所有重大事务,并调整了大议事会成员构成,规定成员包括国家首脑、国民议会全体成员、各省省长和喀布尔市长、部长委员会成员、最高法院成员、大检察官及其副手、民族祖国阵线执行委员会成员、总统任命的杰出个人代表等。

1987年宪法规定,大议事会是人民主权的表达,是阿富汗人民意志的最高表现,符合国家的历史传统。1990年宪法修正案调整了大议事会组成方式,规定其成员包括总统和副总统、众议院成员、总检察长、各部部长、首席检察官及其副手(以及最高检察院成员)、宪法委员会主席、各省议事会负责人、各省代表、无记名选举产生的代表(最少50人,从政治、科学、社会和宗教界人士中

① V. Gregorian, *The Emergence of Modern Afghanistan* (Stanford: Stanford University Press, 1969), p. 305.

② 限于篇幅,此处为相关条款的归纳和综述。具体的内容可参见宪法文本:http://www.afghangovernment.com/Constitution1963.htm。

选举)等。它还规定,大议事会每次会议至少需2/3的成员出席方为有效。①

2002年阿富汗新政府颁发《大议事会章程》,②重申大议事会是阿富汗人民意志的最高表现,代表全体人民;其决议和认可具有法律效力。2004年宪法确认了这一定位,称大议事会是"阿富汗人民意志的最高表达"。宪法规定:总统负责召集大议事会并负责开幕。大议事会正式成员包括众议院成员、各省和地区议事会主席。各部部长、国家最高法院的首席大法官和其他成员、总检察长应列席会议,但没有表决权。宪法还规定,涉及国家主权领土完整统一和事关国家最高利益的事务、修改宪法、根据宪法弹劾总统等情况,应召开大议事会讨论通过。大议事会的投票需多数成员到场并表决通过方为有效。大议事会所有讨论都应对外开放,除非其成员要求召开闭门会议、并得到大议事会的批准。③

从实践来看,自1747年以来,无论阿富汗的政权、国体和政体如何变换,统治者总是设法借助大议事会机制证明自身的合法性,缓和国内矛盾。比如1924年阿曼努拉国王召集大议事会的动机是为了缓解由现代化改革带来的社会政治危机。1973年达乌德·汗(Daud Khan)政变推翻国王政权、改行共和制后,立即召开大议事会,意图由此使政变和制度变革合法化。人民民主党政权也诉诸大议事会机制来缓解政治困境、为政权和重大决策谋取合法性。

已有大议事会的议题涉及国家大政方针和关乎国计民生的全部重大问题。阿赫迈德·萨利姆把20世纪阿富汗大议事会的议题按主题归为十类:与宣战或议和相关的事务;选举新的统治者;制订行动方案以捍卫国家民族尊严、宗教价值观和领土完整;组建政府;谋求全国在社会、经济和政治立法方面的共识;制订国家的社会发展战略;讨论通过国家行政管理的重大措施;采用或废止宪法和法律,尤其是废止前国王、前政府的宪法法律;决定与邻国的关系;决定国家在全球冲突和全球集团中的地位,等等④。

---

① 转引自 Ahmad Salim, *Loya Jirga: The Afghan Grand Assembly*, p. 75。

② 章程内容参见 Ahmad Salim, *Loya Jirga: The Afghan Grand Assembly*, p. 129。

③ 宪法文本参见 http://www.afghanembassy.com.pl/afg/images/pliki/TheConstitution.pdf。

④ Ahmad Salim, *Loya Jirga: The Afghan Grand Assembly*, p. 71.

表3 20世纪阿富汗的大议事会①

召集人/首脑	时间	中心议题	会期	与会者(人)
哈比布拉汗	1916年	阿富汗在一战中的政治立场	N.A.	540
阿曼努拉汗	1923年	讨论第一部宪法	2天	870
	1924年	宪法修订;推行改革;国际关系	21天	1050
	1928年	政策法规调整;王位继承人	5天	1000—1100
纳迪尔沙	1930年	讨论新的政策法规	11天	530
查希尔沙	1941年	阿富汗在二战中的中立地位	3天	2000
	1955年	普什图尼斯坦冲突	6天	不详(370位各省代表)
	1964年	讨论新宪法	10天	450
达乌德·汗	1977年	讨论新宪法;选举国家首脑	16天	350
卡尔迈勒	1985年	政府执政原则,政治局势	3天	1800(外加200位列席者)
纳吉布拉	1987年	讨论新宪法,选举国家首脑	2天	1650(外加400位列席者)
	1989年	政府执政原则	2天	1000—1100
	1990年	讨论新宪法	2天	800

总之,大议事会已成国家重大决策过程的重要环节。塔利班政权也不例外。"9·11"事件发生后,沙特阿拉伯和阿联酋迫于美国的压力,宣布与喀布尔断交,巴基斯坦也被美国拉上反恐战车,塔利班政权的国际处境更加艰难。在美国不断加强的高压中,是否引渡本·拉登成为事关塔利班政权生死的问题。在这种情况下,2001年9月底,奥马尔(Mullah Omar)召集大议事会,专门讨论引渡本·拉登的问题,全国300多名代表参加。大议事会的决定是,要求奥马尔必须保护客人的安全,直到本·拉登自愿离开。10月7日,美国发动阿富汗战争。

从2002年至今,阿富汗总共召开了5次大议事会,均在喀布尔举行,代表来自全国各地。主要议题和相关基本情况如下:

◎ 2002年6月10—16日,前国王查希尔沙(Zahir Shah,1933—1973年在位)召集紧急大议事会。1600多人与会。会议选举卡尔扎伊(Hamid Karzai)为过渡政府总统。

◎ 2003年12月14日至2004年1月4日,卡尔扎伊召集502名代表召开立宪大议事会。讨论并通过新宪法。

① Benjamin Buchholz, *Loya Jirga: Afganischer Mythos, Ratsversammlung und Verfassungorgan* (Freiburg: Rombach Verlag, 2011), p. 257.

◎ 2010年6月2日，卡尔扎伊召集1600余名代表举行和平大议事会。会议核心议程是与塔利班和解，具体包括：(1)政府该同塔利班的哪一派谈判；(2)在哪里举行这类和谈；(3)谁出面代表阿富汗政府和人民进行和谈。[①] 议事会决议感谢国际社会支持阿富汗和解，强调反叛力量必须切断与“基地”等外国恐怖主义组织的联系，要求联合国把参与和平进程的武装分子移出制裁名单。[②] 议事会还决定组建专门委员会负责政治和解。[③]

◎ 2011年11月16日，卡尔扎伊召集大议事会，约2000名代表参加，主要讨论两大问题：一是美国-阿富汗关系，特别是美国2014年之后在阿驻军的问题，二是阿富汗政治和解问题。议事会决定，支持政府进一步推动和平进程，支持与塔利班谈判，还提出三个建议：(1)政府应优先与巴基斯坦讨论和平进程问题；(2)政府要扩大和平努力，和平进程应该全民参与；(3)改革高级和平委员会。[④] 关于美阿关系，议事会赞成美军在2014年后继续留驻，但反对其永久驻扎，要求政府在即将专门签订的美阿双边条约中，设定准许美国驻军的前提条件。

◎ 2013年11月21日，卡尔扎伊召集约2500人的大议事会，专门讨论是否批准《美国-阿富汗双边安全协定》的问题。议事会经过3天激烈讨论，最后发表声明表示，“鉴于当前的局势和阿富汗的实际需要，本次大议事会成员支持该协定的全部内容。”[⑤]议事会还敦促卡尔扎伊在2013年底前签署该协定。

---

① Sean Maroney, “Talks with Taliban Take Center Stage at Afghan Peace Jirga”, VOA News, May 26, 2010, http://search.proquest.com/docview/340277011? pq-origsite=summon.

② Sean Maroney, “Afghan Peace Jirga Delegates Reach Out to Taliban Extremists”, VOA News, June 4, 2010, http://search.proquest.com/docview/357159773? pq-origsite=summon.

③ 2010年9月5日，卡尔扎伊宣布成立阿富汗“高级和平委员会”(HPC)，由前总统拉巴尼(Burhanuddin Rabbani, 1992—1996年任职)担任主席。

④ “Afghan Jirga Continues, Likely to Extend into Fourth Day”, *Radio Free Europe Documents and Publications*, Nov. 19, 2011, http://search.proquest.com/docview/905147375? pq-origsite=summon(ProQuest 数据库)。

⑤ Khalid Iqbal, “Loya Jirga Endorses BSA: Pakistan Must Ponder for Options”, *Defense Journal*, Vol. 17, iss. 5(Dec. 2013), pp. 48—51.

四、议事会被纳入国家制度后的变化

部落议事会被纳入国家正式制度的过程,既是议事会这一传统习俗作为政治文化土壤所具有的影响力和生命力的体现,也是国家在制度建设方面主动调整适应环境并积极改造利用既有政治资源的例证。阿富汗的政治实践表明,20 世纪 60 年代的宪政民主制度建设在很大程度上是对议事会习俗的利用、提升和扩展,21 世纪新的国体和政体建设反而更多人为和移植色彩,[①]由此带来的问题其实目前还没有完全呈现出来。

普什图部落议事会被改造和提升为国家正式制度后,至少发生了如下三大变化。

第一,组织形式和成员构成

部落议事会成员是本部落/乡村全体拥有成员资格的成年男子,“成员”任期没有限制。传统大议事会成员由各部落议事会选派代表参加,但不采用投票选举的方式,也没有固定任期。两种议事会都没有自上而下指派的成员。

作为国家正式制度的议会和大议事会的成员构成和产生方式更加复杂。议会下院成员由公民投票选举产生,上院 1/3 的成员由权力机构(总统)委派或指定。大议事会的任命色彩更浓。20 世纪大部分时期,大议事会成员都由国王遴选,1964 年以来才增设部分民选代表。

成员性别构成也是新变化。在普什图社会传统中,议事会是成年男子俱乐部,女子无权参与。自 20 世纪 60 年代起,阿富汗国家议会就开始设置女议员席位。2002 年以来,历次大议事会都有女代表参与。2002 年大议事会上,马苏达·贾拉尔(Massuda Jalal)女士还参加了过渡政府总统竞选,并获 171 张选票。2010 年大议事会总计 1600 余名代表,女性成员占 20%。[②]

---

① 阿富汗的国体和政体框架由美国的波恩会议(2001 年 11—12 月召开)确定。2004 年阿富汗大议事会讨论新宪法时,在议会制与总统制之间发生激烈争论,最后采用了美国式的总统制。

② Amin Saikal,“Afghanistan After the Loya Jirga”,*Survival*,vol. 44,Iss. 3(2002),pp. 47—56. Sean Maroney,“Talks with Taliban Take Center Stage at Afghan ‘Peace Jirga’”,May 26,2010,*VOA News*, http://search. proquest. com/docview/340277011? accountid=1315.

表 4 阿富汗紧急大议事会和立宪大议事会的代表构成①(单位:人)

席位类别和产生方式		紧急大议事会(2002 年)	立宪大议事会(2003/2004 年)
与会人员总数		1601	500
选举代表	直接投票选举	785	344
	妇女保留席位	160	64
	海外难民和国内流离失所者	106	42
	小计	1051	450
指派代表		450	50

国家议会和大议事会成员性别构成的这一变化正在塑造和影响民众对议事会的观念。据亚洲基金会 2012 年的调查,70%的受访者表示,各类议事会都应该接纳女成员。②

第二,运转方式

部落议事会对全体有资格的部落成员开放,所议事务覆盖部落共同体公共生活的全部领域,无固定会期,实行直接民主。现代国家议会和大议事会则属于"代议民主"范畴,成员选举或选拔产生。议会和议员有任期限制。议会作为国家机器中一个常设固定机构,有专门职权范围,不直接涉及司法、国防和外交等事务。

部落传统议事会没有固定召集人,部落长老、首领和普通民众都有平等权利倡议开会。但是召集国家层面的大议事会是阿富汗国家首脑的专属权力。这一点已成为政治斗争的武器。如前所述,阿富汗多位首脑都用召集大议事会的方法,借助"人民最高意志"的合法化效力,背书自己的政策和立场。最近的一个例子是,阿什拉夫·加尼(Ashraf Ghani)与阿卜杜拉·阿卜杜拉(Abdullah Abdullah)之间的较量。两人在 2014 年大选后都坚持自己获胜,后经

① UN,"The Emergency Loya Jirga Process",http://www.un.org/News/dh/latest/afghan/concept.pdf;International Crisis Group,"The Loya Jirga: One Small Step Forward?",May 16,2002,http://www.crisisgroup.org/~/media/Files/asia/south-asia/afghanistan/The%20Loya%20Jirga%20One%20Small%20Step%20Forward;"Text of Presidential Decree on Constitutional Loya Jirga",http://www.constitutionnet.org/files/textofpresidentialdecreeonconstitutionalloyajirga1.pdf.

② The Asia Foundation:*Afghanistan in 2012,A Survey of the Afghan People*.

美国和联合国调停达成协议,组建“民族团结政府”,加尼出任总统,阿卜杜拉担任首席行政官。但是,宪法中没有“首席行政官”一职。按照2014年的协定,加尼总统应在两年内召集大议事会修改宪法,以确认首席行政长官的职权地位。然而,直到2019年2月初,大议事会始终没有召开。换言之,阿卜杜拉职位的宪政合法性问题还没有解决。如今总统换届选举在即,下一届政府是否还会设置“首席行政官”不得而知。

第三,权威依据和实际效力

传统议事会的决议对部落全体成员具有强制约束力,违者将受严惩。这种权威主要依凭普什图法则,并无具体法律文本。如今议会和大议事会的权威有宪法为凭证,它们的组建和运转也有成文的章程规范。

在部落政治生活中,部落首脑的权威需要议事会的确认和背书。但在国家体系中,议会和大议事会的权能却是有限的。2004年阿富汗宪法确立的基本政治制度是总统制,不是议会制。大议事会也由总统决定是否以及在何时何地召开。大议事会决议的效力其实也已经大打折扣。比如2013年的大议事会决定支持《美国-阿富汗双边安全协定》,要求卡尔扎伊在年底前签署协定。但卡尔扎伊在议事会闭幕致辞中明确表示,在2014年阿富汗总统大选顺利举行以前,自己不会签署这个协定。他表示,“如果这个协定能够通向和平,我将予以支持,并接受你们的命令签署它。我们想要安全、和平,我们想要一个真正的选举。你们要求我在一个月之内签字。你们认为和平会在一个月内实现么?如果我签了字但和平没有实现,那么将由谁来接受历史的审判?”①之后,卡尔扎伊坚持顶住各种压力,直到2014年9月卸任时也没有在协定上签字。

余　论

部落是自然形成的人类共同体,先于国家存在。政治学和人类学的研究

---

① Frud Bezhan,“One Step Forward,One Step Back on U. S-Afghan Security Deal”,*Radio Free Europe Documents and Publicastion*, Nov. 24,2013,http://search. proquest. com/docview/1461393219/3A102C02F98D4327PQ/7?accountid=13151.

表明，部落是国家的基础和原型。亚里士多德笔下的雅典政制带有明显的部落元素。摩尔根明确提出，“后来曾经对人类事务施加重大影响的制度都是以氏族制为基础的。”①

18世纪中叶以前，普什图绝大多数部落都保持政治自治和独立。阿富汗王国建立后，普什图地区逐渐进入国家政治时代。议事会是普什图社会原生政治制度，是部落共同体的最高权力机构，其组织形态和运转机制接近现代所谓“直接民主”。在普什图地区国家化的过程中，部落议事会发挥了重要作用。1747年，九大部落长老以此形式决定建立阿富汗王国。19世纪末，议事会是英印政府用以维持西北边疆统治秩序的基石之一，它设立的官办议事会，开启了议事会国家化和制度化的开端。20世纪阿富汗政治发展和国家建设的重要环节是创建了议会，确认了大议事会的宪政地位。

普什图地区在国家化的过程中，部落秩序与国家秩序之间持续互动。国家政治制度中的议事会脱胎于部落议事会，但并非其简单复制和扩大。议事会在阿富汗国家政治生活中有三大形态：部落乡村/社区议事会、议会、大议事会。三者密切相关。其中，议会和大议事会实行代议制，属于精英民主范畴，部落乡村/社区议事会则继续其古老的直接民主实践。就效能来看，部落议事会依然是乡村部落民众的主要依靠，议会在政治生活中的作用还不明显，大议事会是统治者谋求合法性的重要机制。

19世纪末以来，普什图地区就被称为“失治之地”“法外之地”“无首之地”。② 过去四十年阿富汗的战火加深了这种印象。部落间矛盾冲突、国家法律权威在当地根基虚弱、恐怖分子藏身于此等现象，已构建起一种流行的观念事实，即普什图部落社会和部落区是国家乃至地区秩序的挑战和威胁。实际上，这种认知至多只反映了普什图政治生态的一个局部和侧面。同时还必须看到，无论该地区的国家权力如何变动，部落议事会始终维持着乡村部落的日

---

① 摩尔根：《古代社会》，第ii、374页。

② 19世纪下半叶，英印政府和阿富汗国王阿卜杜·拉赫曼汗都多次这样描述普什图部落区。拉赫曼汗使用的词汇是Yaghistan，字面意义为“无首之地”、“无治之地”。21世纪以来，特别是在反恐战争语境中，部落地区为法外之地的观点十分流行。

常生活秩序,在政府缺位之地、之时发挥重要作用,近百年来一直如此。

部落乡村议事会至今仍保持旺盛的生命力和强大权威。历史已反复证明,国家政权要想在当地有效运转,离不开部落的支持合作。国家政权缺位或虚弱时,部落议事会继续支撑地方社会基本秩序。2001年底塔利班政权垮台、新政权尚未建立之时,阿富汗南部多地民众就在议事会带领下,自发组织起来,维护地方秩序和安全。"每个地区都有自己的地方议事会……来自不同部落的民众聚集在一起组建议事会……每个部落出两名长老",他们选出地区负责人和警察负责人,进行夜间巡逻,确保安全,维持秩序。当地受访者表示,这种良好秩序维持了约半年时间。①

议事会的主要功能之一是调解冲突和纠纷。当前,阿富汗最紧迫的社会政治矛盾是以塔利班为代表的反政府力量与喀布尔政权之间的武装冲突。既然塔利班的主体人员构成是普什图人,议事会又是普什图社会原生的纠纷调解机制,那么,议事会能否在推动政治和解方面发挥作用?需要哪些有利条件?② 这些问题值得进一步观察和深入研究。

作者简介:钱雪梅,北京大学国际关系学院。

---

① Theo Farrell and Antonio Giustozzi, "The Taliban at War: Inside the Helmand Insurgency 2004—2012", *International Affairs*, 89:4(2013), pp. 845—871.

② 2019年2月本文结笔之时,有消息说,加尼总统已经决定将在近期召开和平大议事会,专门讨论如何在阿富汗实现可持续和平的问题。Hayat Amanat, "Ghani Suggests 'Grand Consultative Jirga' for Peace", Feb. 12, 2019, https://www.tolonews.com/afghanistan/ghani-suggests-%E2%80%98grand-consultative-jirga%E2%80%99-peace.

当代俄罗斯“民族主义”话语的两个含义

徐凤林

摘要：当代俄罗斯语境下“民族主义”话语有两个不同含义，一个含义是传统意义上的“种族-民族主义”，接近于19世纪新斯拉夫主义者的极端民族主义，以及20世纪俄国宗教哲学中“俄罗斯理念”概念中的民族主义。这个意义上的民族主义话语主要是对外族或外国关系领域的话语，与世界主义、普遍主义相对。第二个含义是现代国家建设方面的民族主义，可以理解为“国家-民族主义”。在这个意义上，民族主义问题是与国家的现代性、现代化相关联的，成为俄罗斯国家现代化进程中的国家理念、民族文化和民族关系问题。在后一个含义上，俄罗斯学者讨论了民族主义问题研究的必要性、方法论及其与世界主义的关系等问题。

关键词：俄罗斯　种族-民族主义　国家-民族主义　政治学方法　世界主义

俄罗斯民族主义是涉及俄罗斯历史、文化、政治、外交等多个领域的社会现象和重要问题。因此，它在俄罗斯历史上曾多次成为广泛争论的焦点，也成为当代俄罗斯学术界进一步讨论的议题。

从历史上看，有关俄罗斯民族主义问题的讨论有四个阶段的集中表现：一是16世纪莫斯科公国建立时期的弥赛亚主义，以及“莫斯科-第三罗马”①学

---

① 参见：郭小丽：《俄罗斯的弥赛亚意识》，北京：人民出版社，2009年。

说。这一学说从东正教神学历史观出发,提出俄罗斯民族的世界历史地位与使命问题;二是19世纪的斯拉夫主义及新斯拉夫主义。主要是关于斯拉夫文化优越论与全人类价值问题、俄罗斯与西方关系问题的讨论。代表性著作有丹尼列夫斯基的《俄罗斯与欧洲》、索洛维约夫对这部著作的同名书评[①]及其《民族问题在俄国》文集等;三是在20世纪初的第一次世界大战背景下,《俄罗斯思想》(*Русская мысль*)等报刊上关于民族主义的讨论,主要是关于民族情感、爱国情感与普遍道德规范与道德义务之间的关系问题;[②]四是20世纪上半期俄国侨民思想家关于"俄罗斯理念"(Русская идея)和欧亚主义的讨论。[③]

按照上述历史线索,可以说,关于民族主义问题的讨论在当代俄罗斯出现了第五阶段的集中表现。这一阶段的俄罗斯民族主义,具体表现为三种主要形态:第一,民族主义作为一种政治运动,成为俄罗斯某些政党的主导思想和意识形态(如俄罗斯自由民主党);第二,民族主义作为一种社会思潮,成为社会舆论关注的话题;第三,民族主义作为理论问题,成为学术讨论的对象。当然,这三种形态不是彼此孤立的,而是具有密切的内容联系。相互联系表现为,作为政治运动,需要有一定的社会舆论支持和理论基础,同时,国家政治诉求也是社会关注和学术讨论的动因。

当代俄罗斯对民族主义的关注,是由俄罗斯国家与社会面临的一系列现实问题造成的。首先,后苏联时期的俄罗斯力图寻求有利于国家统一和政治完善的"国家理念"(национальная идея)作为意识形态话语;其次,俄罗斯作为一个多民族国家,在国内和周边的独联体国家内部,都面临复杂的民族关系、国际关系问题;第三,俄罗斯要在当代全球化和多文化交流中确立自己的形象和地位。所有这些现实问题都与民族主义思想有关。

相对于以往的几个历史阶段,当代俄罗斯学者和理论界对民族主义问题的讨论,更加具有问题的开放性、国际视野和理论深度。2005—2007年,俄罗斯人

---

① 参见:〔俄〕索洛维约夫:《俄罗斯与欧洲》,徐凤林译,石家庄:河北教育出版社,2002年。

② 参见:徐凤林:《民族情感与道德义务——俄国学者20世纪初民族主义争论中的哲学问题》,《俄罗斯研究》,2011年第4期。

③ 参见:〔俄〕津科夫斯基:《俄国思想家与欧洲》,徐文静译,上海:上海三联书店,2016年。

文社会科学权威杂志《逻各斯》开辟了“民族主义问题”专栏，发表了一系列学术论文和评论。除俄罗斯本国作者的论文之外，讨论专栏还发表了一些外国著名专家学者的相关论文、著作节选或评论(俄语译文)，这些外国作者包括：耶尔·塔米尔(Yael Tamir)①、本尼迪克特·安德森(Benedict Anderson)②、玛莎·努斯鲍姆(Martha Nussbaum)③、希拉里·普特南(Hilary Whitehall Putnam)④、伊曼努尔·沃勒斯坦(Immanuel Wallerstein)⑤、米歇尔·沃尔泽(Michael Wallzer)⑥、查尔斯·泰勒(Charles Taylor)⑦、汤姆·奈恩(Tom Nairn)⑧、米歇尔·比利格(Michael Billig)⑨、马加列特·卡诺万(Margaret Canovan)⑩等。

本文不打算对当代俄罗斯民族主义的上述三种形态本身进行深入研究，只想对这三种形态及学术讨论中广泛使用的“民族主义”(национализм)这个术语做一点分析，指出其中包含的两种含义，对其加以澄清和划分，并简要归纳俄罗斯学者在后一种意义上的民族主义话语下所讨论的基本问题。笔者认为，了解这两种不同含义有助于中国学者进一步认识和理解俄罗斯民族主义现象的各种表现形态。

---

① Йель Тамир，“Класс и нация”(《阶级与民族》)，*Логос*，2006，№2。

② Бенедикт Андерсон，“Национализм，идентичность и логика серийности”(《民族主义、认同与序列逻辑》)，*Логос*，2006，№2；“Копия，аура и поздненационалистическое воображение”(《复制品、光晕和晚近的民族主义想象》)，*Логос*，2007，Еко же. №1。

③ Марта Нуссбаум，“Патриотизм и космополитизм”(《爱国主义与世界主义》)，*Логос* 2006，№2；“Ответ критикам”(《答批评者》)，*Логос*，2006，№2。

④ Хилари Патнэм，“Должны ли мы выбирать между патриотизмом и универсальным разумом?”(《我们是否应该在爱国主义与普遍理性之间作出选择？》)，*Логос*，2006，№2。

⑤ Иммануил Валлерстайн，“Ни патриотизм，ни космополитизм”(《既不是爱国主义，也不是世界主义》)，*Логос*，2006，№2。

⑥ Майкл Уолцер，“Сферы привязанности”(《依恋的环境》)，*Логос*，2006，№2。

⑦ Чарльз Тэйлор，“Почему демократия нуждается в патриотизме?”(《为什么民主需要爱国主义？》)，*Логос*，2006，№2。

⑧ Том Нейрн，“От гражданского общества к гражданскому национализму：Эволюции мифа”(《从公民社会到公民民族主义：神话的演化》)，*Логос*，2007，№10。

⑨ Майкл Биллиг，“Повседневное напоминание о Родине”(《关于祖国的日常提醒》)，*Логос*，2007，№1。

⑩ Маргарет Канован，“Меч веры и щит страха：Либерализм и сила нации”(《信仰之矛与恐惧之盾：自由主义与国家强力》)，*Логос*，2007，№1。

俄语中的“民族主义”一词与西方语言的构词一样,来自“民族”、“国家”(нация,Nation)一词。而Nation一词的含义,在近代西方政治和历史进程中发生了某些变化,起初主要是指“种族”、“民族”,因此,民族主义(Nationalism)的起初含义是“种族-民族主义”。但是后来,西方世界各民族在现代化进程中分别建立了自己的民族国家(Nation-state),这样的民族国家不是某一个种族依靠其传统文化自然形成的共同体,而是依靠理性和制度建立起来的政治共同体。因此,民族-国家不一定仅由一个民族构成,而是可能容纳了多个民族。在这种情况下,国家/民族认同扩展了传统意义上的种族/民族认同,于是Nation一词又获得了“国家-民族”或“国族”的含义。因此,民族主义在西方近现代语境中,就具有了新的含义,即“国家-民族主义”,或叫作“国族主义”。也就是说,在西方国家现代化进程中,民族主义一词逐渐发生了意义转换,到了20世纪60—70年代以后,在西方文献中常常使用另外一个术语(Ethnicism)来指称传统意义上的“种族-民族主义”,而民族主义一词主要用来表达现代意义上的“国家-民族主义”或“国族主义”。但俄罗斯的历史发展进程不同于西方国家的道路,因此民族主义的含义没有发生从古代到现代的明显意义转换和区分,两种不同含义混淆在一起。直到近几十年,俄罗斯学界在关于民族主义的讨论中,才注意区分нация的两个含义,即把作为文化历史共同体的этнос与作为公民共同体的нация加以区分。但在俄罗斯大众话语中,民族主义这个术语仍然经常被笼统地理解和使用。

传统的“种族”意义上的民族主义表现为,除了具有广泛影响的民族主义政党俄罗斯自由民主党之外,俄罗斯在进入21世纪以来又出现了一系列具有民族主义倾向的政治组织。如2002年产生的“反非法外来移民运动”,该运动从2005年开始聚焦于“俄罗斯族与移民斗争”问题,这里的“移民”实际上所指的完全不是移民,而是在传统上俄罗斯族居民占多数地区的所有非斯拉夫人。2003年出现了“祖国”联盟,其宣传言辞中具有明显的种族排外特征。[①] 也表

① *Верхи и низы русского национализма*:(*сб. статей*), сост.:А. Верховский, М.:Центр *Сова*, 2007. С. 20—21.

现为在俄罗斯政府选举中一些候选人把极端民族主义和排外性作为一种选举资源。

在大众舆论形态下，种族意义上的民族主义常常带有消极意义，接近于极端民族主义，“种族民族主义”（этнонационализм）、“种族主义”（расизм）、“民族中心主义”（этноцентризм）。俄罗斯学者基尔久绍夫指出，在许多情况下，“民族主义”被当作某种消极的、狭隘的话语，与沙文主义、种族主义、排外、反犹主义相提并论，从而不能对俄罗斯民族问题和民族主义问题进行对象性的、情感中立的讨论。不能冷静地阐明俄罗斯民族认同话语，必然造成民族主义论题被边缘化，甚至被非道德化，成为各种团体或个人进行自我形塑的思想工具，使得俄罗斯知识分子拒绝严肃地谈论俄罗斯国家与民族的相互关系。①

当代俄罗斯学者的讨论强调民族主义一词的现代语义，即“国家-民族主义”，“公民意义上的民族主义”。在这个意义上，“民族主义”问题处于与现代性、现代化的关联之中，成为俄罗斯国家现代化进程中的“国家理念”问题，以及国家建设中的民族文化和民族关系问题。

这个意义上的俄罗斯民族主义话语，其问题意识与“俄罗斯传统哲学”不同。19—20世纪初许多俄罗斯哲学家强调俄罗斯精神的独特性，把这一独特性与无精神性的西方意识相对立。在此，“俄罗斯理念”（Русская идея）成为俄罗斯道路独特性的合法证明，避开西方式的现代化。而且，对俄罗斯精神独特性问题的讨论是以浪漫主义-形而上学的方式进行的，其中积极运用伦理道德判断，主要属于文化价值领域。而当代俄罗斯民族主义话语的任务是为俄罗斯国家政治现代化寻找思想文化基础，为此需要从独特的俄罗斯民族文化结构中汲取和重建国家认同的文化资源，主要属于政治哲学领域。

当代俄罗斯民族主义问题的讨论具有怎样的现实意义？奥列格·基尔久绍夫认为，俄罗斯知识分子有义务在这方面做出自己的思想理论贡献。他援引法国社会学家布尔迪厄关于知识分子的现实作用的观点，认为知识分子是

---

① Олег Кильдюшов，“Русский национализм как проблема российской общественности”，*Логос*，2006，№2. С. 141—148.

致力于象征形式的专家,也就是在象征形式的生产及其内部竞争和证明领域,建构、解释、具体化乃至校正社会现实。知识分子在概念-话语空间中的反思产品,能够推测、解释某种政治、经济行为,使其合法化,判断和发现集体行为的新前景和目的。在这个意义上,为争取新的、更加适合的集体(国家)认同而进行的思想斗争,就成为现代化进程的一部分,是与解决社会组织的类型与方式问题上的政治斗争相联系的。这样,文化空间转化为政治空间。知识分子为民族主义话语范围内的语义学改变而进行的斗争,就不仅仅具有理论意义。今天的俄罗斯知识分子的任务在于回答关于国家-民族存在的最重要问题,例如"民族"、"国家"、"帝国"这些词语在100年前和今天各有什么含义,"俄国的"(русский)或"俄罗斯的"(росийский)这些概念在100年前和今天各有什么含义。学者应当从理智的透视中提出这样一些关键的形象、概念和隐喻,它们能够对过去加以解释,对现在提出课题和问题,对未来进行观念的建构。

在国家-民族主义问题的当代讨论中,俄罗斯学者有不同的思想和认识。我们可以举出几种不同观点和问题。

(一)有学者主张以"国家-民族主义"作为当代俄罗斯巩固和重建国家统一性和完整性的思想基础。俄罗斯国家战略研究所所长列米佐夫运用了汤因比文化生存发展论中的"挑战-应战"概念。他认为,从外部观点看,国家-民族主义总是一种挑战,特别是俄罗斯国家-民族主义(仿佛是对其他国家的挑战),因此引发争论。但从国内来看,国家-民族主义不是挑战,而是应战。

为什么这样说?因为后苏维埃的俄罗斯尽管形式上保留了自己的领土完整,但社会完整性正在消失。俄罗斯社会早已开始,而且现在仍在走向瓦解,已不能认为这是暂时的过渡现象。国家-民族主义就是对社会瓦解的回应、应战。因为它能给社会成员的相互团结提供牢固基础。什么样的力量能让精英贴近大众,能让边区各民族团结,能让国家成为公民自己的国家,能为以非常措施改善国家机构提供基础——只有国家-民族主义。这是重建俄罗斯国家社会完整性的唯一机会。他对俄罗斯国家-民族主义的定义是:当代俄罗斯语境下的国家-民族主义,就是为建立现代社会而动员民族性及其资源的战略。

列米佐夫强调,在这个意义上,国家-民族主义不是空洞口号,而是活动,是有计划的长期纲领。在这一纲领中可以划分出两个方面：第一，文化的国家-民族主义，它的任务可以用霍布斯鲍姆的术语来称呼，即“发明传统”；第二，政治的国家-民族主义，它的任务是用自己人民可以接受的方式表达人民的利益和把人民作为国家政治的对象。①

（二）另一位学者，俄罗斯人文大学教授库列诺伊则认为，在现代条件下诉诸“国家-民族主义”是无益而有害的。他虽然赞同这样的论点，即在价值中立的意义上，俄罗斯和从前一样是帝国，需要相应的文化-民族-国家的认同。但他认为，如果把俄罗斯国家-民族问题作为“主义”问题提出来，这样做不能促进“文化-民族-国家认同”的形成。这一问题的提出只能为俄罗斯国家的进一步分裂创造条件，正如以某种方式论证苏联解体的合法性的著作那样。

库列诺伊认为，建立在民族主义意识形态基础上的恒久帝国是不存在的。这只能是宗教观念，或者建立在文明传播使命基础上的观念。企图给民族主义的闲谈赋予现实的政治意义，其结果不是建立俄罗斯民族国家，而是造成现在仍然是“帝国式”国家的俄罗斯的领土瓦解，分化成莫斯科的俄罗斯、西伯利亚的俄罗斯、阿斯特拉罕的俄罗斯等碎片。库列诺伊认为，国家-民族主义的现代相关性在于政治过程民主化思想。俄罗斯国家-民族问题的健康这一提法是要在俄罗斯现有宪法框架内实现法律秩序，也就是政治过程民主化，联邦关系规范化，实现宪法所宣布的公民自由，保障国民履行义务所需要的条件，履行国家所应承担的义务。

然而，现代俄罗斯国家-民族主义纲领的实现，却主要导致了现有权力体系的加强，使其走向非政治化和反民主化。“民族动员”可能成为对业已形成的政权体系说“是”的工具。民族主义者在与特权政治体制打交道的时候，不是作为国家民主思想的保护者，而是成为使国家体制转向专制制度的催化剂。②

此外，阿尔杰姆·斯米尔诺夫从实践-行为角度来定义“国家-民族主义”：

① Михаил Ремизов, “Русский национализм как идеология модернизации”, *Логос*, 2007, №1. С. 199.

② Витарий Куренной, “Политический и аполитический национализм”, *Логос*, 2007, №1. С. 152.

“国家-民族主义是这样一种集体行为,它的目的是生产和再生产一种特殊的社会利益——国族主权。这种集体行为不是传统意义上的理性选择行为,而是一些严肃的语言行为,这些语言行为构成国家-民族主义话语,决定国家-民族主权的内容”。但他同时指出,在国家政治现实中,普遍意义上的、纯粹客观中立的国家-民族主义是不存在的,是空洞词句,国家-民族主义的现实表现是以一定的政治立场为前提的,存在的是许多种被不同意识形态(保守主义,自由主义,社会主义)所接受的国家-民族主义。他根据英国学者米歇尔·比利格关于区分“热烈的”国家-民族主义和“陈腐的”国家-民族主义的观点,指出当代某些热烈的国家-民族主义者力图以族群虚假归属的方式重新定义“国家-民族”的内涵,需要学者对此加以批判分析。[①]

(三)方法论问题。这次讨论提出的另一个重要问题,是认识国家-民族主义现象的方法论问题。应当运用哲学概念论方法,还是政治学方法来研究这一现象?基尔久绍夫在 2006 年发表的论文中主张采用前一种方法。在这种方法之下,关于民族主义的话语是通过“什么是民族主义”这一问题展开的,目的在于“校正”国家-民族主义的话语实践,澄清在当下俄罗斯围绕国家-民族主义这一概念出现的语义学混乱状况,[②]阐明“帝国”、“文化-民族-国家认同”等概念的“价值中立的意义”。

卡普斯京则主张应当运用政治学方法来认识国家-民族主义现象和问题。这种方法的特点在于,第一,这种方法首先要求把国家-民族主义看作是一种政治现象。政治现象,不是某人从某种理念中创造出来的现象,也不是按照某种客观规律自然生长出来的,而是包含着正反对立的立场(卡尔·施密特称之为“敌与友”),这一立场由各种力量的相互关系和权力的使用构成,也因这些关系和权力而发生转变。政治现象和政治问题不一定符合逻辑,纯粹逻辑不可能消除政治参与者的现实分歧。第二,因此,在政治学方法下的问题意识,

---

① Артем Смирнов,“Национализм: нация = коллективное действие: пустое означающее”, *Логос*, 2006, №2. С. 160.

② Олег Кильдюшов,“Русский национализм как проблема российской общественности”, *Логос*, 2006, №2. С. 141.

就主要不是国家-民族主义的概念论问题，而是“国家-民族主义具有怎样的功能”或“国家-民族主义作为构建某些政治主体的方式是如何起作用的”，以及“国家-民族主义对哪类实践进行了合理化和组织化”等。第三，相应地，这种方法要求认识者的身份不是作为“真理的立法者”，而是作为“真理的解释者”。在作为政治现象的国家-民族问题上，“真理的立法者”实际上是不可能站在价值中立的立场上的。从“具有理解力的社会学”观点看，真理解释者的身份是更加现实的。

基于上述方法，卡普斯京明确表达了自己关于国家-民族主义问题的观点：“的确，国家-民族主义是生产和再生产国家的实践和意识形态。在这个一般的和抽象的定义中，国家-民族主义既不是好的，也不是坏的。但是，当国家-民族主义生产和再生产这样一种国家，此国家不把作为‘人民主权’的政治理性转变为国家活动，当国家-民族主义不能够对抗上层把国家私有化和把下层人民捆绑在自己自私自利的、在经济或军事方面冒险的政治之上的时候，国家-民族主义就是坏的。当国家-民族主义产生与此相反的结果的时候，它就是好的。因此，我认为，关于如下问题的讨论在政治上和理论上是富有成效的，即怎样使俄罗斯人转化为具有民主素质的民族。朝向这一目标的哪怕是最激进的国家-民族主义，我都只能欢迎。而关于是否存在一个俄罗斯民族，它在多大程度上是现代化的，它具有怎样的历史哲学特点，怎样复兴其‘真正的同一性’等等，关于这些问题的讨论我认为是闲扯”。[①]

（四）世界主义与民族主义问题。卡普斯京批评美国哲学家玛莎·努斯鲍姆的世界主义观点。[②] 令卡普斯京感到惊奇的是，为什么努斯鲍姆作为一位当代杰出哲学家，能够严肃地提出这样一个问题：我们为什么应当认为住在一个地方（美国），而不是住在另一个地方（中国）的中国人是自己的同胞？卡普斯京认为，在努斯鲍姆的上述问题中最值得注意的是，在她看来美国和中国只

---

① Борис Капустин, “Законодательство истины, или Заметки о характерных чертах отечественного дискурса о нации и национализме”, *Логос*, 2007, №1. C. 131.

② Марта Нуссбаум, “Патриотизм и космополитизм”, *Логос*, 2006, №2.

是“地点”,而不是具有自己边界、结构、历史和发展机制的政治共同体。换言之,美国和中国不是国家-民族(或民族国家),而是“普遍人类”或“世界公民”的群体,人们可以在任何一个地方聚在一起——无论在车臣还是在北极。

那么,是什么使得努斯鲍姆没有发现民族,以及如此轻易地把美国人变成了车臣人,把另一个国家的人变成了多哥人或北极人?卡普斯京认为,世界主义观点与19世纪末20世纪初古典社会学对民族问题的忽视,犯了同样的错误。古典社会学的作者把变化中的世界前景描写成将摆脱种族和民族差异。这是由于当时的资本主义发展带来的乐观前景,资本主义发展打破了人类生活的许多先前固有形态,出现了经济和社会生活中的新交往和统一化。当时的某些社会学家由此看到了这样一种趋势,即人类社会的特殊形式被消灭,代之以人们之间的普遍联系。按照青年恩格斯的概括,“人类分解成一大堆孤立的、相互排斥的原子,这种情况本身就是一切同业公会利益、民族利益以及一切特殊利益的消灭,是人类走向自由的自主联合以前必经的最后阶段。”①正是从特殊利益的消灭和个体(人类原子)与普遍之物(人类自由)的直接“连接”中,产生了使人们“脱离民族偏见”的思想,使英国工人“不仅仅是普通的英国人,不仅仅是一个孤立的民族的成员”,而是“意识到自己的利益和全人类的利益相一致的人,是一个伟大的大家庭中的成员……是‘统一而不可分的’人类大家庭中的成员”。②

但是,在卡普斯京看来,认为单一个体与普遍之物可以直接“连接”,原子化的人们与全人类利益“相符合”,只是“知性表象”,而不是“理性观念”。实际上,普遍之物只存在于特殊之物中,只作为特殊者而存在。同样,单一个体从来都是某种特殊者,总是作为某一群体的一部分而存在,这一群体容纳和形成特殊者的独特性。而在政治实践中,与世界主义者的幻想不同,特殊之物与普遍之物的“符合”只有通过集权政治形态才能达到,此形态尽可能消灭“中间团

---

① 〔德〕马克思,恩格斯:《马克思恩格斯全集》(第一卷),中共中央马克思、恩格斯、列宁、斯大林著作编译局译,北京:人民出版社,1956年,第664页。

② 同上书,第276—277页。

体”,消灭单一个体与普遍者的中介关系,国家把自己说成是全民利益的代表者。当然,卡普斯京也承认19世纪理论家的观点有其正确性,即他们所看到的资本主义发展带来的新的普遍之物,使某些传统文化形态不再像从前那样起作用。但在概括这一趋势的时候推导出将出现大量原子化的个体和摆脱民族性,他认为这一推论在历史上是错误的。相反,正是19世纪末20世纪初的民主化的民族国家,成为联系普遍者与个体的必要中介,成为这样一种特殊中介使资本主义发生了转型,改变了它的社会后果,从而挽救了现代性,使其没有自我毁灭。

同样,卡普斯京认为,当今世界工业贸易和科学技术领域的全球化再次催生了消灭特殊性的幻觉,或者确切地说,全球化使特殊性从大经济、大政治和正统道德的前台退到私人生活的后台,进入世界旅行者的文化消费领域,成为少数人对异国风情的尊重。世界主义,与多元文化主义相结合,是世界资本主义新特权阶级看待全球化世界的观点。对他们来说,地球仅仅是作为“地方”的总和而存在的。世界只是使用他们的生产技术的“地方”,是利用当地资源和为剥削的工厂获取劳动力的“地方”,是享受异国情调的休息和文化消费的“地方”,是被用做试验新杀人武器的靶场的“地方”,是传播他们的“道德价值”的地方。①

我们看到,当代俄罗斯学者关于民族主义问题的讨论已经具有开阔的视野和理论深度。不过,他们对不同观点的批评也不是完全正确的。卡普斯京指责努斯鲍姆的世界主义观点看不见民族性,是一种幻想,这是不全面的和不公正的。实际上,在同一期《逻各斯》杂志(2006年第2期)上,除了卡普斯京所批评的努斯鲍姆的《爱国主义与世界主义》一文之外,还发表了后者的另一篇论文《答批评者》,其中明确指出,“在我那篇维护世界主义的论文中,根本上确认的是,我们应当跟随他们(纳粹时期奋不顾身地挽救犹太人生命的各国各族人)的脚印,克服一切困难,建立这样的社会,使得这一规范能够在这样的社

① Борис Капустин,“Законодательство истины,или Заметки о характерных чертах отечественного дискурса о нации и национализме”,*Логос*,2007,№1,С. 103—137.

会中借助于法律和制度而在人们的心中巩固起来,我们应当不顾自己的依恋,不顾个人的和社会的付出,必须承认,所有的人——首先是人,对他们应当平等对待。按照约翰·罗尔斯的话说,'每个人都拥有建立在正义基础上的不可侵犯性'。承认人们在道德上的平等——意味着承认人们的种族、宗教和阶级属性与道德无关,与这一平等地位无关……不应认为这些属性具有道德上的决定意义。拥有实践理性和其他基本道德品质的人格,是我们道德尊严的基础,这一尊严在所有人那里都是同样的。"①

这就是说,在努斯鲍姆那里,世界主义规范不是在认识论的"本质主义"的意义上阐发的,而是在实践性的"建构主义"的意义上阐发的。她不是不承认人类的种族差异和试图消灭特殊性,而是在承认这些差异的前提下试图重建自由平等的公共道德规范和社会秩序。

作者简介:徐凤林,北京大学哲学系宗教学系教授。

① Марта Нуссбаум,"Ответ критикам",*Логос*,2006,№2.

“无事生非”的苏格兰独立与英国脱欧

陈晓律

摘要：苏格兰独立与英国脱欧是近年来英国发生的大事，两者有某种内在的相似之处，即政客们为了自己的一己之私操控民意而给社会造成灾难性后果。由此而引发的思考是，如何在新的形势下处理好民主政治、民族国家、民族研究、国家主权等问题，保持社会稳定和经济发展。这一系列与现实有关的研究领域应该引起学界的重视。

关键词：英国脱欧　全民公投　英国政治　苏格兰独立

苏格兰独立与英国脱欧是两个似乎并不相关的议题，将这两个问题集中在一起讨论，是基于如下考虑。其一是它们都与英国有关，也都发生在目前的英国。其二是两者的触发因素和后果有很多类似之处，可以放在一起讨论。

首先说苏格兰独立的问题。苏格兰与英格兰在同一岛上，语言都是英语，且英苏完成合并已经历时 300 余年。双方在这一过程中都获取了巨大的政治、经济和社会发展的红利。民众之间的交往和通婚没有任何有形和无形的障碍，在某种意义上已经完全融合在了一起。甚至英国政府还有意无意地鼓励苏格兰保持某种民族风情，以增加其文化的多样性。然而，就是这样一个模范融合的典型，却在学界公认最稳定的民主政治基础上产生了所谓的苏格兰独立运动，且声势越来越大，甚至还差一点成功，这不能不使人感到难以理解。

与苏格兰独立事件类似的就是英国脱欧。本来也以为只是一场闹剧，给欧洲和英国的模板式生活增加一点色彩，没想到却产生如此巨大的后果。尽管很多学者一如既往地分析出若干政治、经济和文化原因,但为什么事前人们意识不到这些原因? 所以,将这两个问题结合在一起分析就很有意思了。

本文不准备对苏格兰独立和英国脱欧的细节展开讨论,而想探讨几个由此衍生的问题:全民公投的含义与功效;政治家可以操控的权力平台边界;民族研究的终极目标;现有国家法理性与政治性边界。

首先,英国脱欧与苏格兰独立都是以全民公投的形式出现并决定的。因此,不能不对全民公投这一似乎程序正确,法理充分且各方面的理由都十分"高大上"的程序进行性质上的界定。

公投("plebiscite"或"referendum")系指一定范围的群体以投票的方式就重大事项表达意见或做出决定的民主形式,属于直接民主的范畴。曲兵将公投根据国外惯例大致分为三个层次。最高层次的公投与民族独立、领土归属等国家主权事务相关,英国《金融时报》中文网称之为"主权公投"(Sovereign Referendum),[①]具体又可分为"独立公投"、"挑边公投"和"分家公投"。[②] 二是涉及重要国家政策的决定,如瑞士2002年就是否加入联合国举行公投,2015年希腊就是否接受国际债权人提出的紧缩措施举行公投。三是涉及国内民众生活的重大事务,如是否修建核电站、安乐死的存废等。二战结束以来的"主权公投"可分成三个阶段。第一阶段是20世纪50—80年代,大多数亚非拉地区的前殖民地国家通过公投实现了民族独立。第二阶段是20世纪90年代初,苏联及南斯拉夫的加盟共和国纷纷通过公投的形式实现独立。第三阶段是21世纪初以后,以分离为目的的公投增多。[③] 因此,曲兵认为,从性质上看,20世纪90年代以来的公投有别于民族解放运动时期采用的公投,前者呈现出新的特点。一是公投被用作从事分离活动的政治工具。由于公投是

① 《历史上的主权公投》,FT中文网,http://www.ftchinese.com/interactive/2288(2016年6月22日查阅)。

② "挑边公投"的典型案例:1920年,德国与丹麦交界的石勒苏益格地区(Schleswig)举行公投,根据公投结果,该区北部加入丹麦,南部留在德国。"分家公投"的典型案例:1905年,瑞典-挪威联盟举行公投,99.95%的投票者支持联盟解体,公投后产生瑞典和挪威两个国家。

③ 曲兵:《对全民公投的再思考》,《史学集刊》,2017年第3期。

“主权在民”的一种体现，可以赋予原本不大可能通过的决议或“分家”行为以合法性，一些持分离主义立场的政党遂以“民族自决”为旗号、通过为公投造势而获取民众支持，挟持“民意”向中央政府施压，以期实现独立梦。二是公投沦为大国博弈的政策工具。历史上，英、法、美、俄等大国在处理有争议的领土问题时，总是在对自己有利时煽动、支持公投，对自己不利时拒绝承认。公投制度本身具有高度冲突性，赞成与反对的人都有各自的理由。曲兵认为，公投有其积极的一面，如推动就某一议题进行深度辩论，使非主流群体有更多机会发声，降低政党及议会的专断性，对执政者产生监督压力等。公投作为一种制度设计的初衷是好的，但频繁的公投可能只适合在瑞士这样的小国中实施。更重要的是，在实践过程中公投有可能被少数人私利裹挟而走向歧路，甚至引发灾难性后果。①

就笔者的理解而言，全民公投随着时代的变化，其积极意义已经逐渐丧失，其本质已经发生变化。尤其是在已经完成了现代化任务的发达国家中，它开始变成了某些政治势力玩弄权术的一种新工具，是政客们试图推脱自身责任的一种典型做法，是欺骗民众、煽动民粹主义以实现一己之私的一种政治程序设计。因此，它并非简单等同于民主投票的另一种形式。其初衷或许是受到古希腊直接民主的影响，但在现代社会，投票人数已经成百上千倍地增加，社会的多元化与经济的变动已经极其复杂。在这样的情况下，还试图东施效颦，就未免可笑了。从实践上看，这种全民公投几乎都造成巨大的社会财富浪费，造成民众的心理裂痕。仅从英国的这两次公投看，其性质已经属于主权公投或类似于主权公投。苏格兰独立公投，明显涉及英国的主权问题，竟然毫无阻碍地进行，实在是令人吃惊。在国家是否分裂的这样一个生死攸关的问题上，英国的政客们居然听其“自由放任”，认为这是英国人享有的自由权利。放在世界其余地区，类似的行为几乎是不可想象的。而英国脱欧的问题，也部分地涉及国家主权让渡等问题，因此，也是一种“半主权”性质的公投。而这样的一次半主权公投，是否有其紧迫性？是否这些问题不用公投

① 曲兵：《对全民公投的再思考》，《史学集刊》，2017 年第 3 期。

的形式处理就无法解决？从英国当时的各方面情况分析，只要英国首相卡梅伦不举行公投，似乎没有什么势力能迫使他做这件事情。换言之，卡梅伦本人是推动这次脱欧公投的一个决定性因素（有很多文章分析过卡梅伦的“小算盘”，如考虑自身的选举利益等等，这里不再赘述）。因此，只要对近十年来在世界各地举行的公投进行分析，政客们和各种难以界定的势力和群体操纵公投以达成一己之私都起着推波助澜的作用。因此，在这个问题上保持清醒，是厘清很多复杂问题的前提条件。换言之，一个国家在正常的状态下，一定要明确什么问题无法依靠正常程序，而只能通过公投来解决。没有这样的紧迫性，只要听见公投，就应该意识到，一定是什么势力要制造麻烦了。

随之而来的第二个问题，就是民选政治家权力的边界。一般而言，民选政治家权力在各种宪法和行政法规中都有明确的规定，政治家一意孤行甚至会遭到弹劾。但是政治家如果滥用“民主”的权力呢？这是一个新问题，似乎并没有一个明确答案。因为限制政治家的权力是可以的，但很难提前限制他“滥用”民主权力，甚至历史上很多独裁体制的产生，也是政治人物“滥用”民主权力的产物。英国最近一次灾难性的公投，就是卡梅伦滥用民主权力导致的恶果。也就是说，即便在民主框架下的权力平台上，除种种法律和宪法的限制外，如何防止政客们借助大众舆论和“民主”旗帜滥用权力成为了新的问题。当然，这并非西方制度的独有现象，很多其他国家的政治人物也常常通过各种方式操纵民意，以达到自己的目的。然而，由于其制度设计本身就有若干漏洞，政治人物的权力空间边界模糊，随意性强，这导致很少人去关注类似的现象并进行研究。但英国却是学界公认的成熟的宪制国家，民主制度的运行已经经历了很长的历史阶段，却还是出现了这种以“民主”名义“吃饭砸锅”的现象。其中的原因值得人们深思。学界一般认为，政治学意义上的宪法在英美两国具有不同的含义。美国的宪法经由一次会议制定，而英国的宪法则经由数个世纪逐渐形成。由此产生的英国宪法不是一个完整的文本，而是一系列法律和惯例。在这诸多的法律条令和惯例中，给人印象最深的应该是英国的政治家们对各类条约的尊重。英国没有任何一个多数派胆敢投票赞同一个格外糟糕的条约,它宁愿抛弃自己的领袖也不愿自寻毁灭。同时,一个英国多数派,由于拥有长期的会议事务经验,也不会格外倾向于动辄拒绝一项与外国政府签订的条约。[①] 然而,这些条约的签订和政治家们对条约的尊重,还有着一个不言自明的重要内容,那就是政治家的责任意识。正如本杰明·富兰克林所说,"我还没有发现一项已经签订的条约——哪怕是最有利的条约——不被指责为不适当,而订约者不被指责为不合法和腐化堕落。'缔结和约者受到神佑',这句话只能在其他世界才能得到理解,因为在这个世界,他们通常是受到诅咒的。"[②]这也是英国人对签订条约问题常持有的观点。因此,任何一个英国政治家,在签订任何一项条约时,都同时承担着巨大的责任。因为他们明知无论条约如何签订,都会受到人们的抱怨,那么,他们就必须按照国家利益来承担自己所做决定的责任。正是这一点,构成了政治家与政客分野的界限。任何一个民选的政治人物,当然不可能不考虑其选民的意愿,但在选民意愿之上的,还有国家的长远利益。政治家是能够为国家的长远利益而放弃自己的选举利益的,而政客只考虑自己的选举利益,不考虑国家的长远利益。这次脱欧公投再次证明了卡梅伦只是一个政客,而不是政治家。

脱欧不是一个简单的是非问题,也不是一个有多种可能的选择题,它不仅涉及英国与欧洲国家的贸易、金融、经济、人员往来等等,还涉及应如何处理原本已经在欧盟框架下得到缓和的北爱尔兰问题。北爱尔兰和爱尔兰的问题是由英国对爱尔兰殖民所产生的,这里不准备展开讨论。在爱尔兰共和国建立以后,英国新教徒占多数的北爱始终无法确定其地位和归属。最终经过了长期的流血纷争,1998 年在美国的调解下,才达成了贝尔法斯特协议。其中最重要的一条是,爱尔兰承认北爱是英国的一部分,北爱和爱尔兰之间不应该有硬边界。在英国和爱尔兰都是欧盟成员国时,这样的硬边界当然不会出现,但如果英国脱欧,这一边界就转化为英国与欧盟的边界,如果脱欧协议不能如各方所愿达成,那么软边界就势必成为硬边界了。这样一个牵涉多方利

---

① 〔英〕沃尔特·白芝浩:《英国宪法》,夏彦才译,北京:商务印书馆,2005 年,第 32 页。

② 同上书,第 33 页。

益和历史纠葛的复杂问题,一不小心就会揭开过往的伤疤,即便是经验丰富的外交家和政治家,都需要耗尽心血来处理。卡梅伦居然以公投的方式轻飘飘地抛给公众来表决,将国家大事视为儿戏,其悠闲的政客心态实在令人扼腕。

因此,苏格兰独立和英国脱欧的事件表明,如何在民主平台上限制政客们的"民主权利"导致国家的分裂或解体,应该成为学界关注的热点。尤其是在现代政治的舞台上,这已经成为一个经常性的政治现象了。

第三个关注点则是,各类民族研究的边界是什么,其根本的目标是什么。要厘清这一问题的大致轮廓,我们应该对孕育民族主义的欧洲近代历史有一个粗线条的认识:随着现代世界的发展,欧洲各个君主国与教皇"分家过日子"是一种必然的趋势。而民族国家则是这种分家的一个结果,也是以后人们大部分生活的结算单位。民族国家的一个重要特征是世俗化,但世俗化却不能使民族国家具有政治方面的自发动力和天然的神圣性,于是,民族主义的旗帜就飘扬起来了。正如欧洲很多学者所指出的,民族主义是一种世俗宗教,能够释放出人们的虔诚和憎恶,其凶猛程度不亚于宗教时期的狂暴。正因如此,民族主义和对民族主义的研究已经成为当代世界最热点的问题之一。① 作为在民族主义浪潮下产生的民族研究,本质上隐含着某种价值判断,但却往往以一种"纯学术"的面目出现,使其在某些方面产生了比单纯的民族主义研究更可怕的后果。也因其表面的中立,民族研究在国外学界长盛不衰。从其研究的

① 关于当代民族主义及其相关问题的研究,西方大致有如下几种学派:一、原始主义学派(Primordialists),试图通过起源于最初的基本的社会与文化现象,如语言、宗教、领土,尤其是血缘关系,对民族的贡献来理解民族主义的狂热和自我牺牲的特性。无论这一学派强调的侧重点是文化还是社会学,都提醒人们注意种族与血缘亲属之间、种族与领土之间的极为隐秘的联系,并指出它们可能产生的强烈集体认同感和归属感。代表人物为范·登·贝尔吉(van den Berghe)。二、持续生成学派(Perennialism),从一个长时段来看待民族并试图把握它作为历史发展过程中一个长期成分的作用。该学派试图证明现代民族是从最原始的种族纽带基础上产生,而不是产生于现代化的过程,其研究对于理解种族与语言的纽带,种族原始神话的力量在获得大众支持的民族主义中的作用很有帮助。代表人物为罗伯特·费舍曼(Robert Fishman)。三、种族象征主义学派(Ethno-symbolism),主要试图揭示某些特定的民族的种族认同的象征性传说,并表明现代民族主义和民族在面对现代化问题时如何重新发现并解释这些与其种族相关的象征、神话、记忆、价值以及传统,及其在构筑现代文化与社会框架过程

后果看,一般是挑起了新的民族纷争,甚至导致现有国家分裂。苏格兰独立应该是一个很好的例子。不少专门研究苏格兰问题的学者,对此进行过非常深入和详尽的探讨,苏格兰与英格兰的合并在某种意义上可以说是世界史上最为成功的案例。1707 年苏格兰议会解散,到伦敦加入新的不列颠议会后,一切正常,双方合作愉快,并由于工业革命的爆发而充分分享了发展的红利。但由于种种原因,这个解散了近 300 年的议会,1999 年又重新出现在爱丁堡。① 按英国学者的说法,它标志着苏格兰的发展进入了一个新阶段。于是,人们要问,这是一个什么阶段?苏格兰问题究竟是一个什么问题?苏格兰与英格兰的合并是一种历史的进步还是倒退?如果是一种历史的进步,那么现在的分裂又是什么趋势?如果说这种分裂是一种历史的倒退,那么,对学界而言,有一些问题就值得思考了。那就是所谓的民族研究,也就是苏格兰研究的学者们的学术贡献,究竟产生了什么样的社会效果。虽然对一种学术研究的效益评估是一件十分复杂的事情,但一个总的、倾向性的苗头值得我们注意,那就是从事某一民族研究的学者,总是很难完全公正或超脱,总是情不自禁地将自

(接上页)中的作用。这派学者的成员与上一学派的成员大致相同,如哈钦森(Hutchinson)。四、现代化学派(Modernists),力图探寻民族与民族主义是如何从独特的现代化过程中产生的,并揭示其政治精英是如何以这种独特的民族主义方式来动员和团结民众对付来自现代化的压力的。代表人物有约翰·布鲁伊利(John Breuilly),迈克尔·曼(Michael Mann),安东尼·吉登斯(Anthony Giddens),欧内斯特·盖尔纳(Ernest Gellner),埃里·凯杜里(Eile Kedourie)。五、后现代主义学派(Postmodern),其分析揭示出现代民族身份认同的碎片化,并提议用一种"后民族"的政治身份认同秩序和全球化文化来取代目前的民族主义。代表人物有霍米·巴巴(Homi K. Bhabha),帕尔塔·查特基(Partha Chatteriee),尤瓦尔-戴维斯(Yuval-Davis),乔治·L. 摩西(George L. Mosse),小亚瑟·施莱辛格(Arthur M. Schlesinger. Jr)。(上述分类参见 Anthony D. Smith, *Nationalism and Modernism*[London: Routledge, 1998], pp. 223—225。)而在近期最有影响的一部著作中,里亚·格林菲尔德(Liah Greenfeld)则将民族主义作为获得现代性的特殊方式并以英、法、德、俄、美等五国的成长历程为例加以分析,认为民族主义大致可分为个人自由主义的民族主义与集体主义和威权主义的民族主义两种类型,并指出如果没有这五国不同的民族主义发展历史,我们将会面临一个完全不同的世界。(Liah Greenfeid, *Nationalism: Five Roads to Modernity*[Boston: Havard University Press, 2003], pp. 488—489)而克里斯托弗·贝利(C. A. Bayly)则认为,这些民族主义的理论并无解决问题的前瞻性,实际上更适合做一种解释的工具而不是理论本身。(C. A. Bayly, *The Birth of the Modern World, 1780—1914*[Malden: Blackwell Pubulishing, 2004], p. 202)在本文的论述中,笔者更倾向于将民族主义作为一种历史现象进行分析。

①T. M. Devine, *The Scottish Nation 1700—2007* (London: Penguin Books, 2006), p. 617.

己带入所研究的对象中。用一句通俗的话说,就是民族研究是制造民族问题的源头,或者说,一些民族问题的研究者有意无意地给民族分裂分子提供了学术和理论上的武器。这实际上也使一个常识性的问题,研究者既然研究一个民族的历史和它的渊源,无论怎样客观公允,也很难不在研究的过程中对研究对象倾注自己的情感:为这一对象的成功感到兴奋,为其失败而感到惋惜。这种情绪,如果仅仅是研究者本身的偏好,也许无碍大局,但各种研究专著和论文一旦问世,成为了公共产品,其产生的影响也就是原作者无法控制的了。尤其是这种研究与某种社会情绪产生了共鸣,其后果更是十分微妙。无论从哪一个角度看,各类研究苏格兰的论文和专著的问世,都刺激着社会去关注苏格兰的历史问题,苏格兰的不同寻常的发展道路问题,及其独特的民族性在这种发展中的价值问题。如此有特色的苏格兰为什么不能独立地撑起自己发展的天地,而只能成为联合王国的一个部分而发挥作用?一个最简单的答案当然是受到了英格兰这个强盗的制约,受到了英格兰的不公平待遇,加上北海石油的发现,更是让一些苏格兰人觉得自己的利益损失了。一些在此历史认知土壤中产生的影视作品,如著名的《勇敢的心》,则无意中提升了苏格兰人的受害者意识。尤其英雄华莱士临死前呼喊着"自由"(freedom)的画面,更是感天动地,使所有的苏格兰人热血沸腾。谁剥夺了苏格兰人的自由?当然是英国强盗。英苏合并已经三百多年,其民众的心应该是越走越近,但由于对苏格兰历史的研究和《勇敢的心》之类作品的影响,两者的心却越走越远(影视作品的力量在这里是否被高估了,是一个见仁见智的问题,不展开讨论)。这是一种历史的进步还是退步?至少英国学界现在无人回答。但裂痕显然已经产生。而政治上的竞选机制,则可无限放大这些裂痕,任由政客们操纵,于是,苏格兰的独立,就会自然从无事生非到弄假成真了。尽管目前苏格兰独立还遇到一些障碍,但这种趋势一旦形成,往往很难扭转。

最后则是现有国家的法理性和政治性的边界。这似乎本来不是问题,一个现代的国家应该怎么样,从领土到国体,从法律到民族,甚至借助互联网的搜索功能,都得到一个圆满的解答。当然,其中最重要的,应当是主权和领土之间的关系:领土主权是指国家对其领土本身以及领土范围内的人和物所具有的最高权力，其内容包括所有权和管辖权两个方面。国家对领土的所有权意味着国家对其领土范围内的一切土地和资源享有占有、使用和支配的权力。然而，应然并不等于实然。一个国家的存在，很多时候取决于法理之外的因素。这对于学历史的人而言实际上并不新鲜。即便是美国这样一个现代超级大国，其民族属性，疆土，乃至制度，都是在激烈的内部冲突和外部竞争中发展起来的。其他国家更不用说，小国的命运往往被大国安排，大国之间的角力，又往往留下诸多问题。二战后的国家数量不断增加，这既是一种历史进步(非殖民化)的产物，也是一种历史的怪圈。实际上，现代世界中国家的数量越来越多，已经造成了很多麻烦，因为其数量的增加是以现有国家的分裂为代价的。所以，现有国家当然都反对这种趋势，但国家的分裂和增生的趋势依然无法阻挡。其中有很多原因，我仅强调其中的一个，那就是民族自决的原理。这一原理本来对二战后的非殖民化起到了积极的作用，但时过境迁，其负面效用已经越来越明显了。正如吃药一样，有病时自然应该服药，但不能永无止境地服药，那就不是治病，而是危害生命了。

如果回顾历史，我们不难了解民族自决原则历经了一个漫长的演变过程：从法国大革命最初的渴求自由而发展起来的民族自决，到"一战"结束后威尔逊"十四点计划"的民族自决原则，延伸至后来的"大西洋宪章"中提出的相关主张，最后是在1952年的联合国大会上通过的《关于人民和民族自决权》的决议，要求各成员国"支持一切人民和民族的自决原则"。① 然而，民族自决原则从一开始就隐藏着难以回避的悖论：那就是自决必然导致原有国家或统治体系的解体，从殖民状态下独立固然理直气壮，但从现有国家的框架中分裂呢？就令人十分棘手了。所以，解体或分裂到一个什么单位为止，或者何人拥有分裂和自决的解释权，一直是一个未能解决好的理论与实践问题。从国际体系长期运作的历史看，大国一直起着主导作用。因此，一个国家的疆界，一个民族是否能够自决，除开种种社会经济因素外，国际政治的因素，尤其是大国因素，起着至关重要的作用。比如中东的库尔德人，尽管人口数量可观，却始终

① 转引自，慕亚平，郑艳：《亦论民族自决权》，《中山大学学报》，1998年第2期。

未能获得自决权,至今依然还处于几个国家的控制下。而大国,从来不会让别人来分裂自己。因此,很多大国都设置了一些制度上的栅栏,尤其是防止地方由于自治权力过大而走上分裂的道路。在处理类似问题时,德国在二战后的措施十分值得我们关注。一方面,德国在战后吸收了纳粹政权摧毁地方自治的教训,在规定了联邦和各州权力结构的同时,明确保障了地方政府的自治权。德国的地方政府享有三重保障。首先,地方政府具有法律实体的保障。其次,地方政府的法律实体还受到法律地位(legal status)的保障。最后,地方政府还享有法律机构的保障,即地方政府有权完成所有地方事务。此外,地方自治还意味着地方财政独立。从这些角度看,地方政府享有空前的权力和自治的权限。然而,另一方面,德国人却始终明白,自治绝不能导致国家分裂,地方自治并非是指地方政府的活动完全脱离上级政府的控制。为了保证政府的法治,各州都对地方活动实行不同程度的监督。联邦和各州政府都有责任顾全大局,这个大局就是维护国家的主权和领土完整,大家以"效忠联邦"的方式行动。这项原则被称为"联邦和睦"。[①] 换言之,民族自决的原则在这样的宪法制约下,不可能导致国家分裂。把地方自治与国家分裂乃至独立混为一谈,在这里是没有市场的。

英国是一个没有单本成文宪法的国家,英国人常常以此自傲。但没有类似于很多西方国家那样的成文宪法,使英国在防止国家分裂的机制上暴露出了重大缺陷。因为成文宪法,如同德国的联邦宪法那样,可以明确界定各自的权限,对于反分裂,显然是一个很好的栅栏。不过,即便英国有了成文宪法,对待民族自决的问题,似乎也很难有效应对。因为从英格兰发展到不列颠帝国,然后又退回到英伦三岛,几个世纪中这样的大起大落,不仅他人不知道英国的最后边界应该在什么地方,恐怕英国人自己也有些糊涂。所以,应该用什么样的理论来解决这一难题,我想应该是学界应该继续关注的问题。因为这不仅是一个理论问题,也是一个现实问题,不仅是一个历史问题,也是一个未来问

① 张千帆:《西方宪政体系:下册·欧洲宪法》,北京:中国政法大学出版社,2001年,第207—214页。

题。尽管尚未有理论上的突破，但我们也应该具备起码的常识：在当今的国际形势下，如果有人一再强调民族自决原理，我们就不能不多一个心眼：这是一股什么样的势力？他们的幕后主使是谁？他们是不是试图使目前的国家分裂？他们又要准备在什么地方挑起动乱？

因为过往的历史告诉我们一个简单的真理，保持国际格局的基本稳定是维护和平的一个不言自明的前提。

作者简介：陈晓律，南京大学历史学院教授。

苏格兰民族党与当代苏格兰政治变迁

李冠杰

摘要：自 1999 年苏格兰议会建立以来，苏格兰民族党经历了失落、崛起和守成三个阶段。苏格兰民族党发动了 2014 年的独立公投，其影响力不断提升，已成为当前苏格兰政治发展的主导力量。但苏格兰民族党仍然受制于苏格兰当前的选举制度，它还需要考虑如何在执政党的位置上平衡独立政策与其他政策，如何评判独立是否更加符合苏格兰利益，是否会为苏格兰带来更美好的前景。在选举制度、政治惯例、性别政治以及央地关系上，苏格兰都发展出了自身的特色。就目前来看，英国脱欧依然是影响苏格兰政治发展的关键变量。

关键词：苏格兰民族党　政治变迁　苏格兰独立　英国脱欧

苏格兰民族党(Scottish National Party)正式成立于 1934 年。长期以来，苏格兰民族党都是力量弱小的政党，虽然它曾在 1974 年 10 月的英国大选中获得 11 个席位。苏格兰民族党的崛起得益于英国的体制改革。1997 年，托尼·布莱尔为了使长期在野的工党能够上台执政铤而走险，提出分权政策。① 大选获胜后，英国便开启了分权进程。自此之后，苏格兰民族党从适应分权框

① 钱乘旦教授曾指出，布莱尔实行分权既是"政治正确"，又带有明显的党派利益考虑，但事实证明他所打的算盘十分短视。参见，钱乘旦：《评布莱尔执政》，《北京大学学报(哲学社会科学版)》，2018 年第 3 期，第 129 页。

架逐步转变为坚持走独立之路，进而成为当前苏格兰政治发展的主导力量。本文主要论述分权后苏格兰民族党所经历的三个发展阶段，阐明当前苏格兰民族党遇到的政治难题，分析苏格兰政治发展的特点和趋势。

一、后分权时代苏格兰民族党的发展演变

布莱尔领导的工党在1997年英国大选中以418席的显著优势获胜。上台执政后，工党兑现了它在竞选宣言中关于分权的承诺，迅速通过了《1997年(苏格兰和威尔士)公投法案》。苏格兰于1997年9月11日对建立苏格兰议会进行公投，结果74.3%的人支持建立苏格兰议会。1999年5月6日，新的苏格兰议会举行首次选举，苏格兰正式步入后分权时代。大体上，分权后的苏格兰民族党经历了三个发展阶段：失落时期(1999—2004年)、崛起时期(2004—2014年)和守成时期(2014年至今)。

(一) 试图适应分权框架的失落期

英国工党让拥有主权的威斯敏斯特议会分权给苏格兰，其目的并不在于分权本身，而是出于“联盟会得以加强，分离主义的威胁会被消除”[①]这种愿景。就整个分权进程看，工党在分权实施后的5年里基本控制住了苏格兰的政治局势。在1999年和2003年苏格兰议会选举中，苏格兰工党稳坐苏格兰第一大党的位置，与苏格兰自由民主党联合执政，苏格兰民族党担任着反对党的角色。

努力适应分权框架是苏格兰民族党在这一时期的主要宗旨。分权到底是件事情还是项进程，这在执政的苏格兰工党内部仍存在严重分歧。对于苏格兰民族党而言，追求独立似乎在分权之后成了次要目标，它大力推动苏格兰朝着与工党提倡的社会民主模式大致相同的方向前进。因此在1999年苏格兰

① Labour Party, “General Election Manifestos 1997”, in *Labour Party General Election Manifestos 1900—1997*, ed. Ian Dale (London and New York: Routledge, 2000), p. 375.

议会选举中，苏格兰民族党在选举宣言中旨在为塑造“具有进取精神、富有同情心和民主的苏格兰”[①]而努力勾画。但与工党的政策相比，苏格兰民族党的主张没有引起人们的共鸣，其对未来的经济规划让人感到：这是个“征税-花钱”的政党。因此，苏格兰民族党只以35席居第二大党。

更大的问题来自苏格兰民族党内部，有人批评党魁萨尔蒙德的领导风格，反对萨尔蒙德通过渐进的方法让苏格兰独立的路径。[②] 于是，萨尔蒙德辞去党魁职务，由约翰·斯温尼接任。但是，斯温尼仍在努力适应分权后的苏格兰政治，没有突破既定的分权框架去思考问题。在2003年苏格兰议会选举中，苏格兰民族党只获得27席。苏格兰民族党目标不明，党内存有重大争议，支持者也犹豫不决。斯温尼在2004年的辞职演讲中深刻道出了苏格兰民族党面对的这种困境：“后分权时代是苏格兰政治上的混乱时代……尽管过去四年我竭尽全力，但我承认，很多人仍不清楚苏格兰民族党的主张是什么——除了苏格兰独立之外。在这些方面我们没有取得我所希冀的进展，作为领导者，我负全部责任。”[③]

苏格兰民族党需要寻找新的目标，需要把苏格兰独立放在首要位置，需要突破分权框架进行谋划。更为现实地说，它需要得到更多的议席。

(二) 重拾独立之路的崛起期

斯温尼辞职，萨尔蒙德被草根成员说服，重新竞选苏格兰民族党党魁。他在竞选党魁时推出了“四十点宣言”的三年计划，目标就是让苏格兰民族党成为第一大党。在重新成为党魁几天后，萨尔蒙德在接受英国广播公司的节目采访中重申了“苏格兰走向独立不可避免”的论调。然而，只打“独立牌”无法

---

① SNP, "Scotland's Party Manifesto for the Scotland's Parliament 1999 Elections", April 1999, http://www.politicsresources.net/area/uk/ass/snp/man99.pdf, p. 11.

② Nick Britten, "Scramble to Lead SNP as Salmond Quits", *The Telegraph*, 18 July 2000, https://www.telegraph.co.uk/news/uknews/1349165/Scramble-to-lead-SNP-as-Salmond-quits.html.

③ "John Swinney's Resignation Speech", *BBC News*, 22 June 2004, http://news.bbc.co.uk/2/hi/uk_news/scotland/3829351.stm.

赢得更多的选票，因为自1999年苏格兰议会建立以来，苏格兰民众选择独立的意愿始终未超过选择分权的意愿，而且独立的势头似乎遭到了遏制。

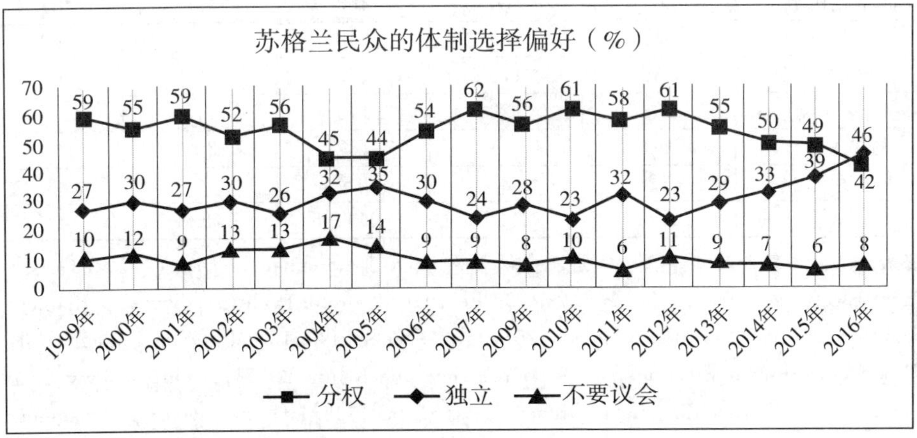

图1　1999—2016年关于体制选择偏好的民意测验

资料来源：本图系笔者自制，数据来自以下网站：ScotCen，“From Indyref1 to Indyref2? The State of Nationalism in Scotland”，p. 5，http://www.scotcen.org.uk/media/1361407/ssa16-2fr8m-1ndyref-2-1ndyr8f-tw0-two.pdf.

从民意测验来看（见图1），萨尔蒙德于2004年重新担任党魁在短时期内提升了选择独立意愿的民众的比例，但到2007年又有所下降。不过，萨尔蒙德带领苏格兰民族党在2007年的苏格兰议会选举中一跃成为第一大党。苏格兰民族党在选举上的胜利不仅因为其自身目标明确，“要求在对外军事政策、对内政策和经济发展上苏格兰能够有自己独立的选择”，①还因为执政的苏格兰工党政绩遭到质疑，它无法突破分权框架去引领未来。

此外更重要的是，苏格兰民族党在苏格兰地方议会②选举中超越工党成为第一大党（见表1）。基层选举为苏格兰民族党的崛起奠定了坚实基础，自此苏格兰民族党的力量压倒了在苏格兰的其他任何一个党派。

① 李冠杰：《危险的分权：新工党治下英国的权力下放进程（1997—2010）》，上海：上海人民出版社，2014年，第171页。

② 苏格兰地方选举是苏格兰所属的32个地方行政机构所进行的选举。1999年、2003年和2007年的地方选举与苏格兰议会选举同步进行，此后开始分开选举。

表1　1999—2017年各党派在苏格兰地方议会选举中所得议席

	1999年	2003年	2007年	2012年	2017年
苏格兰民族党	204	181	363	425	431
工党	551	509	348	394	262
自由民主党	156	175	166	71	67
保守党	108	123	143	115	276
独立候选人	191	231	187	203	168
其他	12	3	15	15	23
总计	1222	1222	1222	1223	1227

资料来源:本表系笔者自制,数据来自以下网站,参见:Stephen Herbert,"Local Government Elections 2007",*SPICe Briefing*,29 February 2008,p. 18,http://www. parliament. scot/Research%20briefings%20and%20fact%20sheets/SB08-12. pdf;Greig Liddell et al.,"Local Government Elections 2012",*SPICe Briefing*,8 June 2012,p. 7,http://www. parliament. scot/ResearchBriefingsAndFactsheets/S4/SB12-38. pdf;The Electoral Management Board for Scotland,"SLGE2017 Summary Results Data",p. 1,http://www. electionsscotland. info/downloads/file/351/slge2017_summary_results_data.

在苏格兰议会选举和地方议会选举获胜后,萨尔蒙德把未来4年的执政目标定位在经济增长上。[1] 即使面对2008年金融危机的冲击,苏格兰经济也并未受到严重损害。而且,与整个英国的经济发展相比,苏格兰经济表现得很有活力。这一点我们从图2中可以明显看出。

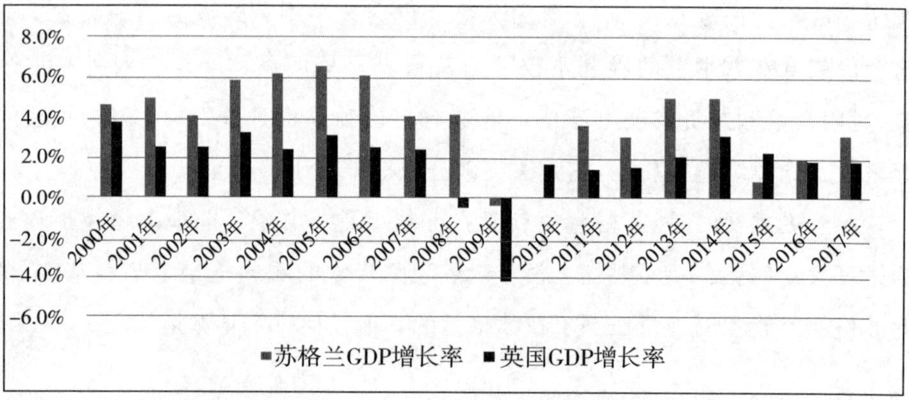

图2　2000—2017年苏格兰和英国的GDP年度增长率

① David Torrance,*Salmond:Against the Odds*(Edinburgh:Birlinn,2010),p. 248.

资料来源：本图系笔者自制，数据来自苏格兰政府网站和统计网站，参见："QNAS 2018 Q1-Summary Tables", https://www.gov.scot/Topics/Statistics/Browse/Economy/QNAS2018Q1；"Gross domestic product(GDP) year on year growth in the United Kingdom (UK) from 2000 to 2017", https://www.statista.com/statistics/281734/gdp-growth-in-the-united-kingdom-uk.

2011 年苏格兰议会选举让苏格兰民族党的力量空前壮大。在这次选举中，苏格兰民族党获得 69 席，超过总议席的半数。究其原因，一方面，工党在 2010 年英国大选中失利，苏格兰工党深受全英局势的影响，这给苏格兰民族党提供了机会；另一方面，苏格兰民族党在执政的四年里并未让苏格兰经济下行，只是在 2009 年出现了短暂且较小的负增长，这让民众另眼看待苏格兰民族党，认为该党并非只是个追求独立的政党，它在经济发展上也能独当一面。

当然，苏格兰民族党并完全未放弃独立。它把独立与经济发展联系在一起，坚持主张"真正的独立会让苏格兰实现更高的经济增长水平"。[①] 选举胜利后，苏格兰民族党开始着手准备举行独立公投，因为这是一个千载难逢的好时机：苏格兰民族党已站在权力的顶峰。

(三) 历经独立公投后的守成期

由于苏格兰民族党在苏格兰议会选举中大获全胜，其提出的独立公投主张具有很强的合法性，强大的民意基础让卡梅伦领导下的保守党联合政府不得不接受这一提议。但是，苏格兰民族党明白，支持独立的民众比例并不大(见图 1)，必须寻找其他方式来壮大独立派阵营。

苏格兰民族党把希望寄托在年轻一代身上。在 2013 年 8 月通过的《苏格兰独立公投(选举权)法案》中，苏格兰民族党把选举权扩展到了那些"在独立公投投票举行之时年龄在 16 岁或 17 岁的'有资格的孩子'"[②]身上。截至

① Scottish National Party, "Manifesto 2011 Re-Elect: A Scottish Government Working for Scotland", p. 28, http://manifesto.votesnp.com.

② TSO, *Scottish Independence Referendum Act* 2013, p. 2, http://www.legislation.gov.uk/asp/2013/14/pdfs/asp_20130014_en.pdf.

2014年9月18日的公投日,具有这种资格的年轻选民注册人数为109,533人,占全体选民的2.6%。① 我们无法确切知道这类人群的选举倾向,但有种事实无法忽视,即这类人群的选举权是苏格兰民族党赋予的。从这点看,苏格兰民族党抓住了迈向独立之路的关键,赢得青年一代,就掌控了政治的未来。

然而在现实中,对于苏格兰独立的民意支持率一直并未达到苏格兰民族党的预期。从民调数据看(见图1),在苏格兰民族党执政的2007—2014年间,支持独立的比例最高达到33%,而赞成分权的比例最低也还有50%。可以说,苏格兰民族党的胜算不大。

通过巧妙描绘独立对苏格兰发展更有利的愿景,通过大力发展党员,还通过与"在一起更好"阵营主席阿利斯泰尔·达林(Alistair Darling)进行的两场电视辩论,苏格兰民族党的影响力空前提升。在2014年9月18日公投中,支持独立的选票共计1,617,989张,占总票数的44.7%。② 这种结果直接导致萨尔蒙德辞去党魁和首席部长之职。不过萨尔蒙德称:"我们输掉了公投,但仍然占有政治主动权。更重要的是,苏格兰依然能够成为真正的赢家。"③虽然苏格兰并未独立,但英国中央政府承诺会进一步放权,在此后的政治较量中,苏格兰民族党处在非常有利的位置上。

目前,苏格兰民族党正处在关键的守成期。在2016年的苏格兰议会选举中,苏格兰民族党获得63席,虽仍居第一大党,但其议席并未过半数,而且苏格兰保守党获得31席,超过苏格兰工党成为第二大党。从当前局势来看,苏格兰民族党仍能保持住第一大党的位置,但它已经过了巅峰时期,且独立的政治目标短时期内无法实现,苏格兰民族党需要寻找新的目标和方向。

---

① Roderick McInnes,"Scottish Independence Referendum 2014: Analysis of Results", *Research Paper 14/50*, 30 September 2014, p. 2, https://researchbriefings.parliament.uk/ResearchBriefing/Summary/RP14-50.

② Ibid, p. 1。

③ Lianne Kolirin,"'My time is nearly over': Alex Salmond QUITS", *The Express*, 19 September 2014, https://www.express.co.uk/news/politics/512822/Alex-Salmond-Resigns-Quits-SNP.

二、当前苏格兰民族党面临的政治困境

苏格兰民族党虽然已经执政了十一个年头,积攒了丰富的执政经验,但该党在政治上面临着诸多难题,需要对未来的慎重思考和重新勾画。

第一,坚持走独立之路是苏格兰民族党的政治目标,但短期内苏格兰无法举行第二次独立公投,实现独立亦非常遥远。如何在独立目标和其他政策目标间进行平衡,这是执政的苏格兰民族党面对的主要难题。

从苏格兰民族党自身的发展经验看,一旦放弃追求独立的政治目标,必将危及该党的生存。在 1999—2004 年斯温尼担任党魁期间,苏格兰民族党试图适应英国中央设定的分权框架,淡化独立的政治主张,结果使该党在选举中丢失了许多议席。2004 年重新担任党魁的萨尔蒙德再次强调独立的重要性,给苏格兰人民勾勒出独立后的各种愿景,这在很大程度上促进了苏格兰民族党的崛起。

追求独立成了苏格兰民族党的政治哲学。在萨尔蒙德看来,“对于像我们自己这样的民族来说,独立是自然状态。”①从政治哲学的理论上讲,既然是自然状态,也就无需证明其合理性。当然在现实政治中,苏格兰民族党必须找到合理的说辞让人民相信独立会让苏格兰更好。萨尔蒙德认为苏格兰应该更好,之所以现在没有应然的那样好,是因为苏格兰还不是一个独立国家。他在 2012 年苏格兰政府颁布的咨议文件《您的苏格兰,您的公决》(Your Scotland, Your Referendum)的前言中称:“独立之所以重要,是因为我们没有权力施展潜力。在我们能够做到的那些方面上,如创造就业机会、发展经济和帮助弱者等,我们受到了限制。”②让苏格兰摆脱限制成为独立的民族,这成了苏格兰民族党的主要政治修辞。

---

① Scottish National Party, “Manifesto 2007: SNP, It's Time”, p. 7, http://image.guardian.co.uk/sys-files/Politics/documents/2007/04/12/SNPManifestoprogramme.pdf.

② Alex Salmond, “Foreword”, in The Scottish Government, *Your Scotland, Your Referendum*, Edinburgh, 25 January 2012, p. 2, https://www.gov.scot/Resource/0038/00386122.pdf.

虽然苏格兰民族党在独立公投中未能如愿,但该党仍未放弃追求独立这个目标。现任党魁斯特金在独立之路上更进一步。在斯特金接任党魁时,她把推进第二次公投放在首要议程上。① 斯特金传承了萨尔蒙德的独立理论,她在2018年10月9日苏格兰民族党大会上坚持主张苏格兰应该成为独立国家,认为"只有拥有了独立的权力,我们才能把法律的全部力量赐予我们的抱负"。② 这些言辞和萨尔蒙德的用语如出一辙。

但是,苏格兰举行第二次公投短期内不具可行性。一方面从法理上讲,苏格兰短期内无法举行公投。苏格兰在2014年刚举行了独立公投,公投结果在短期内具有很强的效力。既然民众投票决定苏格兰不应该成为一个独立国家,那么至少在数十年内这个决定不应该进行变更。就像英国政府否决再次举行脱欧公投一样,③苏格兰第二次公投没有强有力的法理作为支撑。另一方面从战略上讲,英国中央政府不会轻易同意苏格兰再次举行独立公投。卡梅伦政府冒险同意苏格兰举行独立公投是为了彻底解决苏格兰闹分裂的问题,既然经过人民投票苏格兰没有独立,这种民主赤字已经得到妥善解决。因此,当斯特金要求在2018年秋和2019年春之间举行第二次公投之时,特雷莎·梅便以"现在还不是时候"的托辞回绝了苏格兰民族党。④即便在真正脱欧之后,英国政府也会想方设法阻止苏格兰再次举行独立公投。

因此,在短时期内,以实现苏格兰独立为己任的苏格兰民族党必然会遇到

① Simon Johnson,"Nicola Sturgeon Puts Second Referendum at Top of Agenda",*The Telegraph*,14 November 2014,https://www.telegraph.co.uk/news/uknews/scotland/11230833/Nicola-Sturgeon-puts-second-referendum-at-top-of-agenda.html.

② Nicola Sturgeon,"SNP Leader Nicola Sturgeon's Speech to SNP Conference in Glasgow",9 October 2018,https://www.snp.org/snp-leader-nicola-sturgeons-speech-to-snp-conference-in-glasgow.

③ 英国脱欧公投后,民众发起很多举行第二次公投的请愿书,其中最具影响力的是由145,117人签名的请愿书,这份请愿书要求在2019年4月之前举行一次公投让民众对脱欧协议进行选择。英国政府的回答是:"2013年6月23日英国人民投票脱欧。这次公投是英国政治史上最大的民主授权。在2017年大选中,85%的人向那些承诺尊重这一结果的政党投票。无须企图留在欧盟里面,无须企图通过后门重新加入欧盟,也绝没有第二次公投。"参见英国议会网站,https://petition.parliament.uk/petitions/200004#debate-threshold。

④ Heather Stewart,Peter Walker and Severin Carrell,"Theresa May Rejects Nicola Sturgeon's Referendum Demand",*The Guardian*,16 March 2017,https://www.theguardian.com/politics/2017/mar/16/theresa-may-rejects-nicola-sturgeons-scottish-referendum-demand.

独立目标无法实现的这一难题。但苏格兰民族党必须要有政绩，今后要把执政重点放在独立还是其他方面上，这是一种艰难的抉择。

第二，苏格兰议会选举制度避免了出现一党独大的局面，通常情况下苏格兰民族党需要联合其他党派才能组建稳定的政府。该党应采取何种措施保证其在台上执政，这是它长期面临的制度问题。

英国的简单多数选举制度近年来遭到了批判，很多人认为它的代表性不足。以致在 2011 年 5 月，英国就是否取代简单多数选举制度进行了投票，结果 32.1%的人支持，67.9%的人反对，①简单多数选举制度在英国得以保留。为了彰显民主，也为了使选票更具代表性，在苏格兰议会选举制度的设计上，这种简单多数制的代表性不足在某种程度上得到了解决，因为它加入了一种比例代表制。

事实上，苏格兰采取的是一种以简单多数制为主、比例代表制为辅的混合选举制度。苏格兰议会共有 129 席，其中 73 个议席是按照简单多数制从 73 个单一选区中选出，另外 56 席按照比例代表制从由全部 73 个选区划分而成的 8 个地区选区各选 7 人得出。每个选民有两票：一票投给候选人，一票投给政党。不过，这种混合选举制度通常情况下会产生联合政府和少数派政府，当然，苏格兰民族党在 2011 年取得过半议席的情况也还是有的。

从计算方法看，因为按照顿特法来分配的地区选区议席必须以单一选区议席为基础。在单一选区中获取议席越多，其在地区选区的议席分配上越不占优势。下面便以 2011 年苏格兰东北地区选区为例来看这种议席分配。

表 2　2011 年苏格兰东北地区选区议席分配情况

	工党	保守党	苏格兰民族党	自由民主党
所得地区选票票数	43,893	37,681	140,749	18,178
所得该地区单一选区议席	0	0	10	0
追加议席分配	3	2	1	1
议席总数	3	2	11	1

① Feargal McGuinness, "Alternative Vote Referendum 2011: Analysis of Results", *Research Paper 11/44*, 19 May 2011, p. 4, https://researchbriefings. parliament. uk/ResearchBriefing/Summary/RP11-44#fullreport.

资料来源:Mark Sandford and Jeremy Hardacre,"Scottish Parliament Elections:2011",*Research Paper 11/4*,24 May 2011,pp. 21—22,https://researchbriefings. parliament. uk/ResearchBriefing/Summary/RP11-41.

苏格兰东北地区选区共包含10个单一选区,苏格兰民族党全部赢得了单一选区的议席,但在分配地区选区这8个议席时,苏格兰民族党只得到1席。这种情况是一个政党在一个地区获得的峰值,而通常情况下所得议席应小于11席。从苏格兰整个议席划分情况来看,一个政党在议会选举中所得的全部议席不可能超过81席这个峰值,而且通常情况下达不到全部议席的半数65席。

而且,单一选区议席和地区选区议席似乎呈现出一种负相关关系,也即,单一选区议席越多,地区选区议席越少。如下表所示:

表3 1999—2016年苏格兰民族党在苏格兰议会选举中获得选票情况

	1999年	2003年	2007年	2011年	2016年
总议席数	35	27	47	69	63
单一选区议席	7	9	21	53	59
地区选区议席	28	18	26	16	4
总选票比例	28.0%	22.3%	31.3%	44.7%	44.1%
单一选区选票比例	28.7%	23.8%	32.9%	45.4%	46.5%
地区选区选票比例	27.3%	20.9%	31.0%	44.0%	41.7%

资料来源:Oliver Hawkins,"Scottish Parliament Elections:2016",*Briefing Paper No. CBP 7599*,20 May 2016,p. 4,https://researchbriefings. parliament. uk/ResearchBriefing/Summary/CBP-7599.

鉴于这种情况,苏格兰民族党采取了诸多应对措施。其中最为重要的措施有两项。一是保持参加选举的候选人的比例,最大限度地去竞选议席,特别是争夺地区选区的议席。如下表所示:

表4 1999—2016年苏格兰民族党参加苏格兰议会选举候选人情况

单位:人

	1999年	2003年	2007年	2011年	2016年
单一选区	73	73	73	73	73
地区选区	8	77	70	79	79
总计	81	150	143	152	152

资料来源:本表系笔者自制,数据来自英国议会网站。参见,Bryn Morgan,"Scottish Parliament Elections: 6 May 1999", *Research Paper 99/50*, 8 September 1999; Matthew Leeke and Richard Cracknell, "Scottish Parliament Elections: 1 May 2003", *Research Paper 03/46*, 14 May 2003; Edmund Tetteh, "Scottish Parliament election: 3 May 2007", *Research Paper 07/46*, 31 May 2007; Mark Sandford and Jeremy Hardacre, "Scottish Parliament Elections: 2011", *Research Paper 11/41*, 24 May 2011; Oliver Hawkins, "Scottish Parliament Elections: 2016", *Briefing Paper No. CBP 7599*, 20 May 2016.

在1999年苏格兰议会选举时，苏格兰主要大党都推选了81人作为候选人。但从2003年开始，苏格兰民族党的候选人均超过其他政党的候选人。

其二是大力发展党员，增强社会基础，以保持竞选优势。该党党员人数变化如下图所示：

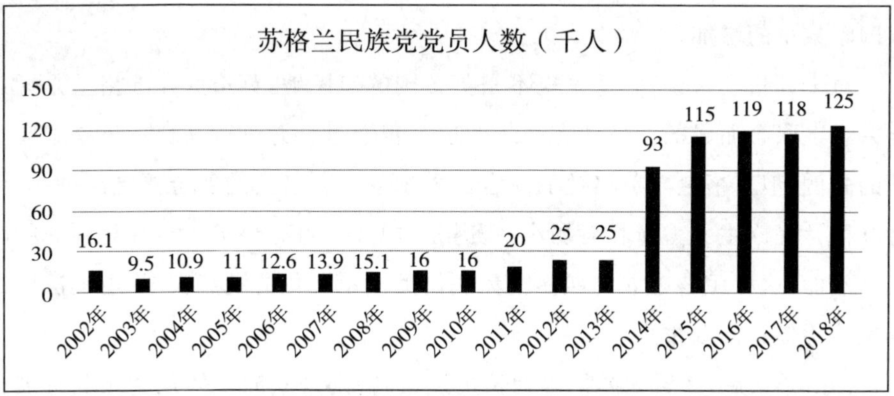

图3　2002—2018年苏格兰民族党党员人数①

资料来源：本图系笔者自制，数据来自英国议会网站的研究简报。参见，Richard Keen and Lukas Audickas, "Membership of UK Political Parties", *Briefing Paper, No. SN05125*, 1 September 2017, https://researchbriefings.parliament.uk/ResearchBriefing/Summary/SN05125.

苏格兰民族党党员人数的跨越式发展出现在2014年，也就是苏格兰独立公投之后。如今，苏格兰民族党虽然不是全国性政党，但它的党员人数已经超越自由民主党，位居第三。

虽然苏格兰民族党作出了极大的努力，但在这种混合选举制度下，能够以议

① Richard Keen and Lukas Audickas, "Membership of UK Political Parties", *Briefing Paper, No. SN05125*, 1 September 2017, https://researchbriefings.parliament.uk/ResearchBriefing/Summary/SN05125.

席超过半数进行执政的情况非常少见。通常情况下,这种混合选举制会造就联合政府或少数派政府。可以说,这在很大程度上限制了苏格兰民族党的发展潜力。在未来的执政中,苏格兰民族党在独立之路上会遭遇统一主义政党的联合抵制。

第三,苏格兰既不是英国的殖民地,也没有遭受民族压迫。在欧洲一体化的进程中,苏格兰受益颇多。但在当前复杂的政治环境中,坚持走独立之路是否符合苏格兰的利益,是否更有前途,这是苏格兰民族党必须慎重思考的关键问题。

二战结束后,英帝国在非殖民化进程中分崩离析。诚然,"英帝国的非殖民化不仅仅是英国单方面调整殖民政策的后果,殖民地的民族主义运动发挥了十分重要和关键的作用。"[①]但无论如何,英帝国的非殖民化直接助长了民族国家数量的增加。

对于苏格兰来说,它从来也不是英帝国的殖民地,英格兰和苏格兰是通过合并法案联合而成的。虽然有爱尔兰这个曾通过合并进行联合却还是走向独立的先例,但苏格兰与英格兰的融合比爱尔兰与英格兰的融合要更深一些,而且苏格兰民族主义力量相对弱小。苏格兰内部一直有要求自治甚至独立的呼声。然而,这种民族独立的夙愿既无法借助非殖民化的潮流实现,也无法以民族压迫为借口向前推进。

冷战结束后,区域一体化得到长足发展,特别是欧洲一体化的顺利进展给人类提供了繁荣发展的另一种模式。英国于1973年加入欧共体,苏格兰自然深受欧共体和欧盟的影响。欧洲一体化的发展损害了其成员国的主权,欧盟越来越像一个超国家在代替成员国对后者下属的地区进行管理,这也是英国脱欧的重要原因。对于苏格兰来说,它不仅定期参与欧洲议会选举,还得到欧盟的资金支持。例如,2014—2020年,苏格兰能从欧洲地区发展基金获得4.76亿欧元,从欧洲社会基金获得4.65亿欧元。[②] 在欧盟的统一治理下,成员国的主权和权威遭到削弱,但苏格兰却倾向于留在欧盟,因为它的确从欧盟那里得到了好处。

---

① 潘兴明:《丘吉尔与英帝国的非殖民化》,上海:东方出版中心,2018年,第176页。

② 参见苏格兰政府网站。"European Structural and Investment Funds",https://beta.gov.scot/policies/european-structural-funds.

在2014年苏格兰举行独立公投时，苏格兰民众在多大程度上受到如下考虑的影响，即一旦独立便无法享受欧盟带来的利益，我们并不知道。但当时欧盟的确被卡梅伦政府拿来作为反对苏格兰独立的一个砝码，因为苏格兰一旦独立便脱离了欧盟，好处自然享受不到。2016年的脱欧公投让苏格兰民族党看到了机会，斯特金在脱欧公投结果出来的第二天便发表讲话称：英国脱欧的结果“代表着在2014年苏格兰投票反对独立的环境发生了重大且实质性的变化”，“因此第二次公投的选项必须提上日程。而且它已经提上了日程”。[①] 然而，英国中央政府的策略是清晰明确的，它不会让苏格兰在2019年3月实际脱欧之前，甚至在2020年底过渡期结束之前再次进行独立公投。

对于独立的目标，苏格兰民族党需要重新评估苏格兰所处的环境。首先，从当前国际局势发展看，大国竞争依然是主流，小国无法在这种潮流中占据优势地位，苏格兰即便独立也必须寻找大国作为依靠。其次，从当前欧盟的情况看，它尚未解决让渡主权的问题以及当前的移民问题，自身陷入困境，无法向苏格兰提供便利。即便苏格兰独立，即便苏格兰加入欧盟，它也会面临英国曾经面临的主权削弱的困境。最后，从苏格兰自身发展的情况看，独立的代价非常之大，北海油田和苏格兰的其他资源无力支撑苏格兰的长期繁荣发展。

苏格兰民族党坚持走独立之路，但它没有解决独立是否符合苏格兰的利益这个关键问题。苏格兰民族党向民众描绘的独立愿景是建立在英国和欧盟为其提供安全和发展环境的基础之上的。在英国脱欧、欧洲一体化陷入困境之时，独立还会不会符合苏格兰的利益，它是否能让苏格兰民族更有发展前途，这需要苏格兰民族党审慎地加以思考。

三、苏格兰政治发展的特点与趋势

从1999年苏格兰议会成立至今，苏格兰的分权政治已经走过了二十个年

---

① Nicola Sturgeon, “Brexit Vote: Nicola Sturgeon Statement in Full”, *BBC News*, 24 June 2016, https://www.bbc.com/news/uk-scotland-36620375.

头,这期间经历了主张分权的苏格兰工党的式微和坚持独立的苏格兰民族党的崛起。可以说,苏格兰的政治发展走出了自己的特色。笔者以下便从四个方面对当前苏格兰政治发展的特点和趋势进行总结和分析。

(一)在分权政治架构之下,混合选举制度和全民公投的使用正在塑造苏格兰的政治图谱。但就目前来看,新制度的效果不佳。

亚里士多德曾言:“人类在本性上,也正是一个政治动物。”[①]在英国现代社会中,政治参与越来越受到重视。分权实施之后,苏格兰的政治参与获得长足进展,苏格兰民族党甚至在 2016 年首次把苏格兰议会选举的年龄资格降低到 16 岁,极大地鼓舞着人们的政治积极性。

从总体上看,在民众高涨的政治参与热情下,苏格兰一方面创新了英国历史悠久的简单多数制选举制度,形成了融入比例代表制的混合选举制度;另一方面苏格兰极力践行近年来流行的新式直接民主形式,正在塑造以全民公投来决定整体利益的政治模式。可以说,混合选举制度和全民公投正在塑造苏格兰的政治图谱。

根据迪韦尔热法则:“简单多数单一投票制有助于产生两党制;反过来,简单多数两轮投票制和比例代表制有利于产生多党制。”[②]苏格兰议会选举制度属于迪韦尔热所讲的第二种情况,它往往使多个党派分享议席,常常形成联合政府或少数党单独组建政府的情况。联合政府或少数党政府在主导议题和决策时常会遇到非常大的困难,进而降低了决策的效率,也会弱化政党的政治主张和政策倾向。

从某种程度上讲,苏格兰的决策者并非没有认识到这种制度的负面效应。近年来,直接民主模式的引入似乎在弥补这种不足。从苏格兰议会成立以来,苏格兰经历了三次全民公投:2011 年全英范围内对选举制度的公投、2014 年苏格兰独立公投和 2016 年的英国脱欧公投。目前,苏格兰仍在致力于发起第

---

① 〔古希腊〕亚里士多德:《政治学》,吴寿彭译,北京:商务印书馆,1965 年,第 7 页。

② Maurice Duverger, *Political Parties: Their Organization and Activity in the Modern State*, trans., Barbara North and Robert North(London: Methuen, 1954), p. 239.

二次独立公投。然而从公投的效果看，它基本没有妥善解决问题，而是不断加深了问题解决的难度。或许，其最为直接的影响是加剧了社会意见的分裂。

（二）问责制成为苏格兰政治的基本原则，政治精英必须为其行为和政策负责。这让政治精英在实践中很少考虑政治审慎，进而影响原有的政治进程。

问责制是现代政治实践中的一项重要原则。1999 年，《组建苏格兰议会》的报告提出了四条原则：权力共享、问责制、准入和参与性、机会均等。① 问责制成为苏格兰政治实践的关键原则之一。实际上，苏格兰议会的问责制旨在表明苏格兰政府向苏格兰议会负责、苏格兰议会向苏格兰人民负责这一政治逻辑。但由于现代政治对政治精英提出了新的要求，政治精英常常因为个人问题或某项倡议政策失败而辞职。

时至今日，苏格兰共经历了五位首席部长。苏格兰第二位首席部长麦克利什强调苏格兰的独特性，试图要改变分权框架，但他上台一年便因"办公室"丑闻于 2001 年辞职下台，其意欲开启的另类分权道路无果而终。第四位首席部长萨尔蒙德在 2014 年苏格兰独立公投结果未如其所愿的情况下宣布辞职，声称"政党、议会和国家将会从新的领导层获益"。② 在问责制成为普遍政治共识的背景下，近年来，苏格兰政治甚至英国政治呈现出断裂式发展。

在英国，时任首相卡梅伦于 2016 年脱欧公投结果出炉后立刻发表讲话，声称："英国人民做出了非常明确的决定来走不同的道路，因此我想，国家需要新的领导层在这个方向上引领它。"③卡梅伦辞职的原因和萨尔蒙德的辞职原因相同，二者都是因为采取了公投的手段对某个重大议题进行决断，但无力掌控议题走向，最终在公投结果与其预期相悖时无法继续执政，不得不辞职。

在当前苏格兰以及英国的政治环境下，政治精英很少从审慎的角度进行

---

① 参见，The Scottish Office, *Shaping Scotland's Parliament*, pp. 6—14, http://www.parliament.scot/PublicInformationdocuments/Report_of_the_Consultative_Steering_Group.pdf。

② Severin Carrell et al., "Alex Salmond Resigns as First Minister After Scotland Rejects Independence", *The Guardian*, 19 September 2014, https://www.theguardian.com/politics/2014/sep/19/alex-salmond-resigns-first-minister-for-scotland.

③ David Cameron, "EU Referendum Outcome: PM Statement, 24 June 2016", 24 June 2016, https://www.gov.uk/government/speeches/eu-referendum-outcome-pm-statement-24-june-2016.

思考。在制定一项重大政策时,他们首先考虑的是其所在的政党能否在台上执政,其次是这项政策如何获得民主授权,最后才是该政策对这个国家的影响。因此才会出现布莱尔改革工党、实施分权,从而造成英国乱象横生的场景,才会出现萨尔蒙德坚持走独立之路,进行独立公投的场景,才会出现卡梅伦意欲通过脱欧公投来向欧盟讨价还价却未能如愿的场景,才会出现特雷莎·梅试图借助提前举行大选加强其个人威望和脱欧阵营的力量但未达目的的场景。

苏格兰和英国的政治生态为政治精英的执政增添了很大的不确定性,审慎的政治家失去了生存的空间,投机的政客和选择激进路线的政治精英成为主流,这就让苏格兰的政治发展变得扑朔迷离。

(三)苏格兰政治参与者的男女比例发生了变化,性别政治得到长足发展。苏格兰主要党派都有女性担任党魁的经历,女性积极地、实质性地参与政治决策的现象仍是未来苏格兰政治发展的重要特色。

有学者认为,21世纪前十年的中后期,英国出现了一种"新女性主义","存在女性政治的实例"。[①] 的确,在苏格兰建立议会后的政治发展中,女性参政的积极性得到大幅提高。就性别比例看,女性议员数量占比在苏格兰议会中基本保持在三分之一以上。如下表:

表5 1999—2016年苏格兰议会议员性别比例

	1999年		2003年		2007年		2011年		2016年	
	人数	比例	人数	比例	人数	比例	人数	比例	人数	比例
女性	48	37%	51	40%	43	33%	45	35%	45	35%
男性	81	63%	78	60%	86	67%	84	65%	84	65%

资料来源:本表系笔者自制,数据来自英国议会网站。参见,Bryn Morgan,"Scottish Parliament Elections:6 May 1999",*Research Paper 99/50*,8 September 1999;Matthew Leeke and Richard Cracknell,"Scottish Parliament Elections:1 May 2003",*Research Paper 03/46*,14 May 2003;Edmund Tetteh,"Scottish Parliament election:3 May 2007",*Research Paper 07/46*;Mark Sandford and Jeremy Hardacre,"Scottish Parliament Elections:2011",*Research Paper 11/41*;Oliver Hawkins,"Scottish Parliament Elections:2016", *Briefing Pa-*

---

① Jonathan Dean,*Rethinking Contemporary Feminist Politics*(Basingstoke:Palgrave Macmillan,2010),p. 163.

per No. CBP 7599,20 May 2016.

而且与整个英国的女性政治参与相比,苏格兰走在了前列。见下表:

表 6 1987—2017 年英国下院女性议员情况

	1987 年	1992 年	1997 年	2001 年	2005 年	2010 年	2015 年	2017 年
女性人数	41	60	120	118	128	143	191	208
女性比例	6.3%	9.2%	18.2%	17.9%	19.8%	22.0%	29.4%	32.0%

资料来源:Lukas Audickas, Oliver Hawkins and Richard Cracknell,"UK Election Statistics:1918—2017",*Briefing Paper No. CBP 7529*,23 August 2017, p. 28, https://www.parliament.uk.

在女性保持了稳定的政治参与人数之后,苏格兰的女性政治从象征性代表逐步迈向实质性代表。自苏格兰议会成立以来,苏格兰主要党派均经历了女性担任党魁的阶段,女性在政治上发挥着前所未有的影响,并成为实质的决策者。

在 1999 年和 2003 年议会选举中,苏格兰各党派的党魁均是男性。2004 年,苏格兰绿党索性挑选一男一女来担任该党的共同召集人,其中一位是希奥娜·贝尔德(Shiona Baird)女士;2005 年,安娜贝尔·戈尔迪(Annabel Goldie)女士被选为苏格兰保守党党魁,此后一直任职至 2011 年,继任党魁是露丝·戴维森(Ruth Davidson)女士;2013 年,玛吉·查普曼(Maggie Chapman)女士被选为苏格兰绿党的共同召集人;2014 年,尼古拉·斯特金女士被选为苏格兰民族党党魁;2015 年,凯齐娅·达格代尔(Kezia Dugdale)女士被选为苏格兰工党党魁。因此在 2016 年苏格兰议会选举中,出现了苏格兰民族党、苏格兰保守党、苏格兰工党三位女性激烈竞选的场面。目前,苏格兰民族党和苏格兰保守党的党魁是女性,苏格兰工党和苏格兰自由民主党的党魁是男性,苏格兰绿党党魁仍旧是男女组合模式。

苏格兰出现由女性担任党魁而成为实际决策者的现象也影响了其他地区和整个英国。在北爱尔兰,2015 年,阿琳·福斯特(Arlene Foster)女士担任民主统一党党魁;2018 年,玛丽·麦克唐纳(Mary McDonald)女士担任新芬党党魁。在威尔士,2008 年,维多利亚·威廉姆斯(Victoria Williams)女士担任威尔士自由民主党党魁;2012 年,琳恩·伍德(Leanne Wood)女士担任威尔士民族党党魁;2017年,简·多兹(Jane Dodds)女士担任威尔士自由民主党党魁。在整个英国层面,2016年,特雷莎·梅成为继撒切尔之后的第二位英国女首相。

从本质上讲,决策者无论是男性还是女性,其在制定某项重大政策时并无太大差别。但女性党魁可能在议会选举中具有某种优势,她们常打女性牌,为女性和弱势群体来争夺权利,其他政党不得不考虑如何进行应对,因此它们也会选出相应的女性党魁来拉选票。从当前苏格兰和整个英国的政治生态看,女性积极地、实质性地参与政治的现象将会延续下去。

(四)苏格兰在分权之后并未与英国中央建立起伙伴关系,随着其所分得的权力的增加,苏格兰对抗英国中央的途径和力量反而增多了。照此下去,苏格兰最终会成为独立国家。

布莱尔开启分权之时便考虑到如何调整未来的中央和地方关系。他上台后迅速通过了《1999年地方政府法案》,希望通过建立"最佳价值"的标准让地方政府现代化。有学者称,《1999年地方政府法案》的意义在于"结束了1979年以来保守党政府治下中央与地方关系的敌对性和对抗性"。[①] 然而从苏格兰的政治发展来看,这种敌对性和对抗性依然存在。

分权政治形成的政治架构类似于一个小型国际社会,中央和地方的关系酷似大国与小国的关系。苏格兰议会建立后,由于其宗旨是建立一个对苏格兰人民负责的政府,因此只把苏格兰的利益放在首位,而不会首先顾及整个英国的国家利益。在这种情况下,原本想通过分权民主以及其他方式改变原有中央和地方关系的梦想破灭了,随即而来的便是光明正大的对抗。

在政治实践中,向苏格兰议会和民众负责的苏格兰首席部长绝不可能担当中央政策的传声筒。第一位苏格兰首席部长唐纳德·杜瓦并不主张分权是一种进程,这种政策和英国中央政府有很高的契合度,但他任职一年便去世。按照惯例,苏格兰工党新任党魁麦克利什出任首席部长之职,于是有人称他是

① Peter Vincent-Jones,"Central-Local Relations Under the Local Government Act 1999:A New Consensus", *The Modern Law Review*, Vol. 63, No. 1, 2000, p. 95.

"威斯敏斯特的禄虫",其当选"没有民主授权"。[①] 然而从现实来看,第二位首席部长麦克利什在有些政策上与英国中央分道扬镳以示区别,但他因丑闻很快下台。第三位首席部长麦康奈尔大致遵循英国中央的政治意愿和相关政策,但却致使工党在苏格兰一败涂地。第四位首席部长萨尔蒙德极力与英国中央抗衡,这不仅促进了该党派的崛起,而且让苏格兰从英国中央那里得到更大益处。第五位首席部长斯特金也延续了这种基调,她无法也不能向英国中央示弱和示好,只能表现出更加强烈的对抗性。

相比而言,英国中央处于被动状态,而且它只能以某种补偿性措施来安抚苏格兰的躁动和全方面的要求。从政治方面看,英国中央为了阻止苏格兰独立而答应给苏格兰议会下放更多的权力。从经济方面看,英国中央向苏格兰进行了大量财政拨款,以安抚民心并推动经济繁荣。[②] 从社会文化方面看,英国中央在教育、医疗卫生、社会保障等领域的政策均无法覆盖苏格兰,而且苏格兰政府所制定的政策常常要比英国中央制定的政策更为优越,且更凸显差异性。

但问题是,分权终有分无可分之时,它最终会走到苏格兰所要求的独立状态;获得财政拨款也永无满足之日,它最终会让苏格兰实现财政自主;社会文化上的政策差异越来越明显,英国中央的无力干预最终会增强苏格兰的民族性。如此一来,在没有外在威胁的条件下,差异性越来越大,共性越来越小,苏格兰最终会和平演变为一个独立国家。

结语:英国脱欧是苏格兰政治发展的关键变量

自 1999 年苏格兰议会建立以来,苏格兰民族党逐渐适应了以混合选举制度为基础的分权框架,并通过发动独立公投成为苏格兰政治发展的主导力量。

---

① Kirsty Scott,"Dewar's Successor to Seek More Power for Parliament",*The Guardian*,23 October 2000,http://www.guardian.co.uk/politics/2000/oct/23/scotland.devolution.

② 2017 年 11 月,英国财政大臣菲利普·哈蒙德称,给苏格兰政府的财政拨款在 20 亿英镑以上。参见,Philip Hammond,"Autumn Budget 2017:Philip Hammond's Speech",22 November 2017,https://www.gov.uk/government/speeches/autumn-budget-2017-philip-hammonds-speech。

就现阶段来看,影响苏格兰政治发展的关键变量是英国脱欧这个影响深远的事件。

目前,英国脱欧谈判仍在艰难进行中。从时间节点看,英国正式脱欧是在2019年3月,过渡期结束是在2020年底。下一次苏格兰议会选举的时间设定在2021年,斯特金的苏格兰民族党政府必然会亲身经历英国脱欧的全过程。摆在斯特金政府面前的主要问题是:如何妥善处理苏格兰与英国和欧盟之间的关系。

从当前苏格兰政府的立场看,苏格兰需要举行第二次独立公投,其理由是,英国脱欧改变了2014年苏格兰独立公投时的整个政治环境,苏格兰人民在脱欧公投中选择留在欧盟,英国脱欧违反了苏格兰人民的意愿,所以必须再次给苏格兰民众提供表决机会。

从当前英国中央政府的立场看,当务之急是如何在维护英国国家利益的前提下顺利脱欧,苏格兰如若再举行独立公投必须等到英国脱欧之后,更何况特雷莎·梅的保守党政府遇到了种种困难。除了苏格兰意欲再次举行独立公投外,最棘手的是北爱尔兰问题。北爱尔兰自2017年进行议会选举后一直未组建政府,现已陷入政治僵局,而且北爱尔兰问题会直接影响到英国脱欧谈判和特雷莎·梅政府的执政地位。威尔士政局比较稳定,但权力基本掌控在威尔士工党手里。对于当前的保守党政府来说,既要妥善解决脱欧问题,又要满足各地的诉求,形势不容乐观。

总体来看,机会似乎站在了苏格兰民族党这边。一方面,英国脱欧为苏格兰民族党提供了推进独立的理由,短时期内让该党重新燃起了实现民族独立的希望。另一方面,为了应对其正在下滑的议席数量,苏格兰民族党必须借助英国脱欧这个机遇来充分造势。可以说,在未来几年里,英国脱欧仍然是影响苏格兰政治发展的关键变量。

作者简介:李冠杰,上海外国语大学英国研究中心助理研究员。

巴西民粹主义刍论

张宝宇

摘要：巴西自1930年瓦加斯政府开始执政至1964年军人政变上台，期间经历的6届主要政府均被其本国史学家、政治学家冠以“民粹主义政府”称谓。巴西的民粹主义主要表现为卡里斯马式人物以他掌握的资源动员和组织基层群众实现既定目的。但民粹主义政策实行的结果也有积极的方面，如促进民族经济的发展。

关键词：巴西民粹主义　瓦加斯　卢拉主义　巴西现代化

自19世纪70年代民粹主义实践先后在俄国和美国开创以来，这一政治形态在世界，特别是在欧洲和拉丁美洲，因政治、经济形势的变化不时有所浮现。进入21世纪以来，其势尤为强烈。然而，民粹主义的概念至今仍模糊不清。其中一个重要原因在于民粹主义的表现形式并非单一。它“有时指国家类型，有时指群众运动，有时指特别领导人与公众之间的关系类型。”①中国学者较熟悉欧美学者关于民粹主义的论述，而较少了解拉美学者的有关见解。对民粹主义的研究多泛而论之，相对较少对一个具体国家做具体分析。本文以巴西为例，试图展示它的民粹主义的历史特征。

---

① Joelza Ester Domingues and Layla Paranbos Leite Fiusa, *História*: *O Brasil em foco* (São Paulo: FTD, 1996), p. 272.

一、所谓"民粹主义政府"

关于民粹主义的定义,巴西学者有多种说法。巴西政治学家、社会学家、联邦政府前文化部长弗朗西科·维福特(Francisco Weffort)的有关观点常被引用。"民粹主义是操纵人民的一种确指而具体的方法,但也是他们(人民)不满的表现方式。与此同时,对统治集团而言,是其政权的构成形式,也是在工业与城市发展进程中人民崛起的主要政治表现形式。也是一种机制,通过这些机制统治集团实行他们的统治。也是一种方法,通过这些方法,统治集团察觉潜在的威胁。这种政府和政治表现的风格基本是含糊不清的。这主要是不同政治家因喜爱人民还是偏爱政权而表现出的模棱两可所致。"①巴西历史学家若埃尔萨·埃斯特尔·多明戈斯(Joelza Ester Domingues)与莱拉·巴兰布斯·莱特·菲多萨(Layla Paranbos Leite Fiusa)二人在其共同撰写的专著《历史:巴西焦点》(*História*:*O Brasil em foco*)中认为民粹主义是国家政策。国家以此来呼应人民切身而紧急的需要。政策实施的目的在于使城市阶层,特别是其中的中下阶层相对参与国家的政治生活。另一方面,卡里斯马式人物和权威人士以及相关组织控制着人民的活动。但上述做法并不否定国家依然是农业寡头、工业资产阶级和金融资产阶级的代表。此外,美国威斯康星大学教授、著名巴西问题专家托马斯·斯基德莫尔(Thomas Skidmore)认为,民粹主义是对一种政治进程风格的命名。在这一进程中城市群众表现出对具有吸引力的领袖的拥护和接受。

民粹主义作为一种政治形态不是表现为单一形式。发自基层的、由群众共同的诉求所形成的民粹主义运动,是这种政治形态的表现形式之一。俄国历史上所发生的以"村社理论"为指导的"到民间去"行为应属于此列。近期在美国麻省理工学院的"斯坦论坛"上,有学者提出现时巴西的民粹主义的由来:相关群众因不能从劳工党的政策中获利而不满,在总统大选中将选票投给持极

---

① Domingues and Fiusa, *História*:*O Brasil em foco*, p. 274.

右立场的博索纳罗(Jair Bolsonaro)使其当选巴西第38任总统。这也是社会中自基层发生的民粹主义。这种自下发生的民粹主义的情绪或行为往往被政党或政治家利用以达到特定的目的。这样的例子在当前的欧洲并非少见。

与上述情形相反,民粹主义另外一种表现形式是,卡里斯马式人物或国家政权利用群众的诉求和不满情绪,自上而下形成对抗精英的思潮和政治行为。从这一视角观察民粹主义,它就是统治者(国家治理者)治理国家的一种手段。民粹主义意味着群众政治。换言之,统治者是将群众作为行动的基本因素。他们利用掌握的多种资源动员人民以取得支持,达到某种目的。作为卡里斯马式人物的民粹主义者,他们用简单、大众化的语言亲近人民,为树立个人威望甚至利用国家宣传工具。他们蔑视民主与政党,甚至对国家实行独裁统治。在巴西历史上瓦加斯(Getulio Vargas)总统所实行的热图利奥主义(Getulismo)或称瓦加斯主义,以及当代拉丁美洲几个左派民粹主义政权,当属这种类型的民粹主义实践。

自1930年瓦加斯夺取政权,至1964年军人发动军事政变实行军人统治,其间经历了34年,10届政府。其中6届政府在巴西近代史中具有重要影响。即热图利奥·瓦加斯(1930—1945)、欧里科·杜特拉(Eurico Dutra,1946—1950)、瓦加斯(1951—1954),儒塞利诺·库比契克(Juscelino Kubitschek,1956—1961)、雅尼奥·夸德罗斯(Janio Quardros,1961)和若奥·古拉特(Joao Goulart,1961—1964)。这6届政府无一例外,被巴西历史学家、社会学家称为民粹主义政府(governo populista)。"1930—1945年,是民粹主义的生根时期。""1945—1960年是民粹主义发展的顶峰时期。"①换而言之,"从新国家(Estado Novo,1937—1945)垮台至1964年军事政变,巴西这段共和国历史被普遍称为民粹主义时期。"②1964年军事政变的发生在一定意义上讲,是巴西军人为终止民粹主义在巴西盛行而为。另有学者明确指出,民粹主义政治形态发生在进口替代工业化时期,即1930—1964年,以城市为基础。③ 巴西著名社会学家、圣保罗大

---

① Domingues and Fiusa, *História: O Brasil em foco*, pp. 274, 275.

② Luiz Koshiba and Denise Manzi Frayze Pereira, *História do Brasil* (São Paulo: Atual Editora LTDA, 1987), p. 340.

③ Argemiro J. Brum, *O Desnvolvimen to Econômico Brasileiro* (Petrópolis: Editora Vozes, 1984), p. 130.

学社会学教授、巴西研究民粹主义的重要学者奥塔维奥·扬尼(其相关权威性著作有《巴西民粹主义衰败》《拉丁美洲民粹主义国家形成》等)认为,巴西百年的共和国历史经历了4个时期,即农业寡头统治、民粹主义、军人统治和新时期。①由此可见,巴西现代史中无疑存在一段以民粹主义政治形态为主的时期。

二、民粹主义产生的历史与文化渊源

社会发展转型致使国民中产生新阶层,生成新思想,产生新要求,这是民粹主义出现并变为一种政治形态的社会基础。现代化进程是巴西民粹主义出现的重要社会背景。民粹主义的"生根发芽"应在20世纪30年代,但苗头可追溯至第一次世界大战结束后的20世纪20年代。关于巴西现代化的起始时间,在巴西学术界流行两种说法。一种认为,巴西的现代化(工业化)进程开始于19世纪末20世纪初。持这一学术观点的有世界著名依附论学者迪奥多尼奥·多斯桑多斯(Teotonio dos Santos)。另一说法以经济学家、巴西联邦政府内阁前财政部长路易斯·佩雷(Luis Pereila)为代表,主张巴西现代化始于20世纪30年代。笔者在有关著述中采用后一种观点。工业的初步建立不表明工业化的开始。美国学者、巴西问题专家维尔纳·贝尔(Werner Baer)指出,认为"巴西从19世纪90年代起就展开了持续的工业化进程是不准确的。工业增长和工业化时期这两个概念存在着明显差异……工业化的特点是工业成为经济增长的主导力量,并且引发了明显的经济结构变化……只有在20世纪30年代期间,巴西工业才成为主导产业,并显著影响到巴西的整个经济增长。"②经济基础的变化必然引起上层建筑领域发生变化。这一变化在巴西自19世纪20年代的传统社会即开始并表现在诸多方面。

第一次世界大战期间工业的发展致使巴西特别在其南方地区城市化快速

---

① Oct'avio Ianmi, *A Ideia de Brasil Moderno* (São Paulo: Editora Brasilcense, Brasil, 1944), p. 87.

② 〔美〕维尔纳·贝尔:《巴西经济:增长与发展》,罗飞飞译,北京:石油工业出版社,2014年,第48、49页。

发展，因此城市新阶层的势力得到增强。这些新阶层简而言之为：工业资产阶级、中产阶级和工人阶级。巴西当时是农牧业寡头统治的传统社会。上述新兴的社会阶级认为他们的利益因为政府的政策偏向农牧业寡头而受到损害。因此产生严重的对抗情绪。具体而言，工业资产阶级反对政府支持咖啡业主的咖啡政策，要求出台政策保护巴西工业发展。但政府并未改变原有立场。他们与政府的关系日趋紧张。当时中产阶级的一项重要诉求是反对选举由农业寡头操纵，以便参与国家政权。工人阶级要求改善生活和工作条件。巴西当时尚不存在最低工资制，工资由雇主确定。因为工资的提高远远不及生活费用上涨，所以妇女和儿童不得不参加劳动以维持家庭生活。但工厂工作条件很差，工人因此提出改善工作条件和保护女工与童工的权利。工人的合理要求得不到重视和满足，在巴西历史上开始出现罢工现象。这在20世纪20年代已不是什么新鲜事物。巴西第一次大罢工发生在1917年，是克雷斯皮(Crespi)织布厂工人的大罢工。罢工的地域所及已超出圣保罗和里约热内卢工业发达地区，米纳斯吉拉斯、伯南布哥、巴伊亚、巴拉那、圣卡塔琳那以及南里约格朗德等地都先后发生了罢工。1917—1921年，圣保罗州和里约热内卢州分别发生过196次和84次工人罢工。巴西共产党在工人运动的基础上于1922年成立。不同阶层的利益关系得不到协调，社会处于激荡之中。

20世纪20年代巴西社会中一个非常重要的活跃阶层是年轻军官。“20年代(1921—1930)是巴西一个非常重要的历史时期。在这10年，青年军官因不满社会而骚动，他们手持武器进行革命。”[①]这场以“尉官运动”命名的反农业寡头社会的革命行动起始于1922年，10年间相继出现多次。尉官运动所提出的要求与中产阶级的政治要求相符合。同时他们反对军界上层，认为上层军官为农业寡头统治服务。他们的斗争就是要打倒农业寡头政府，认为这样才能挽救国家。其中于1922年7月发生在里约热内卢的科巴卡巴纳城堡起义(A Revolta do Forte de Copacabana)最具影响力。随后发生的1924年圣保罗革命和普列斯特斯纵队(Coluna Prestes)长征等反政府行动，对促使巴西向现代社会转变均有重要作

---

① Francisco de Aissis Silva, *História do Brasil* (São Paulo: Ed. Moderna, 1987), p. 70.

用。20世纪20年代巴西社会的深刻变化是巴西民粹主义产生的历史渊源。

巴西社会的重要变化还明显表现在思想、文化领域。弗朗西斯科·维福特认为,“20世纪二三十年代在巴西思想史上占有特别的地位。”①当时欧洲的先进思想和观念陆续传入巴西,并对巴西社会产生重要影响。欧洲特别是英国的商品进入巴西市场,且英资在巴西建厂、修铁路,人员和观念随之到来。当时巴西上层社会家庭流行将子女送往欧洲留学。巴西因此接受了欧洲的影响。其中在军事方面,德国和法国对巴西的影响尤为强烈。前文提到的尉官运动中的年轻军官的思想即受欧洲特别是德国的影响。这些富家子弟从欧洲带回来的思想不仅传给了他们在军中的“学生”,而且对其家庭也产生重大影响,使他们产生了新的政治要求。正是在这一广阔的背景下,巴西在思想和文化领域发生了诸多变化。其中最典型的事件是包括诗人、作家、音乐家、雕塑家在内的艺术家于1922年2月的一周之内在圣保罗召开会议,史称巴西“现代艺术周”(Semana dl Arte Moderna)。这是当时巴西艺术家和知识分子的运动。这一运动所提出的思想旨在“以创造新的真正的巴西艺术的表现方法试图使民族生活和民族思想面向现代”。② 此前不久,巴西创建了第一所综合大学——里约热卢大学(曾一度更名为巴西大学)。先前被政府所禁止的民间娱乐诸如狂欢节已被允许恢复活动。1928年在里约热内卢成立了第一所桑巴学校。自此,“桑巴作为民族的风格得以流行与巩固,显示着普通群众表达中不同族群间感情与喜好所具有的亲和力。”③

三、巴西民粹主义特点

巴西的民粹主义作为治理国家的政策模式和群众表达诉求的方式始于瓦

① Francisco C. Weffort, *Formasao do PenSamento Politico Biasilliro* (São Paulo: Editora A'tila, 2006), p. 276.

② 《简明不列颠百科全书》,中国大百科全书出版社《简明不列颠百科全书》编辑部、美国不列颠百科全书公司亚洲出版物发展部编译,北京:中国大百科全书出版社,1985年,第486页。

③ Wetfort, *Forma Lao do PenSamento Politico Biasileiro*, p. 276.

加斯总统执政时期。在此后的30余年时间里，巴西民粹主义呈现出时间上的连续性和空间（地域）的集中性。在时间上经历了6届政府，这样的持续时长在世界历史上是罕见的。比如阿根廷，在庇隆时代实践民粹主义的时间也很长，尔后也再现，但它是断续的。这种时间上所表现出的特点，其根源在于巴西传统社会的统治势力根深蒂固。大地产制源于16世纪的葡萄牙殖民者所实行的分封制。400年来大农牧业主的势力扎根于地方乃至全国。从世界范围来讲，巴西的奴隶制废除最晚，而废奴后原奴隶主（农牧业主）的统治并未受根本影响。瓦加斯所代表的巴西新兴资产阶级经过革命虽掌握了国家政权，但旧势力在国家政治中仍有强大的影响力。"1930—1960年间，议会中的大部分议员为大庄园主的代表。"结果正如社会学家奥塔维奥·扬尼所说，在决定政策时议会更偏向农业社会。国家在形式上实行代议制治理，精英统治，但不能保证不改变新兴资产阶级所希望的国家发展方向。因此，国家统治者乃不得不与群众（特别是无组织的低收入群众）建立直接联系以作为政权的支撑。从另一视角考察，巴西出现连续长时间的民粹主义实践，原因还在于，瓦加斯之后的几任总统和几位卡里斯马式人物几乎全是他的追随者。瓦加斯于1945年前后建立的社会民主党（Partido Solial Democrático）和巴西工党（Poltido Trabalhlista Brasileiro），成为他理想中的总统继任者的有力推手。杜特拉就是借助上述两党的支持而当选总统的。库比契克也在社会民主党和巴西工党的支持下击败了由全国民主联盟（UDN）代表的反瓦加斯势力，当选总统。而古拉特总统自从政以来就是瓦加斯的党羽。因此，在瓦加斯之后连续几届政府实行民粹主义政策便成为可能。

巴西历史上的民粹主义实践与19世纪70年代的俄国民粹主义和美国的人民党主义之显著不同在于，它实践的舞台不同。后二者均以农村为舞台，这是由其奋斗的目标不同所致。巴西民粹主义实践的舞台在城市，而且在主要的大城市。巴西民粹主义的政策目标不是针对某一个具体问题，而是事关全局的全国性大问题。20世纪30年代之后巴西的传统社会已转型为近代社会。由大农牧庄园主主政的作为政治舞台的农村，地位已式微。随着工业的发展，工业资产阶级、金融资产阶级、工人阶级、中产阶级兴旺起来。城市，特别是东南部的大城市，成为人口聚集和成分复杂的居住之地，其中包括来自欧洲和日本的移民，以及国内自东北部贫困地区进入城市的农民。人口集中使信息便于传播，亦方便组织动员。人民群众的政治立场和利益诉求容易得到表达，因而也有利于政治领袖利用他们的愿望进行操纵。①

巴西民粹主义者的政策实施在以城市为舞台的同时，轻视了农村形势和农民作用。这不意味着当时巴西的土地与农民问题不严重。“城市快速发展的同时，农村地区的发展并未伴随之。”②农业所发生的微弱变化并未改变传统社会的基本特征。土地高度集中，无地和少地农民大量存在。庄园主之外的农村社会阶层，诸如佃农、分成农、雇工以及只有在作物收获季节有工可做的短工(boias-frias)等，不仅缺乏生存的手段，而且还要受庄园主雇用的打手以及伪证土地占有者(grileiro)的欺凌。争取生存权利的农民组织在这种形势下相继出现。诸如东北部的“农民联盟”(Ligas Camponesas)因得到巴西共产党的支持，声势比较浩大。其他还有“农民和农业劳动者协会”(Associcoes de Lavradores e Trabalhadolhas Agricolas)以及“无地农业者运动”(Movimernto dos Agricltores Sem Terra)。对于农村问题的严重性，民粹主义政策执行者并未给予重大的关切以求缓和。反之，库比契克和夸德罗斯总统在任内还镇压了农民要求土地的斗争。在这一历史时期里，只有古拉特总统提出过土改政策，但因故未能实行。上述情况发生的原因首先在于当时执政者的治国战略的第一要务是工业化。发展工业是国家当务之急。正如瓦加斯对公众所强调的，“巴西经济的最大问题是钢铁。”③其次，在民粹主义共和国时期，农村中精英即大农牧业主(庄园主)仍有相当的势力。这种情况使农村的形势在一定程度上得以维持。同时，新兴的资产阶级也不得不在一定的程度上采取与他们合作的态度以解决工业发展资金问题和稳定农村形势。“在新国家时期，工业资产阶级与土地所有者形成了联盟。”④巴西历史上一些

① Domingues and Fiusa, *História: O Brasil em foco*, p. 272.

② 同上书，第300页。

③ Koshiba and Pereira, *História do Brasil*, p. 315.

④ Domingues and Fiusa, *História: O Brasil tm foco*, p. 296.

著名的工业家、企业家、银行家,他们原本就是大庄园主。诸如罗贝托·西蒙森(Roberto Simonsen)、拉瑟达·弗朗哥(Lacerda Franco)、安东尼奥·普拉多(Antonion Prado)、卡洛斯·德利马·卡瓦尔坎迪(Carlos do Lima Cavlcanti)等,他们都是大咖啡种植园主,同时也拥有电厂、工厂、商号和银行等工商企业。

四、"民粹主义政府"的经济成就

民粹主义者善于操纵人民,将此作为工具以达到使卡里斯马式人物上台执政的目的。他们以眼前的利益蒙蔽群众使其失去长远的奋斗目标,因此可以说民粹主义不是一个"好东西"。但民粹主义政策实行的结果也不都是负面的。就巴西的情况而言,该国在民粹主义共和国时期所取得的经济成就是应当肯定的。20 世纪 30 年代是巴西近代史之开端。社会各方面发生着重要变化,巴西的进口替代工业化由此发端。但这一过程的起始并不是自觉的,国家也没有预先制订发展计划。"1930—1945 年的瓦加斯时代所采取的经济战略不是事先建立的。所实行的经济、金融政策是根据所出现的问题和当时的国内外情况推出的。"[①]尽管如此,在民粹主义共和国的长期经济发展过程中也呈现出明确的指导思想,它所建立的具体体制和制度安排,所取得的经济成就是明显的。

首先,经济民族主义是民粹主义经济政策的指导思想。美国学者肖夏娜·B. 坦塞(Shoshana B. Tancer)认为,尚未取得现代化的国家对于控制本国的自然资源和经济命运越来越警觉,它们要实现工业化,发展贸易,这一现象的特征就是经济民族主义。[②] 瓦加斯的经济民族主义更为清晰:经济解放、摆脱半殖民地式的依赖、实现工业化、领土占领和城乡一体化。[③] 他经常在公共场

① Domingues and Fiusa, *História: O Brasil tm foco*, p. 286.

② 〔美〕肖夏那·坦塞:《拉丁美洲的经济民族主义》,涂光楠等译,北京:商务印书馆,1980 年,第 8—9 页。

③ Domingues and Fiusa, *História: O Brasil em foco*, p. 286.

所演讲,宣扬民族主义。“铁、煤和石油是任何国家经济解放的支柱。”①在瓦加斯执政时期,巴西的基础工业开始建立,其目的就是摆脱对外依赖,实现国家经济独立。经济民族主义思想在库比契克总统执政时期得到进一步发挥和实践。在这一时期巴西的“民粹主义追随新的方向,民族主义成为经久不衰的口号,但更加强调联合外国资本发展本国工业。”②当时有人称,库比契克的民族主义是依附性的民族主义。但他对巴西将摆脱不发达的脚镣,成为世界大国的前景充满信心,并反复向公众演讲,对巴西普通人具有强烈的鼓舞作用。特别是他提出的要“以5年的时间干50年的活”(Cinqueta anos de progresso em cinco anos de governo)的口号广为人民接受,最终使其所制订的“发展纲要”(Progama de Metas)基本完成。当然,这一时期巴西社会中所表现出的经济民族主义,不但是自上而下的思想和行为,而且具有深厚的社会基础。最典型的例子就是“石油是我们的”(O Petroleo e'Nosso)运动所表现出的国民的民族主义精神,最终迫使议会通过法案,建立了国营巴西石油公司,对石油勘探和开采实行国家垄断。

国家经济发展所应具备的先决条件之一是国内统一市场的形成。其中瓦加斯以革命的方式使旧共和国联邦制解体,向各州派驻干预者(interventor),解除原州长,他作为卡里斯马式人物实行专制统治,在客观上使原来各州的独立状态难以为继。各州的保护关税取消,全国统一市场逐步形成。在这方面起作用的还有交通运输业发展。瓦加斯执政时期曾采购机车和车厢,对南方原有铁路进行改造,建成了连接圣保罗与贝洛奥里藏特的270公里长的公路。向荷兰购置轮船。杜特拉总统在执政时期对里约热内卢至圣保罗之间的公路实行铺石升级,同时开建里约热内卢至巴伊亚的公路。在库比契克执政时期造船和汽车工业得以建立和发展。民粹主义政府为国家经济发展所创造的另一个条件是相关体制的创建。政府建立了劳工部、工业和商业部,为劳工立法,并制订经济计划。1937年瓦加斯政府创建了“国家

① Brum, *O Desnvolvimen to Econômico Brasileiro*, p. 53.

② Domingues and Fiusa, *O História*: *O Brasil tm foco*, p. 277.

经济委员会”(Consselho da Ecommia Nacional),以搜集材料进行研究,为制订国家计划作准备。巴西第一部经济计划——“五年计划”(Plano Quinquenl)因此诞生。该计划的理想目标是建立钢铁厂,建设水电站和生产飞机,充分体现了瓦加斯的经济民族主义思想之实践。他要以本国丰富的资源进行国内生产,避免免出口原材料而进口制成品。1949 年杜特拉总统制订了“萨尔特计划”(Plano SALTE)。政府计划在 4 个重点领域进行投资,但无果而终。在民粹主义政府时期最重要的计划是库比契克总统制订的“发展纲要”。计划包括 31 个发展项目,另外还要在计划执行期间建设新首都巴西利亚。通过经济与社会机制的建立和运作,经济发展的方向、资金投向以及涉及劳动力利用的雇主与工人之间的关系得以规定和明确,经济发展在一定程度上得到了促进。

民粹主义政府时期巴西所取得的成就是多方面的。首先,建立了基础工业,并为本国能源资源的开发打下了基础。巴西最早的一座钢铁厂是建于 1925 年的、有比利时、卢森堡资本的贝尔戈-米内拉(Belgo-Mineira)钢厂,其产量有限。建立更强大的本国钢铁企业一直是瓦加斯经济发展战略中的首要目标。他于 1938 年成立了“钢铁计划执行委员会”(Comissao Executiva do Plano Sideru'rgico)。巴西巧妙地利用二战期间巴西、美国、德国的三方关系,取得了美国贷款,于 1941 年建成了“全国钢铁公司”(Companhia Sideru'rgica Nacional)。随后又相继建立了“多西河谷公司”(Companhia Vale do Rio Doce)以开采米纳斯吉拉斯州的铁矿。1943 年,巴西建立了“国家发动机厂”(Fa'brica Nacional de Motores)。在能源开发方面,除致力于本国石油资源的开发外,着重发展本国丰富的水电资源。1945 年,巴西建立了“圣弗朗西斯科水电公司”(Companhia Hidrele'trica do Sao Francisco)以开发利用保罗·阿方索瀑布的水电资源,以满足东北部的工业能源需求。库比契克总统所实行的“发展纲要”,在基础工业方面成就更为突出。

巴西执政者有以修路带动经济发展的传统。在 1930 年之前当政的华盛顿·路易斯(Washington Luis)总统曾有箴言流传至今,即“统治就是修路”(Governar e' abrir estradas)。所以在 20 世纪 30 年代之前巴西已有较长的修路历史。大规模的进行公路建设始于1808年葡萄牙王室迁入里约热内卢。史家将巴西的公路建设划分为三个时期:第一个时期是1800—1880年,第二个时期为1880—1940年,1940年之后为第三个时期。巴西民粹主义政府处于后两个时期。在这一时期所建的重要公路有里约热内卢经圣保罗至阿雷格里港公路,里约热内卢至萨尔瓦多的公路。这两条公路基本上把巴西沿海自北向南的主要城市连接起来。在库比契克政府时期,以新首都巴西利亚为中心又有圣保罗至巴西利亚,贝洛奥里藏特至巴西利亚以及贝伦至巴西利亚的公路建成。这样,全国主要城市和主要经济区域被公路连为一体。公路建设以及新首都在巴西高原上的建成,使民粹主义政府在1940年代提出"向西挺进"(Marcha para o Oeste)的口号,促进国家一体化发展在实际上向前迈进。

五、卢拉新民粹主义

2003年1月,卢拉[路易斯·依纳西奥·卢拉·德席尔瓦(Luiz Inacio Lula da Silva)]就任巴西第35任总统。就此有文称,一个工人上台时,新民粹主义在巴西开始出现。民粹主义意味着群众政治,政府将群众作为政府的基本因素。卢拉的出身、经历和具有领导才能的天赋使他可以成为一个卡里斯马式人物,由此实施民粹主义政策。

卢拉出身于东北部农村一个贫困家庭,少年时即随家迁居圣保罗,作为一名工人定居在那里。他的出身与工作经历使他与基层群众形成亲密的联系。他热心参与工人运动并担当工会领导人。军人统治的末期,在巴西,特别是在圣保罗州的"ABC"地区①,所谓的"新工会运动"(Novo sindicalismo)兴起,其斗争声势浩大。新工会运动又称"真正的工会运动"(Sindicalismo autentico)。它与以往的工会运动具有明显的差别。巴西的工会自瓦加斯时代以来基本上由政府控制,工会的活动目标和活动能力受制于政府。新工会运动冲破原来的条框,不再限于工会领导人与业主谈判解决工资提升问题。新工会

① 圣保罗地区的三个城镇,即:Santo Andre',S. Bern do Campo和Mogidas das Cruzes名称的缩写。

运动在声势浩大的罢工活动基础上成立了新的工会组织和政党。劳工党成立于 1980 年,卢拉是其创建者之一。要求军人结束统治,实现国家再民主化,是新工会运动的目的。自 1978 年起连续 3 年的大罢工对军政权形成有力的冲击。特别是 1980 年发生在圣保罗的大罢工,参加人数约 30 万,持续 41 天。在这次大罢工中,卢拉以圣贝尔纳多-杜坎普(Sao Bernardo do Campo)工会主席的身份成为罢工的领导人。由于他的组织和领导作用,军政府依据国家安全法(Lei de Seguranca Nacional)认定他破坏国家安全,将他逮捕监禁,然而却在客观上提高了他在群众中的威望。“卢拉还利用大众文化中的象征和语言表达方式同大众沟通并强化其人生经历中固有的‘人民公仆’形象。利用类似的方式,他将自己打造成一位‘慈父’,对待自己的孩子包容而公正,特别关心穷孩子。批评者从中看到了一种退化的民众主义(民粹主义),使人民处于一种幼稚而屈从的地位。然而,卢拉总统的辞令却深受广大公众的喜爱,特别是穷人和那些没有充分享有公众权利的人群。”①

新民粹主义的指导思想包含在卢拉主义(Luismo)中,所谓卢拉主义是卢拉政府发言人、政治学家安德雷·辛格(Andre'Singer)对卢拉的治国理念和民粹主义策略的概括。卢拉主义的核心是使针对基层群众的民粹主义政策不与资本主义发生对抗,是作为卡里斯马式人物的卢拉同巴西社会广大保守部门寻求合作之路。卢拉这一思想是在实践中经过挫折而确立的。2001 年 12 月劳工党在其第 12 次全国代表大会上曾发表文件,声称与“新自由主义模式”绝裂。1989 年、1994 年和 1998 年卢拉连续 3 次参加总统大选均以失败而告终。其中原因之一是他选择的副手均是左派人士。在 2002 年的大选中,他改变了策略。当年他发表《告巴西人民书》(Carta ao Povo Brasileiro),其中心思想是安抚国内外资产阶级。他选择米纳斯吉拉斯州大纺织企业家若泽·阿伦卡尔(Jose'Alencar)作他的搭档,最终胜选。卢拉当选总统后放弃了劳工党的某些主张,不拒绝同非左翼政党联盟。上台之前他极力反对前总统费尔南多·

① 〔巴西〕鲍里斯·福斯托,塞尔吉奥·福斯托:《巴西史》,郭存海译,上海:东方出版中心,2018 年,第 336 页。

恩里克·卡多佐(Fernado Henrique Cardoso)所实行的新自由主义经济政策。上台之后,至少是头几年,他不能不延续卡多佐的经济政策。他把分配政策与前任政府的经济政策结合起来。与此同时,他以安抚的手法压制社会组织的反体制运动的势头。卢拉执政时,无地农民运动(MST)被驯服,它的智囊和领袖若奥·斯特迪莱(Joao Pedro Agustini Stedile)变成了一个"听话的孩子"。由此可见,卢拉主义就是一项保守的社会契约。

卢拉的新民粹主义是政治战略。但同所有的民粹主义一样,民粹主义的基础是分配政策或赠予许诺。2003年执政伊始。卢拉政府即颁布"零饥饿计划"(Fome Zero)。这项计划是针对当时4400万穷人的,是一种收入转移计划。联邦政府通过该计划按月付给贫困家庭现金。他此后又将其他类似扶贫计划,诸如学校津贴(Bolsa Escola)、粮食津贴(Bolsa Alimentasao)、食品卡(Cartao Alimontacao)、燃气补助(Auxilio Gas)等与零饥饿计划统一为家庭津贴(Bolsa Familia)。卢拉的社会计划的实施取得了一定的成果,使穷人的生活得到改善。因此得到基层群众,特别是东北部穷人的广泛支持。这项政策被学者称为"庞大而雄心勃勃的计划",为卢拉政府打下了一定的政治基础,东北部成为劳工党的票仓。该政策使"财政收入提供的更多资源大部分被引向社会领域,这表明了一种清晰的政治优先倾向。"①战后以来,之前多届政府所实行的经济发展主义,所奉行的做大"馅饼"而后再分配的理论,在卢拉政府期间被学者称为"社会发展主义"(Desenvolimen tismo Social)。但与此同时,经济发展并未取得与分配政策相匹配的成就,因此,指称卢拉的社会政策是要实现一定的民粹主义目的不无理由。从方法论方面而言,它"授人鱼而非渔",所以不能从根本上增强穷人的"造血功能"。因此,卢拉所开创的社会计划一直为人诟病。

作者简介:张宝宇,中国社会科学院拉丁美洲研究所研究员。

---

① 鲍里斯·福斯托,塞尔吉奥·福斯托:《巴西史》,第333页。

从区域与国别研究认识“民粹主义”

胡　莉

摘要：本文依据北京大学区域与国别研究院举办的19场学术会议报告，分析了学者们对全球范围内出现的民粹主义的认识。由于目前的民粹主义是一个兼具国别性、地区性、世界性的现象，本文选取区域国别研究视角，述评民粹主义的概念与特征、欧洲右翼民粹主义与拉美左翼民粹主义产生的根源、民粹主义与民主的关系以及民粹主义的影响。

关键词：区域国别研究　民粹主义　民主

北京大学区域与国别研究院(IAS)在从2018年4月12日正式成立至年底的八个月内，共举办各种形式的学术研讨会19场，包括大型学术研讨会“天下论坛”2期，常规性学术研讨“博雅工作坊”16期，以研究生为主体的学术研讨“新芽沙龙”1期。这19场学术研讨涉及世界多个区域和国家，虽然主题不同，但均不同程度涉及当前国际上普遍出现的民粹主义现象及其背后的民粹主义问题，使得民粹主义成为2018年北大区域国别研究的关键词，也在一定程度上成为国内外区域国别研究的一个风向标。

引　言

一般而言，19世纪后半叶出现于俄国的“民粹派”与美国的“人民党”，被认为是最早的民粹主义者。自此开始，民粹主义成为一个跨越特定国别与地区的现象,在世界范围内出现,包括欧洲、美洲的许多国家和亚洲、非洲的部分国家。民粹主义也成为一个间歇性发作的现象,重复出现在不同历史时期,其中最易识别的是20世纪三四十年代的一波浪潮,最近的则是20世纪末至今的一波。民粹主义也时常带来一些重大影响,例如政权更迭、制度变革以及程度不等的冲突和战争。

自民粹主义产生以来的一百多年里,政治学、历史学、哲学、法学、国际关系学、公共政策管理学以及传媒学等各个学科的学者们,已经对民粹主义做了许多理论、现实和个案探讨。然而,对于这样一个具有时空张力,可以产生直接政治与社会后果的现象,却很难从单个学科或具体个案中看清楚。例如,研究当前美国的"右翼"民粹主义(有人认为特朗普不在传统的左右政治光谱划分中),如果仅从政治学视角分析,就很难看到它的历史性根源,仅从公共政策层面分析,则又很难看到其本质。研究意大利的右翼民粹主义,如果不对比法国、西班牙、德国的民粹主义,就很难看到全貌。如果不对比拉丁美洲的左翼民粹主义,则更难准确认识民粹主义的普遍性与差异性。而要某位学者进行综合性研究,他可能又缺乏跨学科背景。

这使得从区域与国别研究中认识民粹主义,成为一种可能更为有效的方式,因为民粹主义的复杂特性正好符合区域与国别的综合性与专业性相结合的研究定位。2018年4月12日,在北京大学区域与国别研究院(以下简称"区研院")揭牌仪式上,首任院长钱乘旦教授指出,区域与国别研究旨在打破现有的学科界限,整合各个学科的优势,研究世界范围内所有国家与地区的政治、经济、社会、文化等各个方面,聚焦重点国家、地区和重大问题,为我们认识世界构造全方位的知识体系。区域与国别研究具有综合性与专业性相结合的特点,既以打破学科界限的宽阔的知识为基础,又在此基础上展开专业性研究,从而对某一个现象或问题形成全面、深刻的认识。有鉴于此,本文尝试从区域与国别研究的视角,对区研院成立以来举办的一系列有关新一波民粹主义现象的研讨予以综述,从而对新一波民粹主义现象提供一个最初步的全方位认识。

一、什么是"民粹主义"

在过去一百多年有关民粹主义的研究中,最富争议的问题是,"什么是民粹主义?”学术界至今对此问题也没有达成一致看法。而在中国学术界,分歧首先产生于,应该将“populism”一词译作“民粹主义”还是“民众主义”? 整体看区研院举办的民粹主义系列研讨,研究欧洲与美国的学者,几乎无一例外地使用了“民粹主义”。而据中国社会科学院荣誉学部委员徐世澄先生介绍,研究拉美的学者则长期使用“民众主义”,但近几年也开始使用“民粹主义”。出现这一情况的主要原因是,民粹主义在中文中是一个贬义词,比较适合描述欧美的“populism”,但不太符合拉美的情况。例如,中国法国史研究会会长沈坚先生指出,在法语中,民粹主义往往是一个贬义词,等同于古希腊时期的“政治煽动家”(Demagogue),法国人经常将“坏的”归入民粹主义,包括布朗热主义与布热德运动,但不包括法国大革命等。南开大学历史学院教授韩琦则指出,“民众主义”与“民粹主义”在产生时间、领导阶级、理论基础、政治目标以及影响五个方面存在差异,尤其是在影响方面,民粹主义往往带有“空想”特征或产生负面影响,而拉美的民众主义则在历史进程中发挥着某种积极作用,因此拉美学界倾向于使用民众主义。不过,原北京大学拉美研究中心主任林被甸先生建议,拉美当前的形势已经和过去不一样,不应排除使用民粹主义的可能。中国社会科学院拉丁美洲所教授张森根则指出,中国拉美学界最近讨论过“populism”的译法,倾向于使用“民粹主义”,其中包括温和的与激进的,民众主义被归入温和的民粹主义。由于这只是从“populism”的影响层面进行的译法选取,并未从该词本身的特点进行解释,因而也未被完全接受。中国社会科学院拉丁美洲研究所副研究员谭道明就坚持认为,“populism”应该译作“民粹主义”,因为“民粹主义”既包括精英的力量,也包括民众的力量,更符合民粹主义的本质,而民众主义则只看到了民众的力量。

那么,民粹主义的本质是什么? 早在1967年,伦敦政治经济学院曾举办过一次关于民粹主义的国际学术会议,试图对民粹主义形成共同的概念,结果却发现无法实现。在2018年北大区研院举办的民粹主义系列研讨中,国内外学者仍然在尝试回答1967年时提出的问题。① 回答虽然不尽一致,但基本形

① “如果民粹主义可以作为一个统一的现象来认识,那么民粹主义能否被认为是一种思想,一种由相似条件产生的、反复发生的、政治性的、反对性(反资本主义、反城市化、反闪米特人)的心理,一种亲人民的现象,或者一种被社会主义、民族主义和农民主义所接受的心态。”转引自,〔英〕保罗·塔格特:《民粹主义》,袁明旭译,长春:吉林人民出版社,2005年,第20页。

成了两个重要认识。

第一个认识集中在“民粹主义是什么和不是什么”。从华东师范大学青年研究员马华灵的介绍看,西方学术界最有影响力的民粹主义定义有四种:民粹主义是一种意识形态(代表人物卡斯·穆德),是一种政治话语(代表人物厄内斯特·拉克劳),是一种政治策略(代表人物卡特·魏兰德),是一种社会文化(皮埃尔·奥斯蒂盖)。据此,民粹主义可以被看作上述四种定义的任何一种或某几种的组合或全部,但反过来,民粹主义也就什么都不是了,只是一个宽泛而空洞的概念。例如,中国社会科学院拉丁美洲所研究员张宝宇倾向于认为,民粹主义是一种政治策略、政治风格、政治行为,精英用其统治民众以实现自己的目的,民众借此表达自己的不满。南开大学历史学院教授董国辉表示,民粹主义在起源上是一种策略,一种运动,但发展到一定阶段后会形成自己的理论。谭道明指出,民粹主义不是运动、不是意识形态,也不是政策,而是所有这些。北京大学历史学系教授董经胜认为,民粹主义只是一种分析范式,不具有除此之外的其他意义。在这一点上,学者们相对比较同意英国学者保罗·塔格特提出的“空心化”说法,即民粹主义没有一个核心的价值,民粹主义适用于各种不同的政治立场,“民粹主义的本来位置是作为一个形容词依附于其他意识形态之上,以此填充自身的空洞无物。”①这就解释了,民粹主义什么都是,但又什么都不是。

第二个认识集中在民粹主义的共同特征。尽管学者们对“民粹主义是什么”难以形成实质性的概念而不得不用“空心化”来描述,但学者们总结了民粹主义现象之间的共同特征,否则,“什么是民粹主义”这个问题将不再存在。整体看区研院的研讨,中外学者们普遍接受:所有的民粹主义都将社会划分为两大对立的阵营,一个是“纯净的人民”,另一个是“腐化的精英”,由此产生纯净的人民批判腐化的精英和反对现行体制的共同现象。然而,这些特征涵盖的范围似乎过于宽泛,容易让人们将民主制度中的常规反对党、他们所代表的人民及其愿望也看作民粹主义,还容易让人们将某些革命事件也看作民粹主义,

---

① 保罗·塔格特:《民粹主义》,第5页。

从而丧失了总结民粹主义共同特征的意义。在这一关键点上，国际著名政治学家、普林斯顿大学杨-维尔纳·穆勒教授作出了更为细致的分析。穆勒在区研院的发言主要基于他的《什么是民粹主义》一书的内容。穆勒指出，理解民粹的关键不是某种模糊的“反建制”，批评现有制度和当权精英并不危险，理解民粹的关键在于它的“反多元主义”特质。其表现在两个方面，一是政党层面，民粹主义者认为只有自己代表人民，这就在道德层面排除了其他政党的合法性；二是人民层面，民粹主义者认为只有自己代表“真正的人民”，这就将不被民粹主义者认定为“人民”的民众排除在“人民”之外，从而为其相关政策提供了“合法性”。

此外，民粹主义现象还往往与“强人政治”关联，民粹主义运动经常由自诩代表真正的人民的魅力领袖领导，也使用非常规的动员途径。例如特朗普经常使用推特。民粹主义者不计较自己说的事实是不是真的，只计较这个事实是不是能够煽动群众，并将责任全部推到他者身上，因为他者不是“人民”。

二、民粹主义产生的根源

一定程度上，民粹主义概念的难以界定，源于民粹主义产生的根源的多样性，不同历史时期出现的民粹主义有不同的根源，不同地区出现的民粹主义也有不同的根源。不同的根源决定着民粹主义这一“空心化”的主义将与哪一种具有实质内容的思想、意识形态或力量结合，并表现出相应的特征、朝相应的方向发展。尽管学术界基本认可，民粹主义产生的一般性根源在于社会、经济、政治出现了危机，但这种认可的意义并不大，这只是一个被普遍承认的前提。学界也基本认可，“人民”在政治话语中地位的上升是民粹主义产生的一个共同根源，但这只是一个工具性原因，它可以被使用，也可以不被使用。林被甸教授曾形象地说：各地的民粹主义同时发生，如同背后有一个人在集中指挥一样，一声令下，集体发作。“背后的那个人”才是需要被深入挖掘的对象，但在得出一个共同性原因之前，首先需要分析各个类型的民粹主义产生的具体原因。

(一)欧洲右翼民粹主义出现的原因

这一问题包含两个层面:第一,为什么欧洲的右翼与极右翼势力上升?第二,为什么(极)右翼与民粹主义结合?这两点也可以合在一起解释。北京大学欧洲研究中心主任李强教授指出:近代以来的政治理念和政治原则发生了一个最深刻的变革,基于个人利益而形成的不同阶层或阶级的利益政治,转向基于个人身份认同而形成的认同政治;随此而来的是,左翼势力衰落,因为其立足的利益政治及其口号已经失灵,右翼势力的影响则日益上升。认同政治推动了民族主义、种族主义、宗教极端主义等形式的右翼思潮的复发。基于认同政治的右翼思潮,在欧洲缺乏物质动力与精神动力的时代,能够对抗全球化带来的文化冲击,保护自身的制度与文化,从而成为有效的社会动员话语。这使得(极)右翼势力可以吸引到那些在全球化过程中产生强烈被剥夺感的中下层民众,这些人不满于当权精英、制度。由此,(极)右翼与民粹主义结合,在欧洲兴起。

上述原因其实指向了一对更深层次的矛盾,这就是民族国家与全球化、欧洲一体化的矛盾。关于这一点,德国爱尔兰根大学政治系教授于尔根·格布哈特的发言有更具体的说明。他指出:人们低估了民粹主义的“民族”面向,这比民粹主义者要求的“直接民主”(例如全民公决等)更加重要,因为后者不仅出现在欧盟国家内,也出现在其他国家,不仅是民粹主义政党的诉求,也是其他主流政党的做法。而“民族”是现代国家形成的根基,欧盟只是一个国家联合体,当欧盟遇到危机时,人们首先会回归自己的民族国家以寻求保护,这是民粹主义政党成功的原因。格布哈特还认为,在脱离苏联后加入欧盟的中东欧国家,首先着重于重新确认自己的民族主权,这也加重了欧盟中民族国家的离心力。中国社科院欧洲研究所研究员孔田平也指出,波兰与匈牙利现在强调的都是国家、民族、家庭以及爱国主义,反对共产主义、国际主义,也反对欧盟对成员国内政的过度干涉。此外,还有几位年轻学者从当前流行的解释理论、文化冲突、选举数据等角度,解析了欧洲右翼民粹主义兴起的原因,也基本将原因指向了上述根源。

(二) 美国右翼民粹主义兴起的原因

一定程度上,欧洲右翼兴起与美国右翼兴起的根源具有相似性,例如,利益政治转向认同政治,对传统文化的回归。但在美国,这些根源还有其独特之处。清华大学政治学系副教授刘瑜认为:不平等与全球化并不能完全解释右翼民粹主义势头的抬升,美国民众并没有产生对全球化的普遍怨恨,贫富差距虽然扩大了,但美国人对贫富差距的不满意度却在缩小。事实上,20世纪60年代开始的“权利革命”才是症结所在,在这一过程中,权利的主体从白人男性向少数族裔、女性、儿童、移民甚至动物扩散,权利的范围也不断扩大,从政治权利向经济权利、高等教育权利等扩展。权利革命造成自由主义、左翼、民主党“节节胜利”,保守主义、右翼、共和党出现“受围心态”。以特朗普为代表的白人男子感觉“自己成为了主流文化的陌生人”,共和党人产生了一种“乡愁”,他们想回到白人男子占主导的社会,从而导致右翼民粹主义的崛起。因此,以特朗普上台为表征的右翼民粹主义,在很大程度上是对美国左翼自由派在长线历史中地位不断上升的一种反弹。相应地,北京大学历史学系教授王立新也指出,从外交方面来看,长期主导美国对外政策的自由国际主义的失效和挫败,为特朗普代表的右翼民粹主义的兴起提供了条件。不过,也有学者提出了不同的看法,北京大学国际关系学院教授朱文莉指出,很难用传统的左右政治划分界定特朗普,或许可以称之为“富豪民粹”,但这只是特朗普通过将自身明星化而形成的一种“假民粹”,是在压制真正的民粹。至于其兴起的原因,钱乘旦教授推测,这很可能与苏联解体后资本主义的对立面消失有关,强烈的贫富分化促使人们去寻找一种新的解决途径,在艰难的寻找中找到了“富豪民粹”的道路。

(三) 拉美左翼民粹主义产生的根源

拉美地区一向是民粹主义活跃的地区,且主要是左翼民粹主义,但近年来也出现了“左退右进”的迹象。在拉美,为什么是左翼占主导、左翼为什么会与民粹主义结合?大部分学者认可的因素包括:(1)贫富分化或贫困问题是拉美地区最突出的问题,它使得注重社会公正、更加注重合理分配财富的左翼更有发展空间。谭道明分析说,拉美的民粹向左走,美国的民粹向右走,其中一个原因就是两个社会的主要矛盾不一样,美国没有解决好种族问题,拉美则是阶级冲突,美国的问题在政治层面,拉美的问题在经济层面。(2)浙江大学法学院教授夏立安指出,拉美地区在独立以后,长期由右翼把持政坛,这是左翼民粹主义兴起的政治根源。(3)在拉美现代化转型过程中,出现了一批经济处境堪忧、没有政治权利的群体,包括农民、移民、工人等,他们是民粹主义者依赖的基础。董国辉在谈到阿根廷早期现代化与民粹主义时,尤其强调了没有政治权利的移民的因素。(4)张森根指出,拉美地区一直没有处理好经济发展与公平正义的关系。林被甸认为这使得民粹主义成为一种不断被使用的解决途径。(5)20世纪80年代以来新自由主义改革带来很多弊端。徐世澄就指出,厄瓜多尔的科雷亚上台时公开声明"新自由主义的漫漫长夜应该终结了"。南开大学历史学院教授王萍也指出,玻利维亚的民粹主义反对的就是新自由主义。董经胜总结说,21世纪拉美民粹主义的特征之一就是对新自由主义的攻击。此外,董经胜还指出,21世纪拉美民粹主义的抬升还源于人们的反全球化情感,因为民粹主义通常倾向于从民族国家的角度来构建一种"人民"的概念,这种抬升也源于主流政党在意识形态上的趋同。至于民粹主义为何会集体发作,他认为从大众心理和大众传媒角度看,民粹主义具有"示范性"。夏立安以阿根廷的庇隆主义为例,提出了左翼民粹主义产生的两大思想根源,即天主教的社会治理思想和法国公法学家狄骥的思想(财产权神圣不可侵犯是错误的,财产应该负有社会义务),法律对社会的影响不比政治与经济的影响低。

三、民粹主义与民主的关系

探讨民粹主义与民主的关系的重要意义,不仅在于这一波民粹主义现象主要发生在代议制民主国家,其被看作是代议制民主出现了危机所致,也被看作是对民主制的威胁抑或催生某种解决之途,还在于民粹主义与民主在理念上的“纠缠不清”，在制度上的“相互纠葛”，这直接涉及民主制本身的理念、制度设计及其与人类社会的关系。从区研院民粹主义系列研讨看，学者们大致持有两种看法，一种是民主与民粹主义在本质上无差别，另一种是民主与民粹主义并非一物。出现这种差别的原因在于，学者们看待民主的角度、方式不同，参照后的结果自然也不同。

北京大学欧洲研究中心主任李强教授认为：民主无论作为一种制度抑或一种观念，均源于古希腊，其含义是人民的统治。近代以来形成的民主制度既体现了古典民主的理念，也容纳了诸多非民主甚至反民主的成分，包括精英主义成分、自由主义成分、宪政因素。但在理念上，至少从托克维尔起，以美国为代表的制度就被简单概括为西方民主制度，其在二战结束后的政治话语中十分流行，强调在民主国家中人民的广泛政治参与，还鼓吹非民主国家的民主转型，由此产生了一种民主原教旨主义。这样的民主原教旨主义与民粹主义无实质差别，因为民粹主义的实质是追求纯粹意义上的民主，拒绝现代民主的精英主义、自由主义、宪政主义因素。换言之，民主原教旨主义使得民主与民粹主义看上去无差别。因此，或许应该重新思考民主理论及其制度结构，在承认民主作为现代政治核心价值的同时，防止其走入原教旨主义，以创新民主理论的方式直面民主面临的挑战。

与此相对，如果将民主制度看作包含了非民主因素的代议制自由民主（这也是广泛存在于实践中的民主制），则将得出民主与民粹主义并非一物的看法。例如，杨-维尔纳·穆勒基于他对民粹主义的分析，认为民粹主义不是民主，因为民粹主义者认为只有自己代表真正的人民，而民主则是多元主义的。英国埃克赛特大学政治学系教授达里奥·卡斯蒂里欧尼指出，至少自二战结束以后，代议制民主才是西方民主制的主流，其合法性在于人民主权原则、有限政府以及依法统治原则的结合，代表们的权力源于人民，人民将权力转移给代表。只不过这种转移的内容与程度是不甚清晰的，而民粹主义者要求的是直接民主。马华灵在列举民粹主义与民主的五大区别时，也将代议制自由民主作为参考系。这五大差别包括：民主制内部是不同利益集团间的竞争关系，民粹主义则表现了人民与敌人之间的敌对关系；随此，民主主张多元主义，民粹反对多元主义;民粹主义政治常常要求直接民主或另类间接民主,而民主政治则坚持间接民主;民粹主义反对自由主义,而民主支持自由主义;民粹主义反对程序正义,而民主坚持程序正义。此外,澳大利亚格里菲斯大学治理与公共政策中心主任海格・帕特潘教授认为,民粹主义不是民主,民粹产生于民主制的弱点,现代民粹主义者的惯常做法是使用醒目的、夸张的、容易引起分歧的修辞言语,夸大自己,目的是扩大自己的权力与地位,这如同古典时期的政治鼓动家。不同的是,民粹主义者因受到制度与法律约束,比古典时期鼓动家的力量更弱小,但也因被赋予现代性武器(人民、民主、民族等话语体系、大众传媒)而比鼓动家危害更大。

可以说,民主制中的自由主义和代议制特点,与民粹主义的反多元主义和对直接民主的追求,构成鲜明对比。如果认为民主制的缺陷导致了民粹主义的出现,那么这个缺陷指的就是自由主义和代议制,后者是一种精英式的间接民主。因此,北京大学政府管理学院副教授段德敏指出:要真正理解民粹主义,特别是民主与民粹主义的区别,必须突出“政治”这一维度。在这一维度下,尽管二者都以人民主权为基础性原则,但民主指向一种开放、多元的政治生活,而民粹则指向封闭的、否定内在分化的政治生活。更重要的是,应该从民粹主义的角度重新理解现代民主,因为代议制自由主义民主并没有很好地解决身份认同、个人的政治参与等问题。或许可以尝试以一种社群主义和共和主义的态度来看待政治,建立一系列共同价值和传统,促进有效的公共讨论和对话,但这并非意味着要在民主国家的政治实践中放弃自由主义,而只是要超越个人主义、超越基于利益的多元主义。

的确,如今已经出现了“非自由民主制”实践。孔田平指出:1990年以后,中东欧国家曾将自由民主奉为圭臬,而2010年欧尔班领导的青民盟在匈牙利执政后,对民主的再思考已经开始了。波兰的卡钦斯基与匈牙利的欧尔班已经偏离自由民主的轨道,实行“非自由民主”。其核心是民主不必然是自由的,它并非拒绝自由主义的基本原则,而是不使这一思想成为国家组织的中心因素。中国社会科学院俄罗斯东欧中亚研究所副研究员徐刚指出,中东欧的民粹主义并不反对民主,而是反对自由主义,新民粹主义政党的兴起并不是对民主巩固的侵蚀，相反，它恰恰表明中东欧国家仍处于向巩固民主迈进的阶段。

四、民粹主义的影响

无论关注民粹主义的学者或普通人，是基于何种目的、通过何种方式、选择何种视角，了解与研究民粹主义，他们最终关心的问题是，民粹主义会带来什么样的影响。由于民粹主义的确是一个具有某些共同特征的世界性现象，因此，无论民粹主义与何种具有实质内容的意识形态或政治力量结合，都会产生一些共同的结果。一般来说，民粹主义者上台或者其政策被建制派精英吸纳，会带来强人政治、对现有制度的改革、经济政策的重大变化、外交政策的重大变化、民族/种族/阶级/国家间关系的新变化。不过，由于各个国家的政治、经济、社会背景不同，他们所处的历史发展阶段不同，这些结果可能产生的正面或负面影响也不同。

就当前欧洲右翼民粹主义的影响而言，学者们主要关注以下两个方面。

其一，民粹主义对民主制的威胁。历史上，民粹主义曾导致法西斯上台，这一恶果使得人们对民粹主义十分敏感。这一波民粹主义也不例外。尽管民粹主义看上去有某种“纠正”现代民主制弊端的作用，但从区研院民粹系列研讨看，大部分学者认为，虽然这一波民粹主义不太可能带来20世纪二三十年代的恶果，但仍应保持高度警觉。意大利佛罗伦萨大学政治学教授马尔科·塔奇指出：将民粹等同于极右翼，甚至说二者合起来就是法西斯，是不合适的，因为极右翼与民粹并不是一回事。二者的差别是关键性的，具体包括：民粹主义概念中的人民是同质化、抽象化的，极右翼概念中的则是精英与大众；民粹主义主张的民主是理想型的（直接），极右翼则是实践型的（间接）；民粹主义者眼中的国家是在人民之下的，极右翼则认为国家高于人民与民族；民粹主义者眼中的社会是人们生活的相对自治的场域，极右翼认为社会应该由国家领导，等等。这样的区分似乎是在说明极右翼与民粹不太可能合流，因为他们在最关键的问题上都不一致，然而，理论层面的区分似乎并不能说明正在发生的事。对此,穆勒指出:右翼民粹主义能否成功,取决于建制派是否会与其合流。英国独立党鼓吹的脱欧,如果没有保守党支持,是不可能向前推进的;特朗普如果没有加入共和党,也不可能当选。在一些国家,即便民粹主义者本身没有当选,他们的政策也正在被主流政党吸收。因此,欧洲民主制的稳定取决于右翼势力,正是右翼曾在20世纪二三十年代与民粹主义、极权主义甚至法西斯合流,导致了民主制的死亡;战后的右翼在吸取教训后坚守着民主制的规则,如今的民粹主义也不是法西斯,但我们应该制止那些正在向民粹主义妥协甚至复制其做法的精英。进一步说,或许更应该研究的是,为什么一些右翼转变了以及如何转变了他们的立场,如果他们不是20世纪二三十年代的保守派,那么他们是什么。

其二,民粹主义对欧盟的影响。欧洲右翼民粹主义的一个鲜明特征是对欧盟不满,甚至认为应该脱离欧盟,这使得一度被认为似乎可以超越民族国家的欧洲一体化进程充满了变数。北京大学区域与国别研究院院长钱乘旦教授指出,欧盟本是为缓解法德矛盾而建,不至于涉及整个西欧,欧盟也没有超越民族国家,否则就应该在加泰罗尼亚公投事件上支持加泰。因为加泰只是离开了西班牙而没有离开欧洲,这也说明欧盟已经公开承认西班牙是主权独立的民族国家。既然如此,右翼民粹主义的主张是否就具有合理性?也正如中国国际问题研究院欧洲所所长崔洪建研究员所问,欧洲民粹主义是一种解决方案还是政治退化?格布哈特认为,民粹主义不是解决方案,其会损害欧洲的统一,威胁欧洲在多极世界中的地位,如果欧盟解体了,西欧单个国家将很难在民族国家的世界中占据重要地位。中国现代国际关系研究院副院长冯仲平研究员指出:民粹主义者的主要诉求是强化国家主权,传统政党对当前欧盟的许多问题苦无良策,这使得民粹主义不太可能是昙花一现式的存在,但由于民粹主义善于发现问题而非解决问题,因此,即便他们上台执政,也会采取一种务实的态度,不会立即兑现脱离欧盟的主张,这样来看,欧盟也许会发生变化,但不至于解体。不过,从孔田平研究员的分析看,中东欧国家与欧盟的关系吃紧,存在“民主与法治之争”、“难民问题应对”以及“欧盟未来之争”等多重根本原则与利益冲突,尤其是在“自由民主”与“非自由民主”层面,前者被认为是自由主义，后者被认为是现实主义，而目前到了双方摊牌阶段，无论结果如何，都将对欧洲一体化的未来产生重大影响。

此外，一些发言者还从国别案例层面分析了右翼民粹主义可能带来的影响。例如，中国人民大学国际关系学院教授王英津分析了加泰罗尼亚公投的始末及经验启示，中国社会科学院亚太与全球战略研究院助理研究员李永强解读了新保守主义回潮下波兰的对外战略，中国海洋大学政治学系副教授弓联兵分析了匈牙利民粹主义政党对“一带一路”建设带来的机遇与挑战。另外，重庆大学人文社会科学高等研究院副教授钟准还从政党制度层面分析了民粹主义政党对外交政策可能带来的影响。

相比学者们对欧洲右翼民粹主义持有的批判态度，拉美左翼的民粹主义并没有遭到学者们的一致否定，其(仍然是在民众主义的术语中讨论的)有积极的一面，当然也有非常负面的作用。拉美学界比较认同民粹主义是拉美现代化转型过程中的伴随物，在无其他途径进行转型时，民粹主义就成为一种有效的方式，卡里斯马式的领袖以其激进的主义与政策，通过动员人民群众、反对当权精英，达到制度改革与经济改革的目的。这尤其体现在拉美早期的民粹主义实践中。林被甸教授指出，拉美国家在政治与经济领域取得的许多成就都离不开民粹主义。20世纪中前叶的一波民粹主义运动，在促进民主制建设方面发挥了重要作用。不过，拉美左翼民粹主义带来的负面影响也不容小觑。尽管它在促进社会公正方面发挥了重要作用，但当社会公正与效率问题没有解决好时，经济领域的问题就会非常突出。夏立安强调，左翼民粹主义的一个特征是非常重视财富的再分配政策，这是他们上台的原因——通过向民众许诺更多的公正与平等——也是他们下台的原因，因为大量财富被用于分配，没有带动经济的发展。因此，民粹的负面作用主要存在于经济领域。此外，由于拉美一些国家民主与法制建设不够稳健，民粹主义也容易侵害政治制度的良性发展。整体来看，拉美左翼民粹主义的影响似乎偏向利大于弊。但钱乘旦教授指出，学者们对那些失败的左翼民粹主义及其产生的负面影响的分析并不充分，因而有可能影响到对左翼民粹作用的全面认识，这还需要进一步的研究。

结　语

综合历史学、政治学、国际关系学、法学等各个学科的学者们对欧洲与美洲主要国家的民粹主义现象的研讨,我们或许可以对当前的民粹主义总结出以下几点认识。

当前各地区民粹主义现象出现的具体原因并不相同,但也有一些共同因素。它们包括:利益政治转向认同政治,这个因素在欧洲与美国更明显;贫富分化问题严重,拉美民众对贫富分化的不满意度可能更高;全球化带来的影响在欧洲与美国主要凸显在文化层面,在拉美则是经济层面;对现有精英与体制的不满,该因素在欧洲与美国比较"新";左翼力量与右翼力量的失衡;现实层面的间接民主与理想层面的直接民主;过去半个世纪,传统的左翼与右翼政党在意识形态上越来越趋同,均偏向采取中间立场;新自由主义带来的其他政治、经济、社会与文化问题。

左翼民粹主义与右翼民粹主义的共同点在于:强人甚至魅力领袖以激进的口号、特殊的动员方式激活并放大中下层民众的不满,对当权的精英阶层、他们所控制的制度和制定的政策进行批判与反对,挑战现有制度。左翼民粹主义与右翼民粹主义的根本差别在于:左翼民粹主义将问题归于经济层面,提出的政策往往重视公平与财富的再分配,右翼民粹主义承认经济不平等的合理性,将问题归于文化与政治层面,往往以文化或政治口号(民族、宗教、种族)动员民众。因此,右翼民粹主义带来的挑战,更多的是不同民族、种族、宗教、文化、国家间的冲突,影响超越本国。左翼民粹主义带来的挑战,更多的是贫富阶层间的冲突,范围可能主要是在国内。传统意义上的左翼与右翼之间有着比较明显的界限,但目前的左翼与右翼因为"民粹主义"这一共同性而有吸收彼此口号的可能。

尽管本文基于区研院举办的民粹系列研讨,对当前各地区出现的民粹现象做了综合性概括,但这只是非常初步的认识。无论是从区研院民粹系列研讨看,还是从现有关于民粹主义现象的大量研究看,一些根本问题仍然是不甚清楚的。例如，过去半个世纪，出现民粹主义的国家的社会结构发生了什么样的变化，它更容易滋生什么性质、什么类型的政治力量的成长，这些政治力量是否有可能突破当前政治与文化共识的约束？再如，当前的右翼到底是什么？他们与极右翼主义者有什么区别，与民粹主义者有什么区别？三者之间的关系又是什么？这些还需要进一步研究。

作者简介：胡莉，北京大学区域与国别研究院博雅博士后。

当代全球恐怖活动浪潮各阶段的组织能量聚合及其动荡条件

张金平

摘要：恐怖主义在世界历史上表现为不同时代的重大活动浪潮而非抽象的概念，每个时代性的恐怖活动浪潮都有其产生、膨胀、衰败的演变过程，当代恐怖活动浪潮的演变已经历了三个重大阶段。决定恐怖活动浪潮演变的关键是恐怖势力的“组织能量”。本文着力分析当代恐怖活动全球化三个阶段中组织能量聚合及其动荡的环境条件，试图以此认识当代全球恐怖主义浪潮的动力变化、承继发展和利弊条件，推演当代恐怖活动浪潮走向衰败所必需的条件，为反恐工作和国际合作提供参考性思考。

关键词：恐怖活动浪潮　组织能量　动荡环境

当代恐怖主义活动浪潮的全球化，在广度、深度上都是空前的，它在三个主要阶段的活动基础是恐怖势力的组织能量，其组织能量及聚合在每个阶段有阶段特征性的重大变化，变化的主要环境条件是社会动荡。

一、当代恐怖主义活动浪潮的特征及其全球化的三个阶段

恐怖主义现象在世界历史中是由来已久的。恐怖主义的表现在世界历史中的任何时期都是具体的，具体为某一波恐怖活动浪潮。当代恐怖活动浪潮，

指的是自20世纪70年代起到现在、经历了三个阶段全球化的恐怖活动浪潮，当代恐怖主义全球化是中东恐怖势力及其活动的全球化，也体现为中东恐怖势力与世界各地恐怖势力的汇合与协同行动，这一波恐怖浪潮被恐怖势力和当代一些声音解读为“两个世界的战争”，[①]这种对立性的解读也是当代恐怖活动全球化的一种表现。

（一）恐怖主义对世界历史的影响表现为恐怖活动浪潮

历史上每一波重大恐怖活动浪潮是恐怖主义的具体体现。没有恐怖活动浪潮，就没有恐怖主义的重大历史影响，就没有恐怖主义的历史存在。那些没有形成浪潮的零星的恐怖活动，在世界历史的演进中很少引起关注；只有形成浪潮的恐怖活动才成为其所在时代的恐怖主义的代表，才能够产生历史性的恐怖主义影响。当我们观察、分析恐怖主义时，其实是在观察、聚焦分析恐怖活动浪潮。恐怖活动一旦形成浪潮之势，就能够汇合该时期的多种恐怖活动，将分散的小团伙、个体极端分子与成规模的恐怖组织汇聚起来，将零散、孤立的恐怖活动与持续的、组织化的恐怖活动汇聚起来，就能够猖獗地、全面地进行恐怖活动。

世界历史中每一个时代的重大恐怖主义活动浪潮都有其阶段性，有间歇期与高涨期。当代的全球恐怖活动浪潮经历了准备期与初步全球化阶段、全面全球化阶段、全球化升级阶段。通过三个阶段的积累，当代恐怖势力一方面将自己的组织网络、暴恐袭击向全球扩散，另一方面又聚合资源，汇合世界各地的恐怖势力与活动，包括自我极端化的个体“独狼”，从而推动当代恐怖活动形成浪潮。

（二）当代恐怖活动浪潮的特征

当代恐怖主义浪潮，指的是以本·拉登为首的“基地”恐怖势力、以“伊

---

① 〔美〕安东尼·帕戈登：《两个世界的战争：2500年来东方与西方的竞逐》，方宇译，北京：民主与建设出版社，2018年，“后记”。

斯兰国”为中心的宗教极端主义恐怖势力在全球掀起的恐怖活动浪潮。恐怖势力赋予恐怖暴力袭击以意识形态、战略与战术等。①

这一恐怖活动浪潮在时间段、极端主义及其目标、袭击手段与方式等方面具有一些特有的核心特征:一,恐怖活动范围在全球不断扩散,在全球形成了以西亚、北非为中心的两个循环圈,恐怖势力通过两个循环圈既在全球各地聚合资源招募成员,也向全球各地输出极端主义与暴力。二,宗教极端主义成为恐怖势力的主要极端主义形式,通过曲解宗教教义和一些宗教话语进行恐怖主义动员,而民族主义话语、“左翼”话语等世俗极端主义纷纷式微。三,恐怖组织在三个阶段具有延续性,是中东恐怖势力及其组织网络向全球扩散、与世界各地恐怖势力建立网络化的组织联系的过程。四,袭击手段朝两个极端演变,既采取人体炸弹恐怖袭击、人体炸弹与飞机或者汽车冲撞结合等方式,也采取核生化、网络等高科技实施恐怖活动;既实施暴恐袭击,也实施武装袭击、甚至大规模的武装攻势。五,恐怖活动目标不断膨胀,不仅试图制造、扩散恐怖氛围向社会施压,还图谋实际控制大片地域,建立极端主义政权。

(三)当代恐怖活动浪潮全球化的三个阶段

当代恐怖活动浪潮在世界恐怖活动历史上实现了空前的全球化,其活动范围的广度、对当代世界影响的深度、其活动的全球性联系,都是空前的。全球化成为当代恐怖活动浪潮的一个基本特征。

阶段性是每个时代的恐怖活动浪潮的基本轨迹,当代恐怖主义活动浪潮的全球化可以划分为三个阶段。第一个阶段是20世纪70年代至90年代末,是极端主义扩散的准备阶段、暴力袭击全球化的初始阶段,全球恐怖活动中的宗教极端主义逐步取代了世俗极端主义。第二阶段从1998年东非大爆炸到2011年本·拉登被击毙,恐怖组织、恐怖袭击、宗教极端主义势力实现了全面

① William L. Waugh, Jr, “The Values in Violence: Organizational and Political Objectives of Terrorist Groups”, *Conflict Quarterly*, Summer 1983. p. 15.

的全球化，在暴恐袭击、恐怖组织形态等方面发生了一系列标志性的事件，恐怖活动形成了两个全球循环圈。第三阶段自 2011 年至今，恐怖暴力活动的方式、恐怖活动要素的全球流动、恐怖势力的组织结构及其网络的全球分布与联系都有突破性的变化。

这三个阶段的恐怖活动一脉相承：一，宗教极端主义及极端政治目标一脉相承；二，组织演变、核心人员的承接关系明显；三，全球恐怖势力在暴力手段上相互模仿，人体炸弹、高科技手段、冷兵器砍杀与汽车冲撞等手段被全球各地恐怖分子普遍采用。当代恐怖活动浪潮是从中东走向全球的一个过程，一方面中东的恐怖活动要素不断地向世界各地扩散并成为当代恐怖主义的核心；另一方面，世界各地的恐怖势力不断与中东恐怖要素交流、融合，推动当代恐怖活动的全球化与本土化的并行。经过三个阶段的积累、演化，当代全球恐怖活动浪潮愈演愈烈，其对世界历史的冲击远远超出此前任何一个恐怖活动浪潮。

当代恐怖活动浪潮实现全球化且不断升级的核心要素，是恐怖势力的组织能量。恐怖势力是否能够掀起恐怖活动浪潮、掀起什么样的活动浪潮，都取决于恐怖势力的组织能量，它是支持恐怖活动的内在动力。恐怖势力之所以能够聚合巨大的组织能量，是因为特定的国际、国内动荡环境提供了条件。

二、恐怖势力组织能量的四要素及其聚合条件

组织能量是恐怖活动的内在条件，决定着恐怖势力的活动及走势，恐怖活动及其形式是其组织能量外化的表现。组织能量在当代恐怖活动浪潮的三个阶段中呈现阶段性的累积，其累积的侧重点有所不同。每一阶段中组织能量的累积是在当时的国际和国内动荡环境下实现的。

（一）恐怖势力组织能量的四要素

组织能量主要体现为四个要素，这四个要素各具不同功能，又相互联系为

一个整体。①

一,组织结构及其网络,这是组织能量的组织基础。组织结构是组织内部的各种关系框架,决策权力、实施行动能力及其相互之间的关系是核心。恐怖组织运行、成员间的关系具有复杂的组织内部关系。② 组织网络体现了该势力在世界各地分布、在社会空间中生存与活动的能力。当代恐怖活动浪潮中的恐怖组织的组织形式,包括本土恐怖组织,如"博科圣地"、20世纪70年代埃及国内的恐怖团伙;包括"基地"国际组织,既有"基地"核心组织及其成员,也有分支组织、各种联系组织;包括"伊斯兰国",它既具有"武装割据"极端势力的性质,又具有国际恐怖组织性质。

二,获取与拥有的社会资源,及获取资源的能力,这是一种输入性能力。恐怖势力必须从社会中招募成员、获取暴力工具、资金等,获取与拥有资源的能力是维系其组织存在、扩展、行动的基本条件。这一能力是一种影响力,恐怖势力在特定社会群体中的影响力帮助其聚合资源,如"基地"势力在全球很多地域能够获得活动据点,而"博科圣地"主要活动在尼日利亚的东北部地区,因为其影响力的范围主要在那一地区。这一能力也是一种技术能力,如当代恐怖分子掌握网络、金融等领域的技术等。

三,极端主义思想对其组织内部、对社会的影响能力,既表现为影响的地域范围、也包括影响的深度;既包括其极端主义概念的影响力。也包括对其暴恐袭击行为的开脱。当代世界的大多数恐怖组织、恐怖分子都以宗教极端主义为依托,其以宗教话语进行的蛊惑在一些社会群体中有较强影响力。对人体炸弹这一袭击手段,恐怖势力能够以其极端主义说辞进行曲解并在特定群体中获得认可。

四,暴力行为能力,包括能够采用的暴力形式,暴力活动的烈度、广度。这

---

① 张金平:《当代恐怖主义与反恐怖策略》,北京:时事出版社,2019年,第3页。

② Steven J. Brams, Shawn Ling Ramirez, "Influence in Terrorist Networks: From Undirected to Directed Graphs", *Studies in Conflict & Terrorism*, 2006, 29: 703—718; Kathleen M. Carley, "A Dynamic Network Approach to the Assessment of Terrorist Groups and the Impact of Alternative Courses of Action", Carnegie Mellon University: Institute for Software Research International, SCS, 2006.

是一种输出性能力，以所聚合（输入）的社会资源为基础，恐怖势力向社会输出暴力，暴力输出是恐怖主义最突出的行为。当代恐怖势力既采取传统的爆炸袭击与武装袭击，又采取多样化的人体炸弹袭击；既采取汽车冲撞等低技术袭击手段，也采取网络攻击等高科技手段；既针对平民、大型建筑实施袭击，也针对国家政权目标实施包括大规模武装攻势在内的袭击。单次造成数十人伤亡的袭击频频发生。当代恐怖分子在世界各地活动，其暴力袭击也往往是跨境袭击。

（二）组织能量聚合的动荡环境条件

每一阶段中的组织能量聚合，都离不开当时的社会、政治等动荡环境，恐怖组织、人员就在社会空间中存身与活动。[①] 这些动荡环境是恐怖势力聚合组织能量的基本条件。这些环境包括两个方面：一是政治与社会动荡，暴力与武装冲突；二是思想领域的混乱与冲突，其核心是失序。各种动荡环境形成的失序，给恐怖势力聚合组织能量提供了空间。

政治与社会动荡、暴力与武装冲突，往往表现为政治分裂与社会分裂以及与之相伴的武装对峙、持续的暴力对抗等。如巴以、阿以之间的长期暴力冲突与政治对立，1991 年后索马里的国家无政府状态等。暴力冲突在两个方面给恐怖活动浪潮提供了条件。一方面，暴力冲突这一安全环境给恐怖活动的四个要素的聚合提供条件。无论是进行极端主义蛊惑还是从社会中聚合资源，在动荡的安全环境中都是最为便利的，因此，每一重大政治与暴力冲突都会刺激恐怖势力猖獗活动。另一方面，在政治与暴力冲突的环境中，国家与国际社会的反恐怖能力会大打折扣甚至无暇顾及。事实上，当代全球恐怖活动浪潮的每个阶段都伴随着中东地区的重大政治与暴力冲突，世界各地的恐怖活动活跃期也伴随着该地区的重大政治与暴力冲突。

思想领域的混乱与冲突，在当代包括几种情况。一，现代政治与社会思潮

① Arie Perliger, Ami Pedahzur, "Social Network Analysis in the Study of Terrorism and Political Violence", Southern Illinois University Carbondale: OpenSIUC, Fall 2010. pp. 1—17.

之间的剧烈冲突与对抗;二,各种前资本主义的政治社会思潮的"复兴"与现代的政治与社会思潮之间的根本对立;三,各种政治社会思潮中极端化的思维、观念对现代社会发展方向的敌视;四,政治与社会思潮之间剧烈的冲突与对抗引发的思想混乱。只有在思想混乱的社会状态下,恐怖势力的极端主义才能够衍生、存在、膨胀,为恐怖主义活动提供支持。自20世纪70年代以来的思想领域的冲突和混乱与恐怖活动的联系路径是,剧烈的思想冲突与现实混乱——极端主义的滋生、蔓延、膨胀——恐怖活动的蔓延与膨胀。可以说没有思想冲突与混乱就没有极端主义,没有极端主义就没有恐怖活动浪潮。

三、第一个阶段:极端势力的聚合与全球化的初始阶段

从20世纪70年代到90年代末,当代恐怖势力在暴恐袭击的范围、影响、手段等方面都呈现出初步的全球化,在中东地区出现了一些暴恐活动中心,宗教极端主义影响力逐步扩散并超越了世俗极端主义。这一时期的恐怖势力组织能量的聚合最突出地表现为极端势力的迅猛膨胀,为第二阶段恐怖活动的迅猛全球化做了充分的组织准备。而这一阶段为恐怖势力聚合能量提供动荡环境条件的是一系列重大战乱和思想领域的混乱。

(一)中东宗教恐怖活动的抬头及其全球化的开始

这一阶段是当代恐怖活动全球化的初始与准备阶段,恐怖活动在多个方面呈现出全球化的迹象,为下一阶段的全面全球化积累了巨大的组织能量。

在当代恐怖活动两个全球循环圈的中心中东地区,宗教恐怖活动开始抬头,一些活动中心开始出现。在20世纪80年代,黎巴嫩在一段时间内频繁发生由持续活跃的宗教极端分子实施的暴恐袭击,埃及一批恐怖团伙开始从事暴力活动并在1981年刺杀埃及总统,在土耳其也发生了一些恐怖活动,伊朗在伊斯兰革命后的一段时间里发生了一系列暴恐袭击,阿尔及利亚在1992

年后长期面对着大范围的暴恐威胁。这些地区以及也门都形成了恐怖活动中心。

这一时期的中东宗教恐怖活动不仅产生了地区性国际影响,还产生了全球性影响。黎巴嫩、埃及、阿尔及利亚的恐怖活动与复杂的国际事务、国际关系相互交织,地区外的人员成为突出的袭击目标,1993 年在美国世贸大厦实施的爆炸就是中东宗教恐怖分子的典型跨境袭击。中东各国的恐怖分子在本地区内流窜活动,如埃及的恐怖分子在 1981 年后大批出逃到世界各地,一部分极端分子流窜到也门等中东地区活动;西亚、北非大批的极端暴力分子汇集到阿富汗参加对抗苏联的暴力活动。此外,中东宗教恐怖势力善于采取的人体炸弹袭击方式开始出现并很快为世界各地恐怖分子模仿。

宗教恐怖活动在中东自这一阶段起呈现逐步上升的趋势,超越了世俗恐怖活动。二战前后阿拉伯人与犹太人相互间的暴恐袭击、犹太人针对英国和联合国的暴恐袭击,在此前已经沉寂。20 世纪 70—80 年代在中东地区最为活跃的是巴勒斯坦民族主义类型的暴力活动,但在 80 年代后就很快沉寂了。宗教恐怖活动自 20 世纪 80 年代后逐步成为中东地区最为活跃的恐怖主义活动,[①]不仅在中东地区承接、推进了恐怖活动,还将宗教极端主义类型的恐怖活动逐步推向全球。在 20 世纪 70—80 年代,世界范围内最突出的恐怖活动是"左翼"恐怖活动,其全球活动范围包括西欧、中东、东南亚、东亚等地。宗教恐怖活动自 90 年代起逐步超越"左翼"恐怖活动,成为世界恐怖活动的代表。

(二) 极端势力聚合是这一时期组织能量聚合的核心

恐怖势力在这一阶段聚合组织能量,突出地表现为极端势力的膨胀。后者在这一阶段催生了一些恐怖团伙、组织,并导致了一些重大恐怖袭击,在暴力转换法则的影响下,[②]这为 1998 年后当代恐怖活动的迅猛全球化提供了最

---

① Meir Litvak,"The Islamization of the Palestinian-Israeli Conflict:The Case of Hamas",*Middle Eastern Studies*,Jan 1998,Vol. 34,No. 1. pp. 148—163.

② 朱素梅:《恐怖主义:历史与现实》,北京:世界知识出版社,2006 年,第 10 页。

强的组织基础。

首先，极端势力大批聚合并实现了组织化，为恐怖组织的产生提供了最有力的组织支持。

极端势力非常积极地参加阿富汗抗苏武装活动，来自西亚、北非、南亚与东南亚的极端分子在阿富汗战场大批汇聚并组织起来。这些极端势力不仅在行动、人员联系方面实现了组织化，其成员的全球性更有助于极端势力的组织网络便利地实现全球化。

极端势力还在一国、毗邻国家积极聚合力量。在埃及、阿尔及利亚、中亚多国、索马里、东南亚等一些国家，极端势力积极利用动荡、混乱的安全环境大肆扩张。这些极端势力与中东的极端势力在极端主义理念上一致，又通过阿富汗战场与世界各地的极端势力建立了联系。极端势力的膨胀为恐怖势力的滋生提供了两方面的条件，一是极端势力的演化及其竞争会导致一些最为极端的力量走向暴恐化；二是一旦安全环境与政治环境出现重大变动，就会引发大面积的暴恐化。

其次，极端主义向政治、社会各个领域渗透，其话语影响、控制了大批民众。在埃及，极端势力以宗教极端话语解读战争与和平，极端势力很快衍生出一些恐怖组织。[①] 在阿尔及利亚，极端势力以宗教极端话语解读国家政治发展。在中亚，极端势力以宗教极端话语解读国家建构；而在阿富汗抗苏战场聚合起来的极端势力则以宗教极端话语解读苏联的撤军——认为这是极端主义对苏联的胜利。

极端势力借助这一时期兴起的政治伊斯兰潮，曲解一些宗教话语并使其不断地极端化。这些极端话语不断被强化并向各个领域扩散，极端势力以这些话语不但干扰、攻击国家、国际政治事务，且通过宗教、社会、教育等多渠道控制民众，以宗教规法对民众生活的各方面进行极端主义干扰与控制，[②]蛊惑

① 涂龙德、周华:《伊斯兰激进组织》,北京:时事出版社,2010年,第274—276页。

② 靳晓哲、李捷:《反恐语境下东南亚国家去极端化策略及其反思:以新加坡、印度尼西亚、菲律宾为例》,《东南亚研究》,2018年第3期,第5页。

民众支持其恐怖行为。随着极端主义的膨胀,其归宿往往是滑向恐怖主义。

再次,极端暴力行为能力的提升也增强了扩散恐怖氛围的能力。极端分子通过参与战争提升了暴力行为能力。阿富汗战场、科索沃战场、车臣与中亚地区的战乱,都使恐怖势力有机会以实战提升暴力行为能力。随着科技进步,恐怖分子采用新技术升级暴恐袭击与其他恐怖活动的可能性大大增加,如网络袭击、核生化袭击等。而极端主义的蛊惑使得人体炸弹成为一种惯用手段,[①]并采取了与交通工具相结合的方式,如汽车人体炸弹、飞机冲撞人体炸弹等。

聚合起来的能力,还不是恐怖势力现实的组织能量。各层面的能量需要转化为组织化的能量后,才能推动形成一波恐怖活动的活跃与膨胀。虽然当时只有一部分极端势力走向了恐怖主义,但这种转化到1998年后猛烈地显现出来。

(三)众多战乱与大规模的思想混乱

这一阶段为恐怖势力聚合能量提供条件的动荡环境,在三个方面非常突出,一是多地发生持续的战争,二是重大的思想混乱与冲突,三是严重的大面积的社会失序。

首先,一系列重大、持久的战乱,为恐怖势力组织能量的聚合提供了有利环境。突出的战争包括多次阿以战争、持续数年的两伊战争和阿富汗抗苏战争、苏联解体之后的科索沃战争和车臣战争。这些战争,持续时间长、波及范围广,产生的国际影响大。极端暴力分子大批参加了上述战争,很多后来成为恐怖组织中的骨干。阿以战争、两伊战争则严重削弱了阿拉伯民族主义的影响,助长了极端主义扩散。战争次数之多、范围之广、对国际社会的冲击之大,在这一阶段是非常突出的。

其次,多地、多类型的政治混乱与社会动荡,为恐怖势力组织能量的聚合

---

① Dipak K. Gupta, Kusum Mundra, "Suicide Bombing as a Strategic Weapon: An Empirical Investigation of Hamas and Islamic Jihad", *Terrorism and Political Violence*, 17:573—598, 2005.

提供了有利环境。第一种情况是国家陷入无政府状态,如索马里在1991年因中央政府垮台而出现了长期军阀割据、混战的局面,一些社会力量逐步聚合而演化为政治力量,其中的一些势力发展为后来的恐怖组织"索马里青年党"。第二种是国家政治建设中出现的重大混乱引发了国家的政治分裂,如阿尔及利亚在1989年进行国家政治的重大变革,宗教政治力量不断壮大并获得1991年全国大选的胜利,此次大选被军方宣布无效后阿尔及利亚陷入内乱,一大批极端分子采取了暴恐袭击手段,导致该国长期面临严峻的恐怖威胁。第三种是苏联解体后中亚新独立国家在重建初期出现了一段较为严重的政治、社会混乱时期,极端势力乘乱而起并催生了大大小小的恐怖势力。

再次,重大的社会思潮对立、冲突与混乱,给极端主义滋生、蔓延、膨胀提供了巨大空间。

伊斯兰政治潮冲击着伊斯兰世界的民族主义、现代主义。伊朗伊斯兰革命、阿尔及利亚1991年大选中伊斯兰政治势力的获胜、埃及穆兄会的回归,都是伊斯兰政治潮重大发展的表现。冷战时期存在着美苏之间的意识形态较量。苏联解体对社会主义思潮产生了剧烈的冲击,但并没有增加资本主义的影响力,因为美国在阿富汗战场与苏联进行较量时没有树立现代主义,而是以宗教极端主义来动员世界各地的武装力量与苏联对抗。世俗主义、现代主义在中东以及其他一些地区的严重衰落,宗教政治思潮的大幅度扩散,成为宗教极端主义膨胀的重要条件。这一阶段中东的宗教恐怖活动伴随着大面积的极端化。

四、第二阶段:当代恐怖活动全球化的集中爆发

当代恐怖活动全球化在这一阶段集中爆发,包括全球恐怖组织中心的形成、多个活动中心的出现,宗教恐怖活动成为全球恐怖活动的主体。恐怖势力组织能量聚合的突出表现是全球两个恐怖活动循环圈的形成,循环圈促进了恐怖势力要素的流动、聚合。最突出的动荡条件就是反恐怖战争引发的混乱。

(一) 恐怖活动全球化的集中爆发

首先,全球形成多个恐怖活动中心。

宗教恐怖活动的中心在全球扩散,不再局限于中东地区或者零星的其他地区,西亚北非、中亚、俄罗斯、南亚与东南亚等地区都出现了恐怖活动的中心。美国与西欧发生了一系列的重大恐怖袭击事件,如"9·11"恐怖袭击、西班牙马德里"3·11"恐怖袭击、英国伦敦"7·7"恐怖袭击、印尼巴厘岛发生的恐怖袭击等。宗教恐怖活动正在世界各地拥有很大的中心或者网络、在世界各地猖狂地实施暴恐袭击,这是当代恐怖活动全球化的最突出表现。

其次,暴恐袭击全球化。

暴恐活动全球化在这一阶段,有的表现为跨境恐怖袭击,其中有来自邻国的越境恐怖袭击,如索马里与尼日利亚等地的恐怖袭击,也有远程恐怖袭击,如"基地"恐怖势力策划实施的"9·11"袭击。有的表现为追求大规模杀伤袭击与连环爆炸袭击。在暴恐手段上相互模仿、全球化同步。全球各地的恐怖袭击呈现出如下特点:"既让更多的人看也让更多的人死亡"。[①] 马德里、伦敦等地的袭击都是连环爆炸,可以造成更大杀伤与恐慌。某一地区、城市的恐怖袭击会引发全球性的恐怖袭击,而恐怖分子也会在某地实施针对外国目标的袭击,袭击外国游客、绑架外国人质成为恐怖袭击的一种重要方式。

再次,恐怖组织全球网格联系已形成。

世界各地的恐怖活动有着密切的联系。它们在组织上相互关联、支持,包括人员培训、组织人员交叉等;在极端主义理念上基本一致,以类同的极端话语形成极端主义的呼应;在袭击行动上,会在某些时间段形成全球一波波集中的恐怖袭击,如阿富汗与伊拉克反恐怖战争后一段时间内集中的恐怖袭击。除西欧外,西亚地区的伊拉克、沙特、土耳其等地也出现了一波恐怖袭击潮。

最后,宗教恐怖主义"一枝独秀",其他类型恐怖活动均呈衰微状态。

---

① 《恐怖袭击五大新特点》,人民网,2006 年 9 月 11 日,http://world.people.com.cn/GB/1030/4799921.html(访问时间 2019 年 1 月 31 日)。

在1998年后当代恐怖活动迅猛全球化的过程中,"左翼"恐怖活动衰败了(只有希腊有零星的此类活动)。民族主义类型的恐怖活动所借助的极端话语也转向了宗教极端主义,如库尔德分裂主义者的极端话语就发生了这样的变化。西欧一些老牌的民族型恐怖活动还在采取世俗极端主义,但其活动的影响力日渐衰微并逐步结束了恐怖活动。这一阶段的宗教恐怖活动,在暴力袭击规模、活动范围上,都远远超过此前任何时代、其他任何类型的恐怖活动浪潮。

(二)两个全球循环圈推动组织能量的聚合

1998—2011年间形成了恐怖活动要素流动的两个全球循环圈,两个全球循环圈以中东为中心,一个是从中东到中亚-俄罗斯、南亚、东南亚的东向循环圈,一个是从中东到非洲、西欧、美洲的西向循环圈。恐怖活动的要素通过两个循环圈在全球便利地流动、交汇,促进恐怖势力组织能量在全球范围的聚合。

首先,两个循环圈推动恐怖势力在全球范围的组织联系、扩散、整合。

"基地"势力本身实现了从极端组织向恐怖组织的转化,并在1998年牵头组建了国际恐怖势力的联盟,成为全球恐怖活动的组织中心。[①] 在组织性质与规模上,大部分极端暴力分子选择了暴恐袭击手段,恐怖势力能够不断扩大全球组织网络。这一时期全球的宗教恐怖势力以"基地"为中心形成了全球联合,这种联合既促进了各势力的汇流,也保持了它们的自主性。网格化、"无领袖"的组织结构突出。各地的组织网络的扩展、结构的变化,增加了各地恐怖势力实施暴恐袭击的组织能力,也为"基地"势力在阿富汗遭到重大挫败后能够在各地建立分支组织提供了条件。"基地"系列的恐怖势力在2001年10月后在各地掀起了持续数年的暴恐袭击高潮。

其次,两个循环圈推动多个中心的恐怖活动相互呼应、支持。

---

① 李晓亮:《阿富汗战争:苏联高层决策研究 1979—1989》,北京:世界知识出版社,2016年,第256页。

中东是全球恐怖活动的中心,"基地"一些核心成员、重要分支都在中东地区,如苏丹、阿尔及利亚、也门等地。"基地"势力与全球的伊斯兰极端势力合流。[①] 阿富汗一度是"基地"的中心,之后其主要成员依托南亚建成了重要据点。在南亚、东南亚、中亚一些国家也有恐怖活动中心。西欧地区亦有国际恐怖势力的组织网络。这些活动中心之间有着密切、便捷、长期的联系,恐怖分子能够在各个中心间流动,或者参与恐怖活动训练。在某个活动中心制定的恐怖行动计划能够传递到其他中心。恐怖活动中心的形成能够实施复杂的组织招募等计划,[②]更加便利恐怖分子在全球范围筹集资金、招募成员等。

再次,两个循环圈推动恐怖氛围的全球扩散。

两个循环圈有利于恐怖分子实施跨境袭击,其恐怖袭击产生的恐怖氛围也在两个循环圈更广地扩散。扩散恐怖氛围成为恐怖势力增强资源聚合的一种方式和能力。

"基地"成为国际恐怖势力的符号性力量,动员、刺激着全球恐怖势力的活动。"基地"的重大恐怖活动能带动一波恐怖袭击,"9·11"袭击就是一个典型;"基地"的手段也会被模仿,在全球范围内使自杀式袭击及其与交通工具(如汽车、飞机)的结合成为典型的暴恐手段。即使与"基地"没有正式组织联系的宗教恐怖势力,以及一些自我极端化的"独狼"也纷纷以"基地"名义实施恐怖袭击。此外,恐怖势力对暴力的蛊惑有了新的突破。[③] 恐怖势力在国际社会以"十字军"的历史概念蛊惑世界性的对立、蛊惑极端暴力。

(三)对恐怖主义的战略误判导致的动荡环境

在这一时期,有助于恐怖势力聚合能量的安全环境依然存在,主要包括两

---

① 李群英:《全球化背景下的伊斯兰极端主义》,北京:中国政法大学出版社,2007年,第284—286页。

② Scott Gerwehr, Sara Daly, "Al-Qaida: Terrorist Selection and Recruitment", *McGraw-Hill Homeland Security Handbook* (Santa Monica: Mc Graw-Hill Education, 2006), Chapter 5, p. 85.

③ 张家栋:《恐怖主义与反恐怖:历史、理论与实践》,上海:上海人民出版社,2012年,第55页。

个方面,这两个方面都来自于国际社会对恐怖主义问题、反恐怖工作的战略误判,这导致或者加剧了动荡环境。

首先,反恐工作失误给恐怖分子提供了聚合能量的主要条件。

美国在阿富汗实施的反恐战争,没有考虑充分合围歼灭在阿富汗聚集的恐怖分子,匆忙实施的武力打击行动虽然摧毁了国际恐怖活动中心,却引发了一系列的国际安全混乱。大批恐怖分子骨干从阿富汗扩散到世界各地重新组建恐怖组织网络,包括一些"基地"分支组织。美国以武力颠覆了塔利班政权却没有能够有效恢复阿富汗的政治秩序,阿富汗陷入长期的战乱,周边恐怖势力则乘乱在阿富汗活动,包括建立据点。美国在伊拉克以反恐名义发动了颠覆萨达姆政权的战争,导致伊拉克长期动荡、成为恐怖势力聚合的重要国际中心,并为后来"伊斯兰国"的兴起提供了条件。①

其次,国家治理中的失序成为恐怖势力聚合能量的有利环境。

一些国家的中央政府对某些地区的治理、管控能力不足,方便恐怖势力在这些地区建立活动据点与中心。此类情况不少,如索马里南部、菲律宾南部、尼日利亚东北部等地,都是有利恐怖势力聚合资源的地区。这些国家治理的失序,主要是美国在冷战后全球战略失误导致的,美国出兵索马里是该国此后长期处于分裂、无政府状态的主要原因。

五、第三阶段:对极端主义突破的追求及其起伏

经过2001以来国际社会的持续打击,加之2011年5月本·拉登被击毙,当代恐怖主义活动本应进入一个低谷。但2011年后当代恐怖活动却进入一个新的高潮——寻求突破传统的恐怖活动、建立极端主义政权,当代恐怖势力的这种发展在世界历史的恐怖活动浪潮演变中具有重大标志性意义②。恐怖势力的这种追求非常猖獗,并在一些地域开始初步实施极端主义控制与治理,

① 〔英〕查尔斯·利斯特:《"伊斯兰国"简论》,北京:中信出版社,2016年,第57页。

② 参见,余建华:《恐怖主义的历史演变》,上海:上海人民出版社,2015年,"引言"。

直到2017年底这种追求才被国际社会基本挫败。2001年以来的阿拉伯地区动荡是恐怖势力在第三阶段积蓄能量的主要环境条件,这一环境条件依然存在,国际社会中也存在其他动荡。

(一)全球恐怖活动追求新突破的表现

2011年后,当代恐怖活动的全球化有了明显的新突破。一、暴恐袭击与大规模极端暴力活动相互交织。随着阿拉伯世界发生动荡,恐怖势力开始在多地参与国家内战,"基地"国际恐怖分子就参加了2011年颠覆卡扎菲政权的内战。2014年后中东恐怖势力将活动集中于大规模武装袭击,在叙利亚、伊拉克,恐怖势力聚合的极端武装势力成为内战一方的主导力量。这些大规模暴力活动的目标是通过控制大片地域建立极端主义政权,在也门活动的恐怖势力也一度占据了一些城镇,宣布"建国"。在实施大规模暴力活动的同时,这些极端势力还猖獗地实施恐怖袭击,如2015年11月巴黎遭受的恐怖袭击。

二、出现了一些暴恐袭击以及大规模暴力活动的新热点地区。利比亚、突尼斯、叙利亚等地的恐怖活动原本不突出,2011年后这些地区成为全球恐怖活动的高发地区。埃及的恐怖活动在2011年前得到了较好的控制,但到2014年后很快又出现了恐怖活动带来的严峻挑战,其中西奈半岛的恐怖活动最为活跃,恐怖势力常常针对清真寺以及国家安全力量实施袭击。西奈半岛、利比亚北部一些地区成为国际恐怖势力的重要据点、活动中心。

三、跨越了全球恐怖活动的一个本可能出现的低谷。2011年5月本·拉登被击毙后,经过长期消耗的"基地"系列恐怖势力本可能面临一个活动低谷,但2011年之后新的恐怖势力、新的恐怖活动再次酿成一波全球恐怖活动高潮。

与此同时,西欧老牌恐怖势力更加衰落。"爱尔兰共和军"在2005年9月完全解除武装,2007年5月参与组成北爱尔兰地方自治政府,此后也没有恐怖暴力的重大反复。西班牙的"埃塔"组织在2011年10月宣布永久性放弃暴力,并在2018年5月宣布彻底解散。与此相比,"伊斯兰国"人员则自2015年起向世界各地大规模回流扩散,成为全球严峻的现实的恐怖威胁。

(二)组织能量多方面的跃变

2011年以来的全球恐怖活动两个循环圈的联系出现了跃升性的变化,全球恐怖势力的典型代表由"基地"组织转变为"伊斯兰国",这两者的组织能量要素有着千丝万缕的联系,但又有着重大异变。

其一,恐怖势力的组织性质发生了重大变化,跃升为极端武装组织,强化了聚合资源的能力。

"伊斯兰国"势力的很多骨干源于"基地"组织,其前身在组织上也隶属于"基地"。"伊斯兰国"秉承了"基地"的极端主义基本理念,但更加注重大规模暴力活动、以武力占据大片地域,建立极端主义政权。因此,"伊斯兰国"的组织性质是极端武装势力,[①]在极端话语与现实上挑战国家体系,[②]超越了"基地"的典型恐怖组织的范畴。

这一组织在阿拉伯世界的动荡中迅猛膨胀起来,成为国际恐怖势力、极端武装势力的代表,恐怖势力与极端势力相互交织,但极端势力的特征在增加。由于本·拉登被击毙而遭到一定程度打击的国际恐怖势力的代表符号,由"伊斯兰国"超越性替代。这一组织在地区动荡中汇合了伊拉克等地的一些职业军人力量、来自车臣地区接受过正规军事训练且参加过战争的极端武装分子,在军事上有能力实施大规模的武装攻势。

其二,从全球聚合恐怖资源的能力有重大跃升。

"伊斯兰国"能够从全球吸引、招募大批极端暴力分子到叙利亚、伊拉克等地参加大规模暴力活动。土耳其边境地区一度有几条通道,方便恐怖分子出入叙利亚加入极端武装组织。来自欧美、中亚、南亚、东南亚地区的极端分子通过该通道进入叙利亚。一些来自西欧的极端分子在"伊斯兰国"中发挥着独特的作用,如通过发布斩首人质视频来向世界扩散"伊斯兰国"的

① 曾向红、梁晨:《从"基地"组织到"伊斯兰国":国际恐怖主义组织结构的演化》,《中东问题研究》,2016年第1期,第43—75页。

② 刘中民:《当代中东国际关系中的伊斯兰因素研究》,北京:社会科学文献出版社,2018年,第336页。

影响。

世界各地的恐怖势力及其活动与“伊斯兰国”相互呼应。“博科圣地”“索马里青年党”，以及阿富汗、菲律宾、印尼等地的一些恐怖势力宣布效忠“伊斯兰国”，成为其下属的“行省”。“基地”势力在也门的武装“建国”活动与“伊斯兰国”在伊拉克、叙利亚的“建国”活动有呼应之势。也门爆发内战后，“基地”与“伊斯兰国”都在也门加强了暴力活动。

其三，为全球各地训练极端暴力分子的能力有新的跃升。

“伊斯兰国”在叙利亚、伊拉克聚合了大批来自世界各地的极端暴力分子，事实上也在为全球恐怖分子进行极端暴力能力的实战培训，从叙利亚、伊拉克回流世界各地的暴力分子在袭击手段的使用上更加残暴、熟练。此外，全球各地恐怖分子的组织联系也得到了加强。在叙利亚战场建立联系的暴力分子会进行国际化的重组，多国、多地的恐怖分子组建新的恐怖团伙、强化实施袭击的能力。比如 2017 年 4 月发生在俄罗斯的恐怖袭击，其恐怖团伙中包括车臣人、中亚人、中东人，这些人员就是在叙利亚战场上彼此建立了联系。

“伊斯兰国”以其更加极端的政治目标、更大规模的暴力活动、更加残暴的恐怖袭击手段、更加具有针对性的蛊惑宣传，在世界多地催生了一些新的“独狼”。在法国、美国等地都发生了宣布效忠“伊斯兰国”的独狼实施的恐怖袭击。

（三）新生的动荡与原有的混乱

第三阶段的恐怖活动中心依然是中东，其背景就是阿拉伯地区自 2011 年以来的持续动荡。阿拉伯地区的动荡是大面积、地区性的，给全球恐怖势力聚合能量提供了重大机遇；全球其他地区的社会动荡、冲突也为恐怖活动提供了条件。

一，阿拉伯世界的持续剧烈动荡。

阿拉伯动荡国家有持续的政治混乱，国家政治建设举步维艰、多有反复，这一过程中伴随的极度混乱与失序给恐怖势力聚合能量提供了有利机遇。利比亚、也门、叙利亚长期处于内战状态，埃及出现了民选政府被颠覆的情况。

这些国家的政治动荡还伴随着社会分裂,部族、族群之间的冲突加剧。此外,社会重建中还有明显的思想混乱。在这样的环境下,恐怖势力能够在很多阿拉伯国家猖獗活动,包括建立新的活动据点,如利比亚与埃及的国际恐怖活动新据点。即使是在政治与社会重建比较顺利的突尼斯,恐怖势力也得以渗透进去,在2015年就发生了一些重大恐怖袭击。

国际社会的不当干预加剧了阿拉伯地区的动荡。北约国家的武力干预、政治压力导致一些国家政权被颠覆,北约国家对这些国家的重建却支持不力,可以说北约国家的干预是导致阿拉伯地区这一波持续动荡的直接且重大的因素。北约在这一波动荡中还支持、利用极端分子、恐怖势力,为其聚合资源、迅猛膨胀推波助澜。在叙利亚问题上,美国等西方国家同土耳其、俄罗斯与伊朗矛盾复杂,争夺激烈,导致叙利亚战事久拖不决,给极端暴力分子的活动提供了有利环境。

二,全球各地深层的社会冲突。

世界各地都存在一些与主流社会有隔阂的社会群体,或者是一些社会群体之间的尖锐矛盾,这些持久的、复杂的矛盾及其所衍生的动荡,给全球恐怖势力聚合提供了条件。这些隔阂、矛盾被恐怖势力用来进行蛊惑,在特定群体中进行招募或者催生"独狼"恐怖分子。在也门,国际恐怖势力能够利用当地部落与政府、部落与部落之间的矛盾获得长期活动的据点。

此外,国际社会长期的反恐怖工作失误、错误依然存在。反恐怖工作中的"双重标准",反恐怖工作中的霸权主义等,给国际反恐怖工作制造了很多障碍,增加了国际秩序中的矛盾与动荡,给恐怖势力提供了持久的机会。

结语:当代恐怖活动浪潮将在什么时间衰败?

当代恐怖活动浪潮之前的每一波恐怖活动浪潮,整体上都以衰败而告终,当代恐怖活动浪潮也必然以衰败告终。每一波恐怖活动浪潮的核心是恐怖势力能够聚合支持恐怖浪潮的组织能量。观察当代恐怖活动浪潮衰败的走势,就是分析其组织能量聚合的能力与环境条件。

2017年底后国际恐怖势力依然在世界各地拥有活动中心、据点，其组织能量难以一时土崩瓦解。但只要当代恐怖势力组织能量的聚合落后于其组织能量的消耗，恐怖活动就会逐步失败。恐怖势力控制大片地域组建极端主义政权的追求遭到挫败后，当代恐怖势力的组织能量在遭到重大消耗的同时，其聚合资源的能力也受到重大限制。依托其聚合起来的组织能量进行活动的恐怖势力是一种极端政治暴力势力，其暴力袭击手段极端，其极端主义所依托的话语"自称一成不变"。①

所以，国际社会的反恐怖工作重点，就是一方面持续有效打击、消耗恐怖势力聚合起来的组织能量，包括在特别地域有力打击、遏制恐怖分子筹集资金、实施暴恐袭击的能力，即城市反恐怖，②另一方面避免出现给恐怖势力聚合能量提供动荡与失序条件的环境。虽然国际社会反恐怖工作的重要责任国也认识到，反恐怖情报工作是国际社会的重要信息任务，但对反恐怖相关工作的态度存在严重摇摆。③ 然而，只要国际社会的反恐怖工作在这两方面持续着力，这一波恐怖活动浪潮的衰败时刻就会逐步到来。

作者简介：张金平，西北政法大学教授。

---

① 〔法〕莫里斯·哈布瓦赫：《论集体记忆》，毕然、郭金华译，上海：上海人民出版社，2002年，第157页。

② 梅建明，刘明辉，蒋东龙：《城市反恐危机管理：理论方法与实务》，北京：中国人民公安大学，2017年，导论。

③ 美国的"国际情报战略"在2009年将反恐怖信息情报工作列为首要工作，到2019年，其重要性排位降至第五。Director of National Intelligence, "The National Intelligence Strategy of the United States of America", NIS-09073540, August 2009. p. 6; Director of National Intelligence, "The National Intelligence Strategy of the United States of America", 2019-NIS, January 2019, p. 12.

书评

从思想深处认识西方

——评李强教授《群己论识》

段德敏

《群己论识:学术与政治片论》一书是我国著名政治学家、政治思想史研究专家李强教授的一本文集①。该书汇集了作者若干年来的一系列文章和演讲,分为“读书”“讲座”“评论”“笔谈与访谈”“大学理念与大学改革”五个栏目,题材从中国到西方,从大学教育到制度变革、国际政治等等,兼而有之。本书取名“群己论识”和李强教授早年负笈英伦研究严复先生的思想以及密尔的自由主义有关,正是严复将密尔的《论自由》翻译为《群己权界论》。“群己”二字虽然简单,其所指示的人与人之间的关系却是政治学的主要讨论对象,李强教授实际也是以此来概括本书丰富题材背后一以贯之的线索,即个人与群体之间的关系。

本书虽然主题丰富多样,但对于国别与区域研究而言,实在是一本佳作。我们可以将全书从国别与区域的角度大致分为中国和西方两个大的部分。通常来说,国别与区域研究主要关心现实政治与政策问题,或者单纯从语言、文化、历史的角度讨论目标国别或区域,或者单维度地分析国际关系或地缘政治。这类研究虽然内容重要,但通常受到学科专业的限制,孤立地看待研究的对象,最大的问题是缺乏思想的纵深。李强教授在本书前言中就指

① 李强:《群己论识:学术与政治片论》,北京:中国法制出版社,2008年。

出，在政治学领域，人们通常只关心公共政策（public policy）问题，对制度（institution）和认同（identity）的关心不够。而在理解西方的时候，人们又主要关心西方国家的秩序结构，但对维系这套秩序结构的核心原则漠不关心。这就使得我们无论在认识中国自己，还是在研究西方时，都浅尝辄止，研究停留在表面。

在涉及中国的问题时，即便在一些人们耳熟能详的政策问题上，李强教授也能透过表面现象，从思想的高度直击问题的关键。比如在谈及我国某地区人大代表的选举与罢免问题时，李强教授指出这背后至少有"代议员"（representative）与"代表"（delegate）的区别。保守主义政治思想家柏克（Edmund Burke）早就对此做过区分。一个团体派出专使与另一团体协商谈判，此为代表，代表需执行派出机构的指令，在选举政治中代表需要随时听从选民的指令和命令。但代议员则不一样，选举政治中的代议员虽然也是选民选举而产生，但他（她）一经选出就有自己独立的意志，有责任和义务根据自己最成熟的理性和独立的判断进行有关公共事务的讨论与决定，即便这意味着与选民当下的主流意见发生冲突。柏克认为，成熟的现代民主政治更需要后一种"代议员"而非前一种"代表"，要求议员随时听从选民的意见和命令，这种想法缘于对宪制的根本误解。这并不是说代议员就不需要向选民负责，他们在任期结束时仍需要面对选民用选票表达的意见，但他们在任期内应该有充分的独立性。而另一方面，在现代政治中，随时听命于选民的意见和不负责任地煽动选民之间的界线往往并不清晰，在民粹主义盛行的今天这一点尤其明显。因此，正如李强教授所指出的，"莫将民粹当民主"，现代民主政治即便在选举与代表方面，也比我们一般想象得要复杂得多，理解这一点，不仅需要我们对制度形式有一定的收集和归纳，更需要我们进入思想的辨析。

在另外一个曾经很热门的话题——和平崛起与中国发展战略的选择——之上，作者同样表现出了非常专业的政治学、政治思想研究素养和洞察力。很多人乐观地认为，中国只要主动遵守国际规则（如世界贸易组织的贸易规则），在必要的时候牺牲经济发展以适应公平，就能够打消国际社会的疑虑，实现和平崛起。作者认为，或许会是这样，或许不会，但这种乐观态度的前提是单一地从经济的角度考虑问题,以为所有的政治问题都是由经济问题引发的,所有政治问题最终都可以通过经济解决。但是,经济与政治在性质上并不完全一样,政治的相对独立性不应该被忽视。从根本上说,一个国家的所谓“崛起”从本质上来说意味着国力的增强,用政治学惯常的术语来说即国家“权力”(power)的提升,它不能被简单化约为经济问题,即便我们愿意如此恐怕也不行。李强教授在此引用德国著名社会学家马克斯·韦伯的论述来进一步解释经济与政治之间的区别。在韦伯看来,一个民族的发展不仅仅是要追求经济目标,从长远来说要从经济民族转变为政治民族,成为一个政治上成熟的民族。换而言之,经济民族是一个政治上还不成熟的民族,其最明显的表现是醉心于“用经济学看问题的方式”,将民族的目标,包括政治目标,都化约为经济目标。按照这种方式来确定我们的发展战略,既无法实现那个看上去可能保守的计划,同时也容易在国际国内层面导致误判,最终来说反而可能会成为一个不具有现实意义的“激进”方案。

本书最大的亮点是对西方的解读,在这方面作者尤其展示了思想的穿透力。这方面的典型是《美国新帝国主义全球战略的政治哲学解读》一文,它最初是李强教授在北京大学所做的公开演讲,后来发表在纸媒中,现收录于本书。这篇文章的背景是美国不顾世界的反战浪潮,执意攻打伊拉克,此举引起了人们的热议。当时很多人给出种种解释,都有一定的道理,但又都有问题。比如有不少人认为美国攻打伊拉克的理由是石油,这一点尤其符合上面所提到的“习惯性思维”,即从经济角度找政治问题的原因,甚至有学者说二战以后(美国)所有的战争都与石油有关。但似乎美国在二战以后打的最重要的两场战争——朝鲜战争和越南战争——都与石油无关。李强教授认为,美国有更高的目标,伊拉克战争虽和石油有关系,但比石油问题复杂得多。第二个可能的理由是安全,尤其是“9·11”恐怖袭击事件之后美国人对安全愈发重视,但事实上,早在1998年,很多保守派政客和知识分子就写信给克林顿总统,要求出兵攻打伊拉克,“9·11”恐怖袭击只不过给了这些右派一个非常好的说服美国民众的机会而已。第三个理由是“自由与专制”、“民主与独裁”的对立,这看上去也有道理,但关键是美国作为一个民主国家有好几百年的历史,为什么今天才有这么大的“抱负”,非要用武力来解决另一个国家的民主问题?再者,世界上的民主国家有很多,这种“抱负”也的确是一个新现象。

本书作者认为,美国之所以在当时选择了一种非同寻常的对外战略,排除一切国际国内异议执意攻打伊拉克,其背后最大的原因恐怕和当时主导美国政界的“新保守主义”(neo-conservatism)有关。简单而言之,新保守主义者是一群“喜欢轰炸、喜欢帝国的重量级知识分子”(pro-bombing, pro-empire heavyweight intellectuals)。他们都是好战的,但从来没在部队里打仗,都担任过国防部长、副部长等高级职位或国防政策的研究者。这其中比较有代表性的有:理查德·珀尔(Richard Pole),当时的美国国防政策委员会主席,伊拉克战争的主要战略制定者;保罗·沃尔福维茨(Pawl Wolfwitz),美国国防部副部长,美国著名保守派政治哲学家列奥·斯特劳斯(Leo Strauss)的大弟子布鲁姆(Allan Bloom)的学生;威廉·克里斯托(William Kristol),师从斯特劳斯的学生哈佛教授曼斯费尔德(Harvey Mansfield),做过美国副总统丹奎尔的助手、办公室主任。那么新保守主义到底是什么?以及它对美国的对外策到底是如何产生巨大影响的?这又需要我们对西方保守主义的历史及其在美国当时的发展有一定的基本了解,本书作者为我们道出了其中的线索和脉络。

保守主义作为一个政治意识形态和理论面向,最早脱胎于对法国大革命体现出来的激进政治的反对。但时至20世纪的美国,保守主义的面相已经发生很大的变化。在美国,保守主义从二战以后对社会主义、苏联模式、计划经济等的反对,发展到了对所谓“自由主义”(liberalism)的总体怀疑。这里的“自由主义”是指美国特有的政治光谱中的左派进步主义思潮,其主要主张包括经济上的再分配、多元文化主义、支持少数群体平权等等。美国最新版本的保守主义则是在反对这种自由主义的基础上发展壮大起来的,其中最重要的思想家,也是他们的灵魂人物,当属列奥·斯特劳斯,上述在美国政界推波助澜、引入积极对外政策的很多人物都与斯特劳斯在思想上或私人关系上有渊源。斯特劳斯的新保主义与传统保守主义相比,其最大的特点在于,它激烈地反对现代自由主义所代表的文化、道德和价值上的多元主义或相对主义。过去的保守主义也都批评自由主义,强调一个国家或民族的传统价值观对人们的重要性,强调要警惕自由主义所主张的"进步"对传统价值带来的动摇或摧毁。但传统的保守主义一般会认为不同的国家、民族或社群有其自身的传统,而整个世界之内多样化的传统及其所包含的价值从总体上来说又是相互平等的,很难从中判断中哪个更高级,哪个更低级。在这方面,二战前后德国著名保守主义思想家卡尔·施密特(Carl Schmitt)也是一个典型代表。施密特虽然严厉地批评自由主义,并给他自己招来很多恶名,但他认为各国之间无法就整体价值评判出一个高低来。也正因如此,施特劳斯虽然承认施密特对自由主义批判有功,但他仍然认为施密特其实一只脚站在自由主义阵营里。

反之,对施特劳斯及其弟子们来说,政治哲学的根本要义即在于对"真理"(truth)的追求,即要找到一个更高的、更符合善的政治生活方式或政治制度。现代自由主义放弃了这一追求,转而将价值的多元当作要去保护甚至追求的东西,这在他们看来恰恰是现代性病症的根源。这一新保守主义思想虽然起源于美国国内对自由主义的反思,但它很快反映在有关对外战略和政策的思考之中。原因很简单,从新保守主义的角度来看,既然应该始终追求更高、更好的政治生活方式,那么就不应该简单地将各国、各民族的政治生活式方式看作一种多样性的存在,现状如此并不代表它就是合理的、可以接受的。食人族部落的生活式方式无论如何不能被看作"多样性"中的一个合理存在。同样,这些新保守主义者们认为,美国所代表的西方政治文明和其他政治生活方式之间,一定是前者具有更多的值得人类追求的内容。因此,积极地维护西方政治文明及其政治制度,在必要的时候用武力去侵入其他国家(如伊拉克),实现和推广那个更具有真理要素的政治制度,就是必须要做的了。简单来说,这就是当时新保守主义的一个思维素描。理解了这一点,也就不难理解美国当时为什么要那么决绝地攻打伊拉克,其背后的原因当然和石油、安全等考虑有关,但最根本的推动力还是这种追求所谓"真理"的新保守主义思维。李强教授以其深厚的思想史研究功力,剖析出了这一层次原因,在当时,甚至在今天,都是很少见的。

在认识西方的过程中,了解对方的语言、历史、文化等都非常重要,但我们往往忽视的却是他们的思想，尤其是其政治思想。我们应该仔细地去理解他们是如何看待自己、自己与他人的关系以及自己在世界中的位置的，不同的社会、不同的文化群体对这些根本性的问题都有自己的应对方式。在区域与国别研究中，深入体察到这一层次，殊为不易，但如果不做这方面的努力，恐怕我们的研究不会达到太深入的境地。推人及己，推己及人，这种从思想深处认识西方的努力也有助于我们更好地认识自己。正如本书书名所示，区域与国别的学问之道，根本而言即是“群己”论识。

作者简介：段德敏，北京大学政府管理学院政治学系副教授。

评尤金·罗根《奥斯曼帝国的衰亡:一战中东,1914—1920》

卢宇嘉

“一战”是人类历史上最大规模的冲突之一,同时是欧洲历史上破坏性最强的战争之一。大约有 6500 万人参战,1000 多万人丧生,2000 万人受伤,更不用说战争所造成的严重经济损失与深远政治、社会影响,这场“大战”(Great War,英国历史中一战的专称)带来的冲击直到今天仍然依稀可见。

中东是一战的主战场之一,在这片战场上拼命的士兵,和在这片土地上生活的人民,付出了同样惨烈的牺牲。一战中,奥斯曼土耳其帝国在 9 条前线激战,动员了 280 万人,阵亡 75 万人,伤亡比例在参战国中最高。奇怪的是,尽管关于一战的研究汗牛充栋,但专门研究中东战场的著作却很少。仅有的少部分研究存在很多问题。首先,选材不够全面,它们所引用的材料主要来自协约国档案和英文研究,极少涉及同盟国档案。其次,在立场和视角上有失偏颇——选材上的不足导致研究者不可避免地站在协约国的立场上看待这场战争,他们的目光集中在英国在中东战场上的角色和行动,奥斯曼帝国仅仅作为配角被余光一扫而过。再次,主题主要限于政治史和军事史。最后,史观上深受东方主义的影响,认为多民族的奥斯曼帝国面对民族主义的冲击必然瓦解,对于青年土耳其党人怀有教科书般的偏见——谴责三巨头尤其是恩维尔帕夏的独断专行和他们对亚美尼亚人的种族屠杀。传统研究的集大成者是大卫·弗罗姆金所著《终结一切和平的和平:奥斯曼帝国的衰亡和现代中东的形成》,弗罗姆金所引材料全部来自英文,几乎没有提出新的见解,只是重复单方面、标准的西方视角下的一战中东历史。

21世纪以来,对于奥斯曼帝国历史的研究在一定程度上得到了重视。如下新趋势开始愈发明显:有更多的学者开始利用德国、土耳其和阿拉伯的史料,并一反传统的协约国视角,站在德意志帝国、奥斯曼帝国的立场上描述这场世纪大战;研究题材有所创新,从传统史学过渡到社会史、文化史。其中,肖恩·麦克米金(Sean McMeekin)引用了大量德国、土耳其史料,站在德国立场上强调了德国在中东地区的勃勃野心,站在奥斯曼帝国立场上指出是沙俄挑起了亚美尼亚问题。莱拉·塔拉齐·法瓦兹(Leila Tarazi Fawaz),根据土耳其作家哈立德·埃迪普(Halide Edip)1916年环游土耳其、叙利亚的见闻,生动描绘了一战土耳其的社会史。退役的陆军中校爱德华·J.埃里克森(Edward J. Erickson),援引土耳其总参谋部的军事档案,从战略层面分析一战中奥斯曼军队的成与败。迈克尔·A.雷诺兹(Michael A. Reynolds)关注俄土这两个帝国的策略上的共同性,两国利用民族主义谋求本国利益的举动,最终搬起石头砸了自己的脚,导致战后两个帝国的毁灭。穆斯塔法·阿克撒卡勒(Mustafa Aksakal)同样引用大量德土材料,讨论了奥斯曼帝国进入一战的前因后果,指出了德土同盟并非像传统上所认为的那样是坚实且必然的,而是脆弱且偶然的。

在这些研究的基础上,尤金·罗根这部《奥斯曼帝国的衰亡:一战中东,1914—1920》应运而生。尤金·罗根教授是英国知名历史学家,主要研究方向是中东史,先后求学于哥伦比亚大学和哈佛大学,后在牛津大学圣安东尼学院任教,2015年后担任牛津大学圣安东尼学院中东研究中心主任。他的作品《奥斯曼帝国晚期的国家边界》获得了阿尔伯特·胡拉尼奖,另有畅销作品《阿拉伯人:一部历史》和《奥斯曼帝国的衰亡:一战中东,1914—1920》等。

本书的英文标题为 *The Fall of the Ottomans: The Great War in the Middle East, 1914—1920*,中文版全书将近500页,主体部分有十三章(不包括前言、小结),笔者将其分为四部分。

第一部分从第一章到第三章,主要讲述了奥斯曼帝国走向一战的过程。1908—1913年,奥斯曼帝国经历了一场革命、三次战争,在混乱的国内外局面中,最终确立了青年土耳其党人的统治,后者及其领导者三巨头之所以能在国内激烈的政治斗争中取胜,很重要一点是他们坚决捍卫奥斯曼帝国领土。奥斯曼帝国在第二次巴尔干战争中取得的光复失地的胜利,赋予了他们至高的声望和合法性。然而,这也为他们卷入一战埋下了伏笔——害怕被列强尤其是俄国瓜分,并渴求进一步光复列强占领下的失地。

第二部分从第四章到第七章,主要叙述了战争从揭幕到日益白热化。随着奥斯曼帝国加入同盟国,前者一方面发起全球"圣战"号召,一方面拼尽全力,在两条战线上对协约国进行进攻,但都无功而返乃至惨败而归,国内民心、军心动摇。这也让协约国尤其是英国认为奥斯曼帝国是同盟国中最薄弱一环,是不堪一击的。在西线僵持的情况下,协约国大胆发起达达尼尔战役,渴望打破缺口,奥斯曼帝国一度处于风雨飘摇之中。在这种紧张情况下,奥斯曼帝国内部种族、宗教、民族冲突愈演愈烈,最终酿成了亚美尼亚人的悲惨遭遇。

第三部分从第八章到第十章。以英帝国为主的协约国在达达尼尔战役中遭到了土耳其军队顽强的抵抗,耗费大量人力、物力之后仍不得不撤退。与此同时深入库特的英属印度军队也因为冒进被包围歼灭——这一切都根源于协约国尤其是英国对于奥斯曼帝国的轻视。这两场战役的胜利让奥斯曼帝国看到了曙光,与此同时俄罗斯发生的两场革命及其退出战争也让同盟国看到了希望。

第四部分从第十一章到第十三章。英国煽动的、圣裔领导下的阿拉伯起义,动摇了奥斯曼帝国的统治,使得帝国内部两大主要民族土耳其民族和阿拉伯民族开始势不两立,并几乎完全消解了"圣战"的影响,成为了奥斯曼帝国走向灭亡的先兆。之后,以英国为首的协约国在黎凡特和美索不达米亚两条战线发动反攻,一步步逼退奥斯曼帝国防线,巴格达、耶路撒冷相继陷落。而随着同盟国山穷水尽——奥匈帝国崩溃、保加利亚投降、德国无力再战——奥斯曼帝国也无法单独支撑,最终被迫签订《穆兹罗斯停战协定》。土耳其青年党三巨头逃亡,权力回归苏丹,但面对作为战胜国的列强,帝国似乎将要画上句号。

本书的新颖之处在于作者独具匠心地把两条相互交织的宏大叙事联系在了一起:一条是奥斯曼帝国的衰亡(the fall of ottomans),一条是一战的中东战场(the great war in the middle east),两条线的交织撑起了本书的叙事主体。两条线的关系可以概括为以下三点。

一、奥斯曼帝国卷入一战,是奥斯曼帝国企图摆脱衰亡的一次赌博

众所周知,自1683年之后,奥斯曼土耳其帝国国运江河日下,在19世纪更是成为了所谓的“西亚病夫”,被帝国主义列强视为瓜分的对象,因而也就产生了“东方问题”。令人吃惊的是,这样一个垂朽的躯体在19世纪大部分时间利用列强之间的相互矛盾,竟然比较成功地维护了自己的领土范围。但随之而来的负面效果是,奥斯曼帝国成为了所有西方列强共同的殖民地。与此同时专制主义在19世纪极大强化——典型地体现为阿卜杜勒-哈米德二世长达30年的专制统治。虽然后者上台伊始就颁布了被视为“坦齐马特”巅峰的1876宪法,但是在此之后,改革派领导下的政府面对西方列强的入侵却屡屡丧权辱国,这“让苏丹阿卜杜勒-哈米德相信,应该用铁腕政策统治奥斯曼帝国,以确保国家未来不再被虎视眈眈的欧洲列强进一步肢解。”①

在专制统治的高压下,奥斯曼帝国更加死气沉沉,但沉默的环境下却孕育着日益增长的愤怒,日后的青年土耳其党(及其下属的土耳其联合与进步委员会)和一系列有组织的反抗力量在这一时期形成。但是值得注意的是,虽然他们的目标是一致的,即“抵制苏丹的专制行为,恢复宪政,重启民主议会制度。”②但是一方面各个组织受到不同思潮的影响,甚至一个组织内部也存在着多个思潮,包括自由主义、实证主义、伊斯兰主义等,另一方面由于奥斯曼帝国内部多民族的状态与列强借由民族问题的干涉,受到欧洲民族主义思想影响的各个民族组织相继出现,局势由此变得复杂化。1908年由青年土耳其党人发动的宪法革命所带来的期望,暂时“把不同背景的奥斯曼人民团结起来,同仇敌忾”,③但他们的合作基础是狭隘的,因此也必然是短暂的,随后奥斯曼

① 〔英〕尤金·罗根:《奥斯曼帝国的衰亡:一战中东,1914—1920》,王阳阳译,南宁:广西师范大学出版社,2017年,第22页。

② 同上书,第22页。

③ 同上书,第24页。

帝国内部陷入了激烈的政治斗争——包括革命者与反革命者之间的、革命者内部的斗争——政权空前虚弱。帝国的觊觎者乘虚而入,使奥斯曼丢掉了利比亚和巴尔干的大片领土,民族危机空前严重。

最终政坛博弈的获胜者是青年土耳其党人,这不仅因为他们有着较为完善的组织,掌握了军队,更因为他们坚决捍卫奥斯曼帝国领土。恩维尔等人早期就加入了利比亚部落抗击意大利入侵的斗争,在第二次巴尔干战争中更是取得了传奇般的胜利,不仅光复失地、极大地鼓舞了民心,给帝国带来了一线希望,也给他们的统治赋予了至高的声望和合法性。最终,1913年"形成了一个由三位理想主义联合派人士——恩维尔、塔拉特与杰马勒——共同领导的更为专制的政府。"[①]这里实际上可以看出历史的共性与规律:作为当时深受西方列强入侵、面临亡国风险的亚洲古老帝国,内忧外患的状态使他们的政府无法立基于自由、民主、宪制之上,因此青年土耳其党人的专制是无可指责的。然而既然他们的合法性以捍卫帝国领土为基础,他们就不得不寸土必争,甚至尽可能光复他们认为奥斯曼帝国失去的领土,这在很大程度上限制了他们的选择。所以青年土耳其党人也有意无意地将自己与奥斯曼帝国一切沉重的历史包袱绑在了一起,这个本来力图革新的政党也退化为维持奥斯曼帝国统治的既得利益集团。正如雷诺兹所指出的,青年土耳其党人不是泛突厥主义和泛伊斯兰主义的旗手,他们的最终目标是维护奥斯曼帝国领土与主权的完整。

一战爆发后,地缘政治的压力使得奥斯曼帝国最终选择与同盟国绑在一起。传统研究认为,因为当时对奥斯曼帝国拥有最大野心的俄罗斯帝国和传统上倾向于保持近东现状、间接维护奥斯曼帝国的英帝国组成了统一战线,使得青年土耳其党人面临空前的危机:如果不参加战争,一旦协约国获胜,他们就非常有可能成为英俄妥协的牺牲品,难逃被瓜分的命运。而参加同盟国一方,一旦获胜,不仅能够避免瓜分,还很有可能光复失地(埃及、东安纳托利亚、巴尔干)。对于当时作为奥斯曼帝国执政者的青年土耳其党人来说,这是一场

① 尤金·罗根:《奥斯曼帝国的衰亡:一战中东,1914—1920》,第46页。

赌博,也似乎是一个必然的选择。然而这一过程绝不是理所当然和一拍即合的。首先,如尤金·罗根所说,青年土耳其党人在萨拉热窝事件后,愿意同任何一支欧洲力量结成同盟,甚至是协约国。弗罗姆金指出,从帕默斯顿到迪斯累利的历任英国首相,出于英帝国利益,力图维持奥斯曼帝国的完整,并在经济、财政领域进行渗透,因而两国有相当长一段时间的蜜月期。直到战前,奥斯曼政府还通过公共募捐筹得资金,委托英国船厂建造两艘无畏舰。同样,在战争爆发前不久,奥斯曼帝国仍然试图向法国靠拢:1914 年 7 月,三巨头之一的杰马勒帕夏应邀前往法国出席海军演习,试图借机接近法国,但只得到了空洞的承诺。甚至在德土结成秘密防御联盟之后,青年土耳其党人仍试图与俄国秘密结盟。其次,恩维尔帕夏绝不是把奥斯曼帝国绑上同盟国战车的罪魁祸首。埃里克森认为恩维尔帕夏独断专行,身兼数职,是主要军事负责人,却经常错误判断,导致奥斯曼帝国走向了一条不归路。可是,虽然恩维尔帕夏对同德国联盟鼓吹最力,但最后提出与俄国缔结密约的正是此人。同德国联盟是奥斯曼帝国战略孤立、青年土耳其党人集体对协约国不信任以及英国扣押集资所造船只引发的民族情绪共同造就的。最后,奥斯曼帝国是极其不情愿地加入了这场远超预料的世界大战。如阿克撒卡勒所说,即使在德土签订协约后,奥斯曼帝国仍然犹豫不决、百般拖延,参军总动员只是故作姿态,实际上青年土耳其党人期望着欧洲矛盾的快速解决。最后,德国失去了耐心,威胁停止黄金、武器和人员的援助,奥斯曼帝国才终于被迫踏上了这条不归路。

二、一战是压倒奥斯曼帝国的最后一根稻草

本书中对于一战对奥斯曼帝国衰亡产生影响的分析,让笔者联想到英国学界关于一战与英国自由党衰落的争论。虽然有不少人认为即使不发生一战,自由党的没落也在所难免。但是 T. 威尔逊教授创新性地提出了失控马车理论:在《自由党的崩溃》这本书中,他把第一次世界大战比作一辆失控的马车,把自由党比作一个人。他形容这个人感染上了某些病症,在得到有效治疗

之前,又被一辆失控的马车撞倒在人行道上。“他”痛苦地苟延残喘一阵后,便溘然长逝了。那么究竟是什么因素导致了这个人的死亡呢?在T.威尔逊教授看来,那辆马车毫无疑问地要对“他”的过世负责任。①

回到一战与奥斯曼帝国,土耳其的衰落自1683年以来经历了一段相当漫长的时期,虽然帝国主义列强将其视为“西亚病夫”,但如前所述,奥斯曼帝国还是相当顽强的延续了自己的帝国统治;在1908—1913年的一场革命、三次战争之后,新掌权的青年土耳其党人一度给帝国带来了新的机遇和新的希望。然而,由于帝国周边列强环伺,新独立的巴尔干国家敌意满满,不断产生的外交危机和经济复苏的乐观情绪在1914年的奥斯曼帝国交替出现。而当战争来临之时,在地缘政治压力下加入同盟国的奥斯曼土耳其帝国,其经济于8月硬着陆,并且在战争中陷入了长期萧条。

与此同时,奥斯曼帝国作为一个多民族的帝国,和其盟友奥匈帝国一样,和平时期尚且需要耗费大量精力处理不同民族的关系问题,在战争中更必然遇到该问题的困扰。首当其冲的就是帝国内部有着和协约国相同基督教信仰,且一直受到列强尤其是俄国扶持的亚美尼亚人,他们对于帝国的忠诚很快就被证明是有问题的。如雷诺兹所说,沙皇俄国也一直打着民族和宗教的旗帜,利用并武装库尔德人和亚美尼亚人,企图激化奥斯曼帝国内部的种族矛盾,从而瓦解奥斯曼帝国。奥斯曼帝国和沙皇俄国在安纳托利亚东部的交锋又进一步激化了这种矛盾——相当一部分聚居于此的亚美尼亚人与军队内部的亚美尼亚士兵叛逃。在战争的紧急态势下,任何一点冲突都会被放大,并且战争这种殊死斗争也容不下帝国内部的“不忠诚者”。于是,在统一联合派的领导下,在由俄国武装、奥斯曼帝国支持的库尔德人的帮助下,一场对于亚美尼亚人有计划的迫害就此展开,他们成为了大国博弈的牺牲品。

与此同时,随着战争的进行,拥有相同信仰的阿拉伯人和土耳其人之间的冲突日益不可调和,最终引发了阿拉伯民族大起义。在这一点上,青年土耳其党的局限性更加明显。它一方面把自己界定为奥斯曼帝国的执政者,一方面

---

① 高岱:《英国政党政治的新起点》,北京:北京大学出版社,2005年,第3页。

却只把土耳其民族看成奥斯曼帝国的主要乃至全部构成。阿拉伯的民族主义者早期并没有如此激进的反对奥斯曼帝国,其中不少人力图实现的是类似奥匈帝国的那种二元君主制,将奥斯曼帝国建立在土耳其人和阿拉伯人两个民族基础之上,但青年土耳其党人的政策毫无疑问伤害了阿拉伯人的感情,并在战争中进一步损害了他们的利益。随着奥斯曼帝国在战争第二阶段陷入危机,阿拉伯民族主义者也在思考另寻出路。英国则抢先和先知后裔哈希姆家族势力建立了联系。然而奥斯曼帝国在黎凡特地区的管理者、三巨头之一杰马勒帕夏发现了阴谋并残酷镇压了叙利亚的阿拉伯民族主义者。虽然这暂时确保了黎凡特地区的稳定,却彻底伤害了阿拉伯人的感情,使得哈希姆家族最终举起了反抗的大旗。这场英国煽动的、圣裔领导的阿拉伯大起义,动摇了奥斯曼帝国的统治,使得帝国内部两大主要民族土耳其民族和阿拉伯民族开始势不两立,并几乎完全消解了"圣战"的影响,成为奥斯曼帝国走向灭亡的先兆。

综上所述,一战至少在两个方面对帝国带来了沉重的一击——如同压倒它的最后一根稻草。在经济上,战争不仅阻碍了新形势下可能的经济复苏与现代化,还彻底瓦解了帝国的经济,造成帝国内部经济萧条、遍地饥荒,如果没有德国的不断输血,帝国早已难以为继。在政治上,战争引爆了民族问题的火山,导致帝国内部主体民族——土耳其民族和其他民族的相互仇视,瓦解了对帝国的共同认同,帝国的统治基础荡然无存。当然,奥斯曼帝国在战场上被击败,正式宣判了它的死刑,《穆兹罗斯停战协定》之后的奥斯曼帝国已经成为了列强眼中的鱼肉。

三、一战中东战场的重要地位不容忽视

一战作为第一次世界性战争,主要的战场只有三个:西线、东线和中东战场。由于西线和东线是直接在欧洲领土上进行的战争,所以给欧洲人带来了巨大的物质、精神伤害,久久不能恢复。然而在西方的话语霸权之下,人们忽视了第三个稍微遥远的战场:中东战场。正如作者所说,不仅西方对

土耳其和阿拉伯的一战经历知之甚少,而且出于语言和政策限制的原因,从土耳其方面了解奥斯曼帝国也并非易事——更有甚者,阿拉伯国家的档案馆对一战颇为漠视,阿拉伯社会亦是如此:“虽然几乎每一个现代阿拉伯国家都曾或多或少地卷入一战当中,但他们记忆中的一战是一场他人的战争,是行将灭亡的奥斯曼帝国及其鲁莽的青年土耳其党人镇压阿拉伯人民的历史。”①

首先,中东战场对于一战的重要性被忽视,实际上这种忽视源头可以直接追溯到协约国对于奥斯曼帝国的看法。当奥斯曼帝国宣布加入同盟国之后,协约国想当然地将奥斯曼帝国视为同盟国的最弱一环,奥斯曼帝国在初期的两场攻势失败后,更加剧了协约国的自大。所以在西线打不开局面的情况下,才有了英军在加里波利和库特的冒险,企图快速打垮奥斯曼帝国,从战略上取得突破。从战略角度而言“奥斯曼帝国的介入是这场欧洲纷争演变成世界大战的最重要原因”,对英帝国也产生了史无前例的威胁:一旦同盟国占领埃及,就将隔断英国本土和印度的联系——这在某种程度上也是英帝国在一战后如此想要控制整个中东的原因。从战术上,奥斯曼帝国军队的顽强程度远远超过了英国人的想象,这两场冒险使英军付出惨重代价,不仅没有减缓反而延长了一战的进程,并且直接导致了协约国尤其是英国国内的重大危机。

其次,中东战场的激烈程度被忽视。现在当我们提起一战,总会联想到西线战场上惨无人道、血流漂杵的堑壕战。在中东战场上不仅出现了堑壕战,参战国的士兵们还因为奥斯曼帝国境内的极端气候和落后交通条件,受到了极大的煎熬。在此作战的军队也最国际化:“澳大利亚人和新西兰人,南亚、北非、塞内加尔和苏丹的所有民族,与来自法国、英格兰、威尔士、苏格兰和爱尔兰的士兵在中东战场上并肩作战;而在他们所对抗的奥斯曼帝国及其德国和奥地利盟军中,又分别有土耳其人、阿拉伯人、库尔德人、亚美尼亚人和恰尔卡西亚人。奥斯曼战线就是名副其实的巴别塔……”②此外,中东境内的人们,在战争中也经受了极大的灾难。由于奥斯曼帝国本就虚弱的经济在战争前很

---

① 尤金·罗根:《奥斯曼帝国的衰亡:一战中东,1914—1920》,第 7 页。
② 同上。

快崩溃，所有奥斯曼帝国境内的臣民都在战争中面临着物资匮乏的萧条局面，度日艰难，作为战争前线的叙利亚甚至同时遭受了战争、蝗虫、疾病三大灾害。最后，战争带来的紧急状态还导致了大规模的征兵与大规模的种族迫害，更加剧了人道主义灾难。与此同时，在协约国统治范围一方的普通百姓也并没有好日子过。以英帝国统治下的埃及人为例，他们不仅为战争提供了大量的劳役乃至直接军事援助，还被迫忍受日益增多的英联邦军队在自己家乡的胡作非为，这也难怪战后埃及很快爆发全国性的反英独立运动——华夫脱运动。

最后，中东战场的结局对于中东产生了深远影响，直到今日仍是如此。协约国为了赢得战争胜利，签订了一系列秘密协约，其中不少甚至相互抵牾。英国一边用《赛克斯-皮科特协定》争取法国、俄国的支持，用《贝尔福宣言》争取犹太人的支持；一边通过麦克马洪-侯赛因通信煽动阿拉伯民族起义，许诺空泛且与前者矛盾的未来。而在战后的瓜分盛宴中，赤裸裸的强权政治主宰了战后的中东，阿拉伯人的利益成为一切决策的牺牲品，阿拉伯人的大阿拉伯国家梦想不仅没有实现，其疆域反而成为了英法的托管地——实际上就是当时语境下殖民地。这些托管地有的被托管国直接统治，有的成立了所谓当地人政府，实行间接统治，但都是帝国主义列强在自身利益基础上、很大程度任性建构的产物，几乎不考虑也没有认识到当地民族、宗教的复杂的实际情况。随着二战后非殖民化进程的加速，这些地区虽然在一定程度上摆脱了帝国主义的控制，但其政府的统治基础是脆弱的、狭隘的（比如伊拉克的情况在很大程度上是英法扶持的少数逊尼派对于多数什叶派的统治），因此很快陷入了独裁统治或者内乱。直到今日，这一地区仍然处在动荡之中，其根源恰恰在于一战后的帝国愚行。

尤金·罗根在这本书中，引用多方面、多题材的史料和研究成果，以奥斯曼帝国的衰亡和一战中东战场两大主题为轴。与此同时本书更重视战争亲历者的视角，将目光放在了被卷入战争旋涡中的个体之上，将个人故事有序穿插在宏大叙事之中，为我们从个体到宏观层面完整呈现出了一战中的奥斯曼帝国。它的重要意义还在于重现发现了中东战场的重要地位，揭示了一段充满死亡气息的动荡历史，弥补了过往对中东一战史研究的不足。

然而,本书也存在着一些问题。抛开东方主义和西方本位视角的老生常谈,尤金·罗根虽然在尝试理解奥斯曼帝国,但他本质上似乎更关注一战的中东战场,从而忽视了奥斯曼帝国在一战中的努力与成就。此外,如雷诺兹所说,虽然尤金·罗根在其他著作中曾经广泛发掘土耳其档案,但这本书却大量利用二手资料,几乎完全放弃了奥斯曼帝国的资料。仅有的对一手文献的引用,也只是为了展现细节,而不是为了进一步分析。这使得本书既显得太琐碎,又缺乏深度。归根到底,原因在于作者模糊的读者定位。尤金·罗根企图综合政治史、外交史、军事史、社会史,汇集英国人、法国人、土耳其人、阿拉伯人、亚美尼亚人等一战中东参战者的视角,想在这一被忽视的领域做得又大又全,却恰恰模糊了重点与对话对象。

作者简介:卢宇嘉,北京大学历史学博士。

大西洋两岸面临共同的威胁

——评《跨大西洋创伤:非自由主义是否将西方带至崩塌的边缘?》

冯怡然

民粹主义、民族主义、反全球化、反建制等词汇近年来在国际上,特别是欧美国家政界、学界和舆论界使用频率非常高。随着2016年以来欧洲各国民粹主义政党异军突起,特朗普赢得美国大选,意大利第一个民粹主义政府在2018年大选后诞生,越来越多的人开始把注意力集中到了这些所谓"非自由主义"势力将可能产生的影响上。人们普遍担忧,非自由主义将可能对传统的自由主义以及所谓的自由国际秩序造成严重挑战。

美国明德学院著名教授斯坦利·斯隆在《跨大西洋创伤:非自由主义是否将西方带至崩塌的边缘?》一书中较为全面、详细地介绍了西方目前面临的威胁和挑战。① 作者将全书分为七部分:对西方的界定,来自"伊斯兰国"组织和俄罗斯的外部威胁,西方的民粹主义,土耳其偏离西方轨道,英国"脱欧",特朗普上台,以及西方是否会被非自由主义瓦解。本书的中心议题是西方民主制度是否能够抵抗来自内部和外部的威胁,尤其是西方内部非自由主义的崛起和蔓延。作者通过本书阐述了跨大西洋联盟面临的问题,其威胁是什么,对跨大西洋关系可能造成的影响,并提出了应对措施。

自由主义理念自二战结束以来一直是西方国家的主流价值观。冷战期

---

① Sloan, Stanley, *Transatlantic Traumas: Has Illiberalism Brought the West to the Brink of Collapse?* (Manchester: Manchester University Press, 2018).

间,世界一分为二,意识形态有东方和西方之争。苏联解体后,“历史终结论”甚嚣尘上,新自由主义一夜之间摆出了要统治世界的架势。事实上,美国与西方也加大了对外输出西方模式和制度的力度。“颜色革命”在中亚国家频频上演。2001年,“9·11”恐怖袭击事件发生后,美国改造中东,即所谓民主化中东的想法也应运而生。2010年,突如其来的西亚北非的政治风暴在西方语境下被广泛称为“阿拉伯之春”。由此不难理解为什么诸如民粹主义、反建制这样的非自由主义力量会在欧美引起严重的担忧。

英国《金融时报》首席经济评论员马丁·沃尔夫认为,自工业革命以来,世界经济经历了两波巨大的经济一体化浪潮,也就是我们现在所谓的“全球化”:一波是在19世纪末到20世纪初,另一波是在20世纪末到21世纪初。他认为,大国间冲突、经济萧条、民族主义和保护主义扼杀了第一波全球化浪潮。而他现在非常担心的是第二波全球化浪潮也将遭到扼杀。① 欧亚集团总裁布雷默在预测2019年重大地缘政治风险时指出,民粹主义者在欧洲议会选举中将赢得比以往更多的席位,从而在欧盟机构中获得更重要的地位。这将有助于他们挑战目前的移民、贸易以及欧盟规则在成员国内的具体执行政策。② “进攻性现实主义”国际关系理论的创立者约翰·米尔斯海默,也在其2018年新面世的《大幻灭:自由主义梦想与国际现实》一书中认为,西方自由主义霸权在现实主义与民族主义夹击下已经失败。③ 而约瑟夫·奈认为,特朗普的当选反映了美国国内深刻的种族、意识形态和文化分裂。随着机器人像贸易一样给美国带来失业以及文化的改变仍具有分裂性质,民粹主义在美国很可能继续存在下去。④ 不仅在欧美,日本也出现了同样的忧虑,日本《共同社》刊文称,

---

① M. Wolf, “Davos 2019: Globalisation Faces Bumpy Road Ahead”, 2019. Jan. 20, *Financial Times*, https://www.ft.com/content/c1846c4e-ffbf-11e8-b03f-bc62050f3c4e.

② I. Bremmer, “Eurasia Group's Biggest Geopolitical Risks of 2019”, Jan. 7, *Times*, http://time.com/5495546/eurasia-geopolitical-risks-2019-ian-bremmer.

③ J. Mearsheimer, *The Great Delusion: Liberal Dreams and International Realities* (New York: Yale University Press, 2018).

④ J. Nye, “Is the ‘Populist’ Tide Retreating?”, 2019. Feb. 4, *Project Syndicate*, https://www.project-syndicate.org/commentary/populist-wave-in-retreat-by-joseph-s-nye-2019-02.

世界各地的民主正处于变化之中，与此同时世界秩序正在崩溃。①

本书作者认为，“西方”的概念成型于二战结束之时，其历史可以追溯到古希腊时期的民主文明。他把西方定义为“自由民主的价值观、个人自由、人权、法律下的包容平等”。将它与其他地区区分开的并不是种族、文化、宗教、语言、民族、财富，也不是特朗普所说的“塑造我们的独特文化、信仰和传统”，因为这将排除掉那些拥有不同文化、信仰和传统但却认同并实践着西方价值观念的国家。作者进而指出，作为大西洋两岸关系的具象化制度，北约自成立之初就支持“民主、个人自由和法治”。因此，北约不仅仅是一个军事联盟，而是具有一系列超越普通军事威胁的价值观的联盟。他认为，北约的价值观基础是以往军事联盟所缺乏的，正因如此北约能在冷战结束后继续保留下来。

然而，在作者看来，包括北约在内的整个西方近年来受到了内外夹击。外部威胁来自两方面，一是“伊斯兰国”，二是普京领导下的俄罗斯。而内部威胁主要是民粹主义的影响，如欧洲民粹主义政党的崛起、英国“脱欧”、特朗普入主白宫。同时，作者将土耳其的地缘作用和非民主化趋势也考虑在其中。

作者在书中指出，“伊斯兰国”从伊拉克逊尼派和基地组织中攫取力量，成为对抗西方的伊斯兰激进组织。“伊斯兰国”带来的不仅是恐怖威胁、中东的动荡，同时造成了严重的难民危机，这对欧盟的人道主义援助和边境开放政策施加了压力，“伊斯兰国”不仅仅代表了中东、北非巨大的不稳定势力，更直接挑战了北约、欧盟赖以存在的价值观与共同利益。

关于俄罗斯，作者的看法在西方有很大的代表性，他认为俄罗斯与西方的紧张关系在 2014 年乌克兰危机时不断发酵，西方视俄罗斯在克里米亚和乌克兰的一系列行动为巨大威胁。同时，作者指出俄罗斯对美国和欧洲极右翼非自由主义政党的资助也影响了西方的民主选举。如，法国国民阵线（现改名为国民联盟）党魁玛丽娜·勒庞就曾在法国大选前前往莫斯科拜会俄罗斯总统普京。美国大选结束后有报道称俄罗斯不仅攻击了民主党的电脑系统，还鼓励网站发布损害民主党候选人希拉里·克林顿的内容。

---

① 共同社东京:《日本处在民主十字路口》,《参考消息》,2019 年 1 月 23 日。

在本书作者看来，对西方、跨大西洋关系冲击最大的事件当属2016年英国全民公投“脱欧”和特朗普当选美国总统。作者指出，英国“脱欧”公投中支持留欧和脱欧的两方票数相当接近，仅相差3.78%，也就是一百多万张票，可见在“脱欧”问题上英国社会分裂程度相当深。英国“脱欧”反映出了英国逐渐上升的民粹主义情绪，以及不断增加的反移民、反全球化和反建制呼声。

就对跨大西洋关系的影响而言，作者将特朗普当选美国总统比喻为一场可怕的“海啸”。特朗普在竞选总统期间就表达出了对欧盟和北约的不屑，称跨大西洋联盟是过时的，选择不质疑俄罗斯对乌克兰和北约的威胁，这给大西洋两岸的关系造成了裂痕。默克尔在与特朗普会晤后的一次集合中表示，西方可以依赖他人的时代“已经在某种程度上终结了”。除了批评北约和欧洲盟国，从欧洲国家的角度来看，特朗普还放弃了美国在西方国家中的领导权。美国自二战后一直担任西方世界的领导者，但特朗普上任以来，美国退出了巴黎气候协定、伊朗核协议等重要国际协定。

关于西方当前面临的内部威胁，即非自由主义倾向、极右民粹主义政党在西方支持率的不断攀升，作者指出，多种原因造成民粹主义在欧盟国家的盛行。首先，2008年国际金融危机导致美欧国家民众大规模失业，尽管就业市场逐渐恢复，但实际工资却没有跟进，民众对西方制度和领导人普遍失望。其次，由于中东、北非战乱不断，难民危机不断发酵，恐怖袭击事件随源源不断的难民降临欧洲，也威胁着接收国的经济福利，尤其是在金融危机中遭受打击最大的群体，他们认为难民的大量涌入对其社会福利造成了巨大负面影响。同时，欧洲一体化、国际贸易和加速的全球化也被认为损害了普通民众的利益。最后，生活节奏的加快、科技的不断发展也使许多人无法适应，人们感觉自己处于弱势地位。以上种种不满，均给了民粹主义发展机会。

值得一提的是，本书对作为北约重要成员之一的土耳其近年来的发展变化做了专门探讨，并认为土耳其的变化也给西方自由民主价值观的未来蒙上了一层阴影。作者认为，2017年土耳其总统埃尔多安赢得国家公投的胜利后，总统获得了相当大的权力，而议会和法院的权力相对缩小了。军事政变后埃尔多安的一系列军队清理活动也影响了它和北约的安全防务能力。西方国家普遍认为这次的权力转移是土耳其向普京式政治模式转型的第一步，土耳其对内对外的新变化令西方国家担心它会疏远北约盟国，与西方民主法治的观念背道而驰。

内外带来的冲击，给西方、给跨大西洋关系带来了巨大而深远的影响。作为北约东南部的重要成员国，土耳其的战略位置非常特殊，是欧洲与中东伊斯兰国家的桥梁，也是西方解决中东问题不可或缺的一环，这意味着土耳其偏离自由主义的方向更加危险。同时，美欧国家一直期待世俗化的土耳其能够成为其他伊斯兰国家的榜样，土耳其远离北约价值观不仅仅会分化北约内部，也让西方担心它离开北约。因此，对西方来说，当务之急是让土耳其继续发挥其重要的地区作用并坚持西方的价值观念。脱欧不仅对英国和欧盟是一个巨大冲击，也给跨大西洋关系、国际事务和总体上西方的未来走势增加了不确定性。英国脱欧是欧洲反自由主义政治的最大胜利。毫无疑问，英国脱欧损害了西方，破坏西方的凝聚力、自信心和国际声誉。尽管这并不意味着脱离了欧盟的英国会走上非自由民主的道路，但欧盟被削弱意味着西方实力被削弱，西方阵营发生分裂。同样，特朗普放弃西方领导地位、采取孤立主义可能带来的影响是欧洲负担更多的防务开支，跨大西洋合作关系减少，对美国来说其政策更难获得国际支持。

尽管作者并不认为非自由主义将西方带到了崩塌的边缘，但大西洋两岸近年来不断壮大的民粹主义、极右势力反映出了西方民主的弱点，这有可能摧毁西方七十年来用以定义自身的原则和价值观念。如何才能保护西方的自由民主免受威胁呢？作者认为要做好两方面工作：改进西方的民主制度，减少内部的不满，不给支持民粹主义的非自由主义趋势以机会；提供强有力的防务对抗外部威胁，主要是来自“伊斯兰国”的恐怖袭击和俄罗斯的威胁。作者建议通过激进的中间派来采取措施。对于特朗普主义，激进的中间派应当重新建立美国与欧盟的相互信任，支持与北约和欧盟的合作，共同应对西方面临的内外危机，尤其要注意保护新闻自由。美国激进中间派的目标是让国家重新变为西方价值观的践行者和防务的领导者。而对于土耳其，西方的策略应当是鼓励其重新回到自由民主的道路，避免与这个战略上极为重要的国家彻底决裂。西方国家需通过外交和军事渠道与土耳其坦诚交流,把握其未来的政治走向。关于欧洲存在的非自由主义倾向,欧洲各国政府需要采取激进中间民粹主义的策略去解决难民危机,不给极右势力发挥的空间。民主中间派要支持一个统一的、欧洲的方案,如援助边境国家,提供更多合法移民机会和安全的穿越路线,使分裂的欧洲振作团结起来。在俄罗斯问题上,西方还需保持强有力的军事实力对抗俄罗斯的军事威胁,并确保美国在北约继续活跃。

本文成书时"伊斯兰国"还处于活跃期,到2018年11月,叙利亚军方发表声明称"伊斯兰国"已经完全被消灭,随后,特朗普宣布从叙利亚撤军。尽管"伊斯兰国"极端组织被消灭,但其对西方国家仍有长期影响。随着组织成员回流,恐怖袭击将长期困扰欧洲一些国家。

作者关于西方受到内外威胁的分析可以说代表了当前西方国家的主流看法。关于民粹主义,作者虽然提到了民粹主义兴起的原因,但在笔者看来,最重要的是经济和文化两方面原因。在历史上,民粹主义常与经济危机相伴相生,目前这一轮的民粹主义浪潮,无疑受到了2008年金融危机和2010年欧债危机的影响,但文化因素同等重要。文化因素也可以看作身份政治,而这一问题更难解决,对欧洲和美国皆是如此。欧洲的难民问题很大程度上是由中东北非的形势来决定的。只要中东北非持续处于战乱之中,欧洲就会长期受到难民潮的困扰,这样一来文化和身份问题原因就会长期起作用。特朗普上台以来,美墨边境墙问题一度迫使联邦政府部分关门,关门时间创造了美国历史记录。特朗普为什么要在建墙问题上如此顽固,其原因也在于他深信非法移民问题日益严重是选民支持他的重要原因之一,对他能否连任至关重要。欧洲民粹主义发展的另一原因与传统党派无法有效解决当前的问题有直接关系。不论是执政多年的德国总理默克尔,或是上任不久的政坛新人法国总统马克龙,还是临危受命负责脱欧事务的英国首相特雷莎·梅,都在国内受到了极大的挑战。当前的传统党派遇到瓶颈,人民的情绪很容易被民粹主义政党煽动。这些极端政党声称代表人民发声,拒绝全球化、欧洲一体化,反移民、反多元化,他们将难民和频发的恐怖袭击相联系,试图证明难民给社会带来了安全隐患。民粹主义者用简单的反对主流政党政策吸引选民,实际上也不能从根本上解决问题。民粹主义是危机时期下的产物，当问题得到缓解，民粹主义的支持热度就可能会下降。但目前来看，由于经济没有得到改善，文化问题根深蒂固，民粹主义问题还将持续发酵。

如前所述，跨大西洋关系是本书的重点。作者在书中强调了价值观的重要性，但过于强调价值观会忽视其他方面的因素，难以全面把握未来大西洋关系发展的真实趋势。作为跨大西洋同盟的北约实际上是冷战产物，这一联盟内部关系疏远的趋势早在特朗普上台前业已日趋明显。奥巴马曾被欧洲视为最能代表西方共同价值观的一位总统，但在其任期内欧美关系并没有真正升温。共同的安全威胁、共同的战略重点、共同的文化宗教、共同的价值观构成了战后以来跨大西洋关系的四大支柱。冷战结束以后，共同的敌人消失了，在反恐问题上欧美出现严重分歧，而欧美战略重点也发生了分化，美国的重点在奥巴马时期已转向亚洲，而欧洲的战略重点仍然是俄罗斯。所以当奥巴马提出“重返亚洲”战略以后，欧美关系的疏离倾向进一步扩大。总之，正如芝加哥全球事务委员会主席艾佛·戴德尔所说，美国重返亚太战略的出台说明近四分之一个世纪以来，美国外交政策逐渐从冷战时期的聚焦欧洲转向更加广阔的全球视角，“将来无论谁入主椭圆形办公室，欧洲人在白宫都将不再占据特殊位置。”①

在安全问题上，尽管一些中东欧国家在乌克兰危机后炒作俄罗斯威胁，但以法德为主的欧洲国家事实上已经不再视俄罗斯为主要威胁了。在 2019 年慕尼黑安全会议上，欧美矛盾暴露无遗，德国总理默克尔力挺多边主义，对特朗普单边主义发出警告，呼吁国际合作。在伊核问题上美国与欧洲的矛盾尤为尖锐。美国副总统彭斯在慕尼黑安全会议上呼吁欧洲退出伊核协议，并一再表示欧洲国家占美国的便宜、对北约投入太少。欧洲国家则针锋相对，明确表示维护伊核协议对于中东和欧洲乃至世界安全至关重要。总之，随着共同安全威胁认知出现分歧，共同战略重点产生分化，欧美关系将不可避免地呈现

---

① I. Daalder, “What's Obamas European Legacy?”, *Politico*, 2016. Apr. 24, http://www.politico.eu/article/what-will-define-barack-obamas-european-legacy-eu-us.

出渐行渐远的趋势。

最后一点,本书忽略了非自由主义对既有国际秩序特别是全球治理的影响。既有的国际秩序是在二战后形成的,基于多边组织机构,反映了多边主义原则,包括以联合国为主的国际安全政治体系,以世界银行、国际货币基金组织、世界贸易组织(前身关贸总协定)为支柱的国际经济体系等等。美国作为唯一的超级大国,在维护现有国际秩序中发挥了至关重要的作用。但随着特朗普的上台以及一系列"退群"行为,现有国际体系和秩序正面临着严峻考验。如美国退出巴黎气候协定、伊朗核协议,对其他国家挥舞关税大棒,不仅加剧了地区紧张局面,还对全球稳定和增长产生了严重的负面影响。美国国内对单边主义和孤立主义的支持不会很快消失,这意味着全球治理赤字问题在未来还会更加严重,新兴大国将承担更大的责任。同样,尽管经济全球化趋势不会出现根本性逆转,但逆全球化势力所造成的影响不可低估。欧美普遍出现的贸易投资保护主义、经济民族主义将会使各国之间的博弈和竞争更加激烈,自由贸易和开放经济将进一步受挫,不利于全球经济的持续、健康增长。

作者简介:冯怡然,中国人民大学博士生。

学术活动

俄罗斯“国家建构”路径的选择

2019年9月5日，北京大学区域与国别研究院在英杰交流中心成功举办了主题为“俄罗斯‘国家建构’路径的选择”的博雅德信工作坊。来自北京大学、中国社科院、北京师范大学、吉林大学、莫斯科国立大学、牛津大学和日本北海道大学等高校的10余名国内外专家学者就上述主题进行深入研讨。

自2014年乌克兰危机爆发以来，俄罗斯被迫抛弃以欧洲为主的传统外交战略，转而“向东看”，积极推进新的亚太战略。然而，国内外学界一直质疑俄罗斯亚太战略的持久性。有观点认为，地理上的东西方差异引发的思想上的摇摆一直是俄罗斯“国家建构”中最根本的问题之一。回顾俄罗斯“国家建构”的历史，每一次看似偶然的选择，其背后都有深厚的历史传统作为支撑。对俄罗斯历史上国家建设路径的回顾，有助于理解现代俄罗斯国家发展走向，为中俄关系的未来发展提供参考。

莫斯科国立大学历史系副主任迪米特里·安德烈夫(Dimitrii Andreev)梳理了俄罗斯18世纪中期开始到1905年政治危机为止的君主专制的消解历程。叶卡捷琳娜二世免除了贵族的义务，允许他们的领地自治，这促进了反君主专制的政治文化和自由观点的产生。随着时间的推移和社会的发展，君主专制和官僚集团此消彼长。1905年，尼古拉二世签订《十月宣言》，开始与首相分享权力，最高权力被实质性弱化。

牛津大学历史学研究员亚历山大·莫里森(Alexander Morrison)的发言聚焦于俄罗斯19世纪至20世纪初对中亚的殖民统治的脆弱性。通过对税收、土地等具体治理问题的分析，他的研究反映出俄罗斯统治者对地方社会经济结构知识的根本性缺失，而对这些知识的忽视是基于对俄罗斯文明优越性的坚定信念，认为在强大的俄罗斯文明的影响下，中亚文化会逐渐实现“去伊斯兰化”和“俄罗斯化”。这种无知和自信使得俄罗斯在中亚地区的殖民统治始终浮于表面，无法深入有效，也进一步引发了将中亚地区融入俄罗斯帝国这一尝试的大规模失败。

北京大学外国语学院助理教授施越介绍了1822年《西伯利亚吉尔吉斯人条例》。他认为，该条例首次将帝国官僚体制扩展到哈萨克草原东部地区，以科层管理方式统治哈萨克人。这标志着沙俄对中亚地区的统治由此前的羁縻政策转向建立有效行政机构，以逐步吸纳新征服领土和臣民，并为19世纪在中亚的进一步扩张奠定了基础。

日本北海道大学斯拉夫研究中心教授宇山智彦表示，目前关于沙俄对非俄罗斯地区的统治大致存在两种截然相反的观点：一是认为帝国是“民族国家的监狱”，二是认为在种族和族裔态度上俄罗斯比其他欧洲帝国持更宽容的态度。他认为，对非欧洲人的东方主义和歧视态度无论在俄罗斯还是其他欧洲帝国在很多方面都是较为普遍的。然而，“宽容帝国”论和“国家监狱”论都存在一个问题，即两者都倾向于将俄罗斯对非俄罗斯人的政策视为在整个帝国时期以及面向所有民族的基本一致的东西。事实上，俄罗斯的民族政策随着时间的推移发生了巨大的变化，而且对不同民族的政策也存在着明显的差异。

吉林大学教授张广翔从经济领域分析了俄罗斯的“国家建构”。克里米亚战争失败后俄国政府决心通过大力兴修铁路和发展民族工业来振兴本国经济。1861年改革后，以资本主义方式发展民族工商业的方针最终得以确立。在工商业基础薄弱、国内资本积累不足、陆路交通不发达的条件下，俄国政府被迫采用国家干预手段，坚决推行保护关税，实施引进外资和兴修铁路的工商业政策，这些手段是俄国民族工商业飞速发展的巨大推动力。但由于俄国农业改革的不彻底及政治体制和经济政策的矛盾，俄国的工商业政策也具有一些不完善的特征。

中国社会科学院俄罗斯政治研究室主任庞大鹏在探讨当代俄罗斯制度转

型时表示，普京时期的治国理念和举措被统称为“普京主义”。“普京主义”所呈现出来的观念与制度特点引发西方与俄罗斯关于国家治理和发展道路问题的争论。“普京主义”具有清晰的内在逻辑，与俄罗斯国家特征和历史上的国家治理传统一脉相承，其内涵可以概括为政治的控制性、经济的政治性和外交的聚合性。“普京主义”对世界局势和俄罗斯发展有深远影响。

北京师范大学教授张建华在分析俄罗斯民族认同和公民认同时指出，苏联解体后，在急剧的政治、经济、社会和文化转型过程中，“民族认同”（“民族进程”）和“公民认同”（“国家进程”）是一个同时并存，或相向而行，或异向背离的棘手问题。有鉴于苏联解体后的俄罗斯仍然是一个多民族的国家，实施的仍然是联邦制的国家体制，民族问题与民族政策仍然是俄罗斯政府急需谨慎处理的当务之急，因此如何妥善地处理“民族认同”与“公民认同”的关系与尺度将是一场难以终结的权力与权利的博弈。

北京大学历史学系助理教授庄宇从文化体系建构这一视角讨论了苏联国家建构的过程。她以20世纪50年代苏联文艺界掀起的一场关于社会主义、现实主义创作方法的广泛讨论作为切入点，通过文化政策的转变及其实践，以戏剧管理制度为例，谈了苏维埃文化体系建构。

在当天的研讨会上，与会学者还就俄罗斯研究学术人才培养体系以及当代国家政治、外交策略对学术研究的导向性等问题进行了经验交流与互动。

（整理人：兰旻）

“令和时代”：日本天皇制的前世今生

2019年6月10日，北京大学区域与国别研究院博雅德信工作坊第二十工作间于英杰交流中心星光厅成功举办。此次工作坊主题为“‘令和时代’：日本天皇制的前世今生”，来自日本横滨市立大学、日本法政大学、北京大学、中国社会科学院日本研究所、南开大学、天津社会科学院日本研究所、天津外国语大学及上海外国语大学的十余位中外学者就这一话题进行了学术分享与研讨。本次工作坊由北京大学历史学系教授王新生担任主持。

今年5月，日本明仁天皇生前退位与令和时代的开启，不仅在日本社会引起了较大反响，同时也吸引了世界各国的目光。尽管明仁天皇主动提出生前退位并无宪法依据，且没有得到内阁的建议与承认，但安倍政权给予了积极配合，迅速通过了特例法并大力渲染退位与即位的过程。显而易见，天皇与天皇制在日本社会乃至政治领域有着强大的影响力，自民党及其政府也期望借助天皇的权威性，在提高自身执政合法性的同时实现政治目标。基于这一背景，与会学者针对天皇制的历史演变、天皇制及日本文化、日本的国民性与对天皇的情感变化、天皇制的社会及政治外交功能、近代天皇制与象征天皇制等进行了深入交流与讨论。

日本宫内厅前主任研究员、迹见学园女子大学副教授真边美佐提出，日本国宪法第一条规定，现在天皇的存在是建立在国民理解之上的。日本放送协会(NHK)自1973年开展的关于国民对天皇制态度的舆论调查数据显示，在日本国宪法下，昭和天皇虽然贯彻了明治天皇严遵宪法的姿态，但在塑造天皇作为国民要求而必须存在的“象征天皇”形象上并未进行主动探索。调查结果虽未否定天皇制，但天皇制也不再是国民心中不可或缺、不加批判即被接收的东西。她认为,通过对比1993年开始平成时代的调查数据变化,可以看到受到明仁天皇亲民姿态的影响,国民对天皇的好感度得到了提升,不同于昭和天皇,明仁天皇强烈意识到了应主动探索和塑造"象征天皇"的理想形象。正是现代媒体能够将国民对皇室的意见直接公开地表达出来,导致明仁天皇出现此种态度转变。无论是否情愿,以天皇为首的皇室不得不接受如今需要探索国民期望、获取国民接受的处境,这一现状很大程度上是源于明仁天皇的个人品行。这意味着天皇制进入了天皇权威受到天皇个人品行左右的不稳定时代。

日本横滨市立大学教授松本郁代回顾了为支持天皇即位的正统性,每个时代的天皇即位仪式典礼的变化过程。天皇正统性的依据发生着历史性变迁,前近代时期,天皇是作为唯一拥有资格祭祀皇祖神天照大神的司祭者;近代时期,正统性来源于国家神道及旧日本帝国宪法;现代时期则依托于《日本国宪法》。

中国社会科学院日本研究所文化室主任张建立探讨了日本国民对天皇制和天皇的感情。他表示,尽管日本的政局经常风云变幻,政权由摄政、关白、幕府将军、藩阀官僚几经易手,但天皇作为日本唯一合法的君主的地位始终没有改变。在第二次世界大战日本战败之时,本来取消天皇制、问罪天皇的呼声也很高,但最终美国因顾虑天皇在日本人心目中至高无上的权威地位,而不得不听从心理学家和人类学家的建言,保留了天皇制,使天皇得以逃过一劫。于是,千百年来,虽然日本的社会性质经历了由贵族社会向封建社会、封建社会向资本主义社会的重大转折,可是任凭社会如何动荡和变化,却从未有过中国封建王朝频频发生的"易姓革命"。时至今日,在早已进入了发达国家行列的日本,没有姓氏,没有身份证,也没有选举权和被选举权的日本天皇,仍然被作为日本国家的象征,被视为日本民族的精神支柱,成为所谓的日本民族构成的单纯性与文化的同质性的体现者。

南开大学日本研究院的李卓教授分析了《皇室典范》的制定及修改前景。她指出,《皇室典范》是基于宪法制定的有关皇位继承等皇室事务的法律。明治时代出于建立天皇专制主义政权的需要,于1889年颁布的《皇室典范》结束了皇位继承混乱无序的历史。战后在象征天皇制下制定的新《皇室典范》在皇位继承方面依然沿袭了明治《皇室典范》的基本原则。这一战后改革不彻底的后果,束缚了皇室的发展,也是当今日本皇室出现继承危机的根源。只要象征天皇制存在,则修改《皇室典范》势在必行。

会上,与会学者们针对战后天皇与日本社会的关系、天皇在日本国民中的权威性与认同感等问题进行了热烈讨论。真边美佐教授表示,在昭和天皇与明仁天皇的区别问题上,两位天皇都严遵日本国宪法,但昭和天皇并未特别关注国民对天皇的评价与情感需求,而明仁天皇由于美智子皇后始终受到国民议论的经历,在遵守宪法的基础上非常自主努力地关注国民对天皇的感受与需求,以此继续自己作为天皇的活动。战后日本的象征天皇制很大程度上也是因为明仁天皇的自身魅力逐渐在日本社会与民众中得到了更多认可,日本国民也在更大程度上具有了对皇室成员发表意见的自由。此次退位的举动,在不同立场的对象看来也会有着不同角度的解读。

讨论过程中,参会学者认为天皇在日本国民心中的权威性源自历史上一脉相承的时间逻辑,但在当代社会,天皇可以通过自身有意识的活动与媒体在民众中塑造和巩固自己的权威形象。

(整理人:曹嘉涸)

以色列的国家定位与发展走向

2019年5月24日，北京大学区域与国别研究院博雅德信工作坊第十九工作间在北京大学英杰交流中心举行。此次研讨会的主题为“以色列的国家定位与发展走向”，来自北京大学、中国社会科学院、南京大学、上海外国语大学以及以色列海法大学和希伯来大学的10余名中外学者就以色列的宗教传统、历史文化、内政外交及中东局势进行了深入探讨。

今年4月以色列新一届议会大选后，内塔尼亚胡自豪地宣称“右翼阵营将在未来四年内继续领导以色列”。西北大学历史学院教授雷钰认为，导致这一局面的根源在于，注重国土安全的右翼政党获胜，而关注经济和社会等问题的政党的支持率下降；极端正统派基础稳固，阿拉伯裔以色列人对其政党的支持率创十年来新低。

自2009年第二次当选以色列总理以来，内塔尼亚胡政府消极应付美国与巴勒斯坦的和谈努力。特朗普当选美国总统后，内塔尼亚胡政府加强与其协调合作，先后促使特朗普对美国中东政策做出多项有利于以色列的重大调整。清华大学社会科学学院国际关系学系助理教授佘纲正表示，特朗普的举动符合其处理中东问题的一贯方针。自2017年入主白宫后，特朗普频频对以色列示好，这是其看似混乱的中东政策中的一条主线，也换来了以色列对其“世纪协议”的支持。除了利用以色列来牵制伊朗在叙利亚等地的势力，确保美国以较低的成本维护其在中东的战略利益，特朗普的根本目的在于投美国选民所好，以确保自己在2020年大选中顺利连任。

尽管美方正酝酿通过所谓“世纪协议”来推动中东和平进程，但这份协议的部分内容不仅令国际社会感到忧虑，也遭到了巴勒斯坦方面的强烈反对。

上海外国语大学东方语学院副院长杨阳认为,新倡议能否被巴以双方所接受取决于多个因素,包括协议是否满足了巴以双方的最低诉求,能否得到主要阿拉伯国家的支持,特朗普政府如何发挥对巴以双方的影响力等,但最主要的因素是巴以各自内部政治环境的影响。

近段时期,巴以局势再起波澜,双方冲突不断并造成大量人员伤亡。希伯来大学伊斯兰和中东研究系主任希利·柯恩-巴尔(Hillel Cohen-Bar)指出,巴以冲突不单纯是巴勒斯坦和以色列两国间因领土和主权的诉求而产生的对抗,宗教因素在其中发挥了更为关键的因素。一方面,犹太复国主义运动已成为以色列的国家运动,另一方面,巴勒斯坦人、阿拉伯人几乎都是穆斯林,因此双方的对抗实际上也是犹太教和伊斯兰教宗教对抗的延续。对抗的核心在于哪种宗教是"真信仰",更被"神"所偏爱,由此就能拥有支配"圣地"的权力。

南京大学哲学系教授宋立宏从犹太基要主义的角度分析了巴以困局的原因。他认为,近几十年来宗教重新回到以色列的公共生活中,以哈瑞第人(Haredim)为代表的基要主义者(fundamentalist)虽然人数不多,却越来越有办法和能力左右现代正统派的见解和价值观。以色列现代正统派在很大程度上已沉湎于哈瑞第人的意识形态,把在古老的犹太家园(约旦河西岸)定居视为最重要的宗教诫命和笃信犹太教的必要条件。对于处在周围阿拉伯国家敌视下的以色列来说,犹太基要主义的扩大将对以色列国家的走向及中东局势产生持续影响。

中国社会科学院西亚非洲研究所余国庆研究员梳理了过去50多年以色列的安全环境和安全战略的演变。他指出,这一演变过程分为五个阶段:第一阶段是1948—1967年,是借领土扩张确保生存的阶段。以色列人用先发制人的手段发动苏伊士运河战争和第三次中东战争,并在战争中最大限度夺取和占领阿拉伯国家的领土来确保安全。第二阶段是1967—1991年,是以领土换谈判的阶段。第三阶段是1991—2000年,是以土地换和平的阶段。以色列实际参与了中东的多边和谈和巴以美三边会谈,推动巴勒斯坦自治取得了阶段性成果。然而,戴维营和谈的失败打击了以色列国内的和平力量,使以色列政坛右倾化趋势开始抬头。第四阶段是2000—2016年,以安全求和平的阶段。这一阶段巴以和谈进入僵局，同一时期非国家实体的极端武装势力开始威胁以色列国家的安全，阿拉伯之春和随之而来的中东动乱也使得以色列安全环境发生了新的变化。第五阶段是从2017年至今，为以色列战略和安全的优化阶段，以联盟谋安全。美国总统特朗普上台执政后，美以关系获得了前所未有的改善。这一阶段的重要特点是以色列把遏制和打击伊朗的目标作为重要的选项，同时为了优化国内的环境和沙特阿拉伯等温和的阿拉伯国家改善关系。

当天，与会中外学者还围犹太教徒兵役问题、以色列安全环境与政策等议题发表了各自观点并进行了热烈的讨论。对于巴以之间难以构建和平这个"世纪难题"，以色列海法大学社会学系主任乌里·本-埃利泽(Uri Ben-Eliezer)从以色列右翼政治力量的角度进行了分析。他认为，以色列右翼政治势力出现于20世纪初，以色列建国后进一步发展，1967年战争后力量不断积聚，近几十年不断在其国内取得成功。以色列政治的右倾化，使得以色列的民主政治变得更加不自由，难以做出一些更大程度上的改变，对巴勒斯坦政策将变得持续保守和强硬。

（整理人：兰旻）

苏格兰的未来："脱英"还是"留英"

2018年9月14日，北京大学区域与国别研究院博雅工作坊第十一工作间在北京大学举行。此次工作坊主题为"苏格兰的未来：'脱英'还是'留英'？"。来自北京大学、中国社会科学院、南京大学、山东大学、上海外国语大学、浙江师范大学等高校及研究机构的10名专家学者从历史、政党政治、国际关系等角度对苏格兰民族分离运动，苏格兰与英国关系的发展及苏格兰是否会通过公投脱离英国等问题进行了一场跨学科的学术讨论。

在如今这个混乱纷争的世界上，苏格兰"脱英"的可能性似乎尚未引起人们的注意。但这是个严峻的问题，牵一发而动全身，应该引起注意。其之所以重要，有以下几个原因：1. 苏格兰和英格兰联合成为一个国家，已经有300多年历史，如果这样的联合也可以分手，会引起人们对"国家"问题的重新思考。2. 一旦苏格兰"脱英"成功，北爱尔兰差不多也会跟随其后，那么"英国"也就解体了；英国这样一个老牌的现代国家、第一个工业强国和曾经的第一大帝国一旦解体，会对整个世界造成巨大的冲击，其影响如同古代的罗马帝国崩溃。3. 苏格兰一旦"脱英"，对世界诸地区的分离主义运动是巨大的刺激，混乱的世界会变得更混乱，许多国家会出现麻烦。4. "英国"一旦解体，英格兰就会回到五百年前都铎王朝开始扩张时期的状态，五百年黄粱一梦，极具历史讽刺意味。

北京大学历史学系高岱教授认为，英格兰与苏格兰之间的联合已经过了三百多年的风雨历程，在此期间，苏格兰在政治体制、经济结构、宗教信仰以及社会与文化的融合等重要方面，都已与英格兰结成了紧密的联系，"不列颠认同"在苏格兰也有了较为坚实的基础。虽然近年来英国社会出现了苏格兰与英格兰相分离的呼声，但除非双方的联合在政治、经济、宗教等方面于同一时间发生全面的冲突,才有可能导致苏格兰与英格兰的分离。

南京大学历史学院教授陈晓律把苏格兰“脱英”和英国脱欧公投联系起来讨论,他认为这两个看似无关的问题,其实反映了西方政治制度中的一个共性现象,即用“公投”这种貌似“民主”的手段解决国家主权问题只能造成灾难性结果,并且是政治家“滥用民主”的不负责任的表现。进而,现在西方很多学者对民族问题的研究,更多的是刺激了民族分离的倾向而不是加强民族团结,这个现象应引起高度注意。

山东大学政治学与公共管理学院副教授李济时分析了苏格兰二次独立公投威胁下的英国“软脱欧”选择。他认为,2014 年苏格兰独立公投险些造成国家分裂的惨痛教训,使得英国政府一般不可能再次同意授权举行二次独立公投。2016 年英国脱欧公投结果及其后续发展对苏格兰人在独立问题上的态度产生了重大影响。尽管苏格兰民族党威胁要求举行二次独立公投,但是其中一个目的是影响英国政府的脱欧政策。英国保守党梅政府克服压力做出“软脱欧”的选择,在一定程度上有助于缓和苏格兰人的不满。当然,英国脱欧前景仍然不明,其对苏格兰民意的影响仍有重大变数。

陕西师范大学历史文化学院讲师孙坚认为,公投作为直接民主的一种形式,在 20 世纪 70 年代后逐渐被英国宪制接受。英国宪制的一大特色是因循惯例,然而对公投是否应成为惯例,英国存在不同意见。苏格兰分离运动经过了中央向地方的“分权”及独立公投两个阶段,实现分权后的苏格兰的分离进程发生了质的转变,苏格兰独立从分离主义者遥远的梦想转变为真实的政治进程。

上海外国语大学英国研究中心助理研究员李冠杰认为苏格兰民族党(SNP)到 2016 年已经过了巅峰期,独立的诉求也遭遇挫折。但英国“脱欧”给它带来新的机遇,它会利用这个机会,以苏格兰人民在脱欧公投中选择留在欧盟为理由,寻求第二次“脱英”的可能性,因此,“被”脱欧成为苏格兰独立派推动二次公投的有力武器。

中国社会科学院欧洲研究所副研究员傅聪对英国“脱欧”后苏格兰“脱英”的可能性做了评估。她指出:2014 年独立公投时,英国所有的建制派,包括主流大党、金融机构、大型企业和媒体都坚定地反对苏格兰独立。但在英国脱欧后,苏格兰工党、自民党开始支持苏格兰民族党参与脱欧谈判的策略,一些大型金融机构和跨国公司也愿意看到一个加入欧盟的独立的苏格兰而非退出欧盟的英国,这些因素将成为苏格兰脱英的重要变量。

中国社会科学院世界经济与政治研究所博士后郭枭认为:苏格兰民族党建党以来,对欧洲一体化的态度经历了"亲欧-疑欧-再亲欧"的演变过程。作为以独立为目标的政党,苏格兰民族党的对欧态度从根本上而言是服务于这一目标的。苏格兰民族党将英国与欧洲视为苏格兰的两个"联盟",为实现其最终目标,苏格兰民族党不断在两个"联盟"、两种身份中进行权衡与选择。

北京大学历史学系博士胡莉的观点颇有新意,她认为:自19世纪末20世纪初苏格兰民族运动兴起至今,实现某种程度的自治是苏格兰的主要诉求,英国政府也付诸过实践,但鼓吹独立的苏格兰民族党的出现打破了这一局面,他们借助苏格兰对地方自治的某种需要,抓住一切机会推行独立,在一定意义上,"独立"是苏格兰民族党鼓吹出来的。现在,苏格兰民族党已站稳脚跟,在英国脱欧的背景下,各种内外因素充满变数,因此,苏格兰脱英已经是一个可能的选择。

在当天在讨论环节中,与会专家学者还就听众感兴趣的问题进行了解答。

(整理人:兰旻)

略谈丝绸之路与区域研究

近年来，丝绸之路研究已在国内成为显学，在国际上也日益受到重视。2019 年 3 月 8 日，北京大学区域与国别研究院举办主题为“丝绸之路与区域研究”的新芽沙龙，邀请国际知名科学家、教育家，香港城市大学前校长张信刚教授与学生交流。张教授回顾了欧洲早年的“东方学”以及美国 20 世纪后期的“区域研究”，批判性地检视其经验和绩效，并结合自身行走丝路的长期观察和体认，分享对学术前沿发展的理解和思考。

张信刚指出，丝绸之路听上去像是一条笔直的或者单一的一条路，实际上它包括四个不同的交通通道。第一个交通通道由欧亚大陆北方寒带的人们所使用。欧亚大陆最北是北极，以此往南是无法居住的冻土区和难以通行的森林区，再往南是宽度达两百公里、东起大兴安岭西至乌克兰黑海北岸的大草原。草原上只有灌木和草丛，少有崇山峻岭，人类早期的往来可能就是从使用这条草原之路开始的。从草原再向南，进入纬度低一些的温带，这里温度和降雨量都较高，适宜人们定居和种植。在这里有一条绿洲之路，连接着绿地和沙漠之间的诸多城市。今天人们所说的丝绸之路基本上就是指这条路，也即传统意义上的丝绸之路。除了东西之间的交往，南北间交往也促成了交通网络。比如居住在温带和热带的人之间的往来，包括从中国广东地区到云贵川地区再向缅甸、孟加拉延伸的南方丝绸之路，三国时代孔明七擒孟获走的就是这条路。早期近海居民往来通常使用船只，由此形成了靠近沿海线的丝绸之路。公元前 3 世纪左右，亚历山大之后的埃及被希腊人控制，希腊人发现可以从红海进入印度洋，并且发现印度洋的风有半年是从南向北吹，有半年是从北向南吹，这就是季风，也被称为“贸易之风”。此后，海上的交往就不再局限于沿海岸线的船只往来，而是借助季风通过海上之路前往更远的地区。草原之路、绿洲之路、南方之路和海上之路共同构成了丝绸之路的交通网络。

公元前1世纪，西汉的张骞从长安走到今天的阿富汗、乌兹别克斯坦一带，西域与中原文化交往频繁，中原文明通过"丝绸之路"迅速向四周传播。700年后，玄奘西行，进一步提升了唐朝在西域的影响力。再过700年，摩洛哥人伊本·白图泰从家出发前往麦加朝圣，途经44个国家，旅途长达75000英里。玄奘和伊本·白图泰两人回国后都将旅途所见记录下来，分别命名为《大唐西域记》和《伊本·白图泰游记》，两本书为后人了解丝绸之路做出了重要贡献。

张信刚教授表示，区域研究产生于20世纪中叶的美国，其向前追溯应该叫作东方学。我们今天对世界史的了解很大程度上得益于欧洲近两百年来在东方学领域的研究，主要涵盖以下六个方面的成就：埃及学的建立；对美索不达米亚文明的探索；对印欧语系的探索；印度和古文明的发现；草原帝国的发现；丝绸之路的重现。

尽管东方学的贡献巨大，但在20世纪中叶，美国在成为世界最强的国家后在与其他国家交往时发现，很多领域都缺乏相关人才。为此洛克菲勒基金会、卡耐基基金会、福特基金会与美国多所知名大学共同创建了区域研究学科，致力于培养一批对某个地区的风俗、民情、法律制度、社会状态等都有所了解却并不精通某一领域的人才。尽管这种培养理念最初不被一些学校所接受，但随着时代发展，区域研究渐渐被学术界所认可。

有人认为，区域研究培养出的人才样样通却样样松。对此张信刚教授指出，这样评价并不科学，但对从事区域研究的人来说，也应像王维的诗句"大漠孤烟直，长河落日圆"一样，在知识的光谱中，要有一门知识是非常精通的，同时对其他相关知识也要了解，即"you know everything of something, and you know something about everything"。

区域研究的角度是非常广的，研究方式也是多样的。比如分析中国、印度、伊朗经历的现代化过程以及三者各自的文化特质。中国可以被视为一个持续的文明体，它不是一个民族国家，也不是一个帝国。从《左传》《春秋》等一直到儒、道、佛的信仰，不管处于什么政权管理下，这个文明体几千年来都是存在于长江、黄河、珠江流域这片土地上的，是我们共同的精神家园。印度可以被看作是多次脱胎却没有转变基因的宗教社会，印度生活每一方面都脱离不了宗教，印度人的宗教情结也非常强。伊朗与前两者又不同。波斯一直都是亚洲很重要的组成部分，由于位于美索不达米亚的东边，它很快学到了美索不达米亚的文明。与中国相似，波斯有农牧二元性，游牧生活与农业生活共同存在于其文化中，但其主要特色是一个心智的帝国，其对人类思想的影响非常大。比如琐罗亚斯德宇宙观、马兹达宗教、太阳神米特拉崇拜、摩尼教、琐罗亚斯德教（祆教/拜火教）、景教（基督教东方教会）等对世界宗教都产生了重大影响。值得注意的是，公元650年之前伊斯兰教没有真正进入波斯，但650年后波斯萨珊王朝被阿拉伯大军消灭，波斯人全部改信伊斯兰教。今天有约98%的伊朗人信伊斯兰教，然而，伊斯兰文明中涉及数学、天文学、化学、医学等科学的著作虽然是用阿拉伯文写作的，但作者的家庭背景却几乎都是波斯人，阿拉伯世界很多的制度也都是波斯传统的延续。可以说阿拉伯人从宗教上同化了波斯人，但波斯人却从制度上和思想上同化了阿拉伯人。

对于学术价值与功利主义的关系，张信刚教授认为，如同历史上很多东方学学者一样，今天中国的学者在学术研究过程中，既有服务于某个目的的需要，也是出于自己对学术的热爱和对真、善的追求。正如《尚书》中所说，“惟精惟一，允执厥中”，如果只是将区域研究作为一个惟目的性的学术手段，而不去追求真正的真、善、美，那结果很可能是学术没有追求到，目的最终也没有达成。

以法国为例，法国最早的大学是索邦学院，其建立是为教会服务的。弗朗索瓦一世时，欧洲文艺复兴肇始。弗朗索瓦一世认为学院太过功利主义，只为教会服务而不是真正做学术，因此他在索邦学院附近新建了法兰西学院，鼓励学术研究的创造性。此后，欧洲人的科学探索及创造进入了鼎盛时期：15世纪的天体论、解剖学；16世纪的双栏记账法；17世纪的万有引力和微积分；18世纪的细胞学、生理学、蒸汽机；19世纪的进化论、电磁学；20世纪的量子论、相对论等等。然而同一时期，东亚国家在相关领域的贡献却很少，是因为经济实力不足，还是因为缺乏人才抑或是别的原因？这的确值得从事区域研究的人思考。

张信刚教授表示,在新的时期要重新看待新丝路,从而产生一些新思路。中国既是内陆国家又是海洋国家。中国也是一个除了煤之外能源短缺的国家,需要大量进口能源,这就令中国的能源战略必须兼顾海陆运输和陆路运输的安全性和可靠性。在海运路线上,尤其是在具有战略地位的地区需要与海洋强国周旋,确保通航的权利。在"大中亚"陆地,中国也需要与相关国家合作互利,让"新丝绸之路"稳定安宁。

针对新丝绸之路与区域研究,张信刚教授最后提出几个思考问题。一是目前国人对于丝绸之路的认识明显不足,相关领域的人才也较为缺乏,推行"一带一路"倡议需要加快人才培养。二是有些被认为是中国"天然伙伴"的国家,实际上他们对中国的认识也不足,之所以加入"一带一路"可能是出于某种需要,但同时却又带有一些戒心。三是目前的项目以海港、机场、铁路公路、发电厂等基础设施建设为主,但现在中国与世界已经进入了网络经济时代,可以多增加一些与"一带一路"相关的电子商务、大数据、人工智能等合作项目。

(整理人:兰旻)

英国脱欧与欧洲安全

9月19日，北京大学区域与国别研究院举办第8期新芽沙龙，邀请爱尔兰国立都柏林大学政治与国际关系学院教授本·唐纳(Ben Tonra)，围绕“英国脱欧与欧洲安全”与青年学生进行交流对话。在主题发言中，唐纳教授讲解了英国在欧洲安全中的地位，为何英国脱欧在安全方面对爱尔兰至关重要两个重要问题，也谈论了欧洲安全前景、英国脱欧对后者在国际舞台上的角色有何影响等更广泛的议题。

唐纳教授认为，英国一直是欧洲的主要大国，今天它已成为北大西洋公约组织的核心，对其他欧洲国家的安全至关重要。多年来，英国对欧洲安全防务做出了重大投资和承诺，也是欧盟安全和防御政策的主要建筑师，在政策构建中发挥了重要作用。

过去50年间，欧盟一直在制定自己的安全与防御政策。英国在政策制定过程中扮演的角色的特征在于，它一直是一个非常务实的参与者，在法国意见与其他国家意见之间提供了一定的平衡，并且一直是欧盟政府间决策的坚定捍卫者。

唐纳教授表示，欧洲的防卫与安全政策的确在关乎英国脱欧的争论中发挥了影响，因为许多英国人担心欧盟会拥有自己的军队。在英国内部发生的另一场辩论关乎英国在世界上的地位，这一辩论由来已久——英国应该更靠近美国还是更靠近欧洲大陆？它在英联邦国家中是否更有地位？此外，英国还担心欧盟的安全防务政策的发展会削弱北约，而后者一直在英国的国防政策中居于核心地位。因此，出于以上原因，几十年来，英国与欧洲大陆在安全和国防领域的合作一直举步维艰。

唐纳教授指出,英国脱欧没有赢家。欧盟失去了英国在地缘政治力量、军队、外交网络、情报机构及决策等方面的贡献;英国也失去了其他27个合作伙伴的权重,而历史已多次证明,这种力量无论是在联合国还是在其他任何组织中都对英国非常重要——英国像法国、德国一样站在其他欧盟成员国的肩膀上,这一地位为其发声赋予了更大的能量。英国国防部、外交部的工作人员都知道英国正在失去力量,但他们也必须尊重已经进行的投票以及英国人民离开欧盟的愿望。因此,现在的问题是如何最大程度地减少损失。

在谈及英国脱欧对爱尔兰安全的影响时,唐纳教授表示,英国脱欧刚发生时,爱尔兰生怕被夹在英国和欧盟这两大全球势力之间。但爱尔兰政府、所有政党和其社会成员都认为,爱尔兰不会被摧毁,反而会得到加强,深化其作为欧盟成员国的承诺。不过,北爱尔兰却是不容忽视的问题。

由于复杂的历史原因,爱尔兰岛的一部分属于英国,如何管理这一地区对英国和爱尔兰的关系而言是一个重要问题。唐纳教授指出两国在管理中存在的巨大差异已在《贝尔法斯特协议》(Good Friday Agreement/Belfast Agreement)中得到解决。该协议认为,北爱尔兰居民可以拥有英国护照或爱尔兰护照,或同时拥有两本护照,在工作、住房、公共服务、健康福利、经济和贸易等方面不因国籍受到限制。该协定结束了曾在爱尔兰岛持续了30年的暴力——1969—1994年的教派冲突导致约3500人死亡。冲突的一方是民族主义者、共和党和天主教徒,另一方则是联合派和效忠派;一个群体被标定为爱尔兰人,另一个则被标定为英国人。该协议的重点是国籍不重要,该地区的居民是英国人还是爱尔兰人都一样,这一点对爱尔兰岛的和平贡献巨大。英国脱欧的最大问题是它有可能破坏这一协议,因为脱欧后许多地区居民的国籍将变得至关重要。

唐纳教授认为,未来岛上可能会有一个实体边界,有栅栏、海关哨所和出入境检查站,而这些恰恰是他们不能容忍的。对于爱尔兰人来说,保持边境开放非常重要。当英国表示他们将实行开放贸易时,爱尔兰人会说:"这当然好,但我们如何能在不设置海关或没有摄像头等技术的情况下做到这一点呢?"总会有人跨越边界,而越过边界的任何事物都可能成为被攻击的对象。因此,爱尔兰的恐惧是目前和平的边界将面临暴力的威胁。

伦敦和都柏林之间围绕如何解决问题、英国如何能在脱欧时保持开放边界等问题进行了多次磋商，但这是一个非常困难、敏感和危险的谈判，尤其是在《贝尔法斯特协议》为双方提供了稳固的和平基础的前提下。这一问题给两国关系带来了很大压力，这就是爱尔兰主要的安全问题。

爱尔兰外交官在英国举行脱欧公投前就已致力于告知其欧洲伙伴和欧盟盟国这一公投对爱尔兰有多重要。对于爱尔兰而言，这是一场事关生死存亡的安全危机。认识到这一事实后，欧盟将爱尔兰边界问题视为同意与英国就任何未来关系进行谈判前必须解决的三大问题之一。因此，爱尔兰目前的处境就像在经历一场离婚谈判，在双方都同意离婚之前不会讨论任何未来生活。

唐纳教授表示，英国脱欧还会给欧洲带来其他一些问题，比如对欧盟的安全与国防合作及一体化产生影响；英国的退出将加剧欧盟内部在重大问题的决策过程中的不平衡感；英国与欧盟都将面临未来双方关系角色的选择困境等难题。总而言之，英国对欧洲安全很重要，这种地位不会很快改变。欧盟和英国面临着一些相同的威胁和风险，也共享一些应对威胁和风险的方法。如果欧盟和英国携手合作，它们都将变得更强大，但问题是目前人们并不知道英国想要什么以及欧盟可以提供什么。

当天，来自北京大学政府管理学院的青年学生还就本次沙龙主题与唐纳教授进行了交流互动。

（整理人：兰旻）

Abstracts

The Rising of Regional Powers and the Reconstruction of Regional Order in the Middle East

Jin Liangxiang

Geopolitical competition by major external powers has long been regarded as one of the root causes of Middle East chaos and the driving force behind regional geopolitics. But the picture has changed in recent years. Regional politics has been driven more by the rising of regional powers like Iran, Saudi Arabia, Turkey and Israel and their competition for spheres of influence. The rise of such regional powers can be attributed not to their hard power increasing but to their rising role in regional affairs. They no longer passively accept arrangements made by external powers but actively promote the re-allying of powers in their own favor and for the benefit of their own agendas as well. The rise of these regional powers has taken momentum first from their national rejuvenation, and second because of their efforts to manage their own security needs within the context of the U. S. withdrawing strategic resources from the region as well as their efforts to fill in the vacuum. The rise of regional powers has already triggered a new round of geopolitical competition between hostile camps as a result of the re-allying of regional and external powers. Their competition will further seriously undermine regional security, undermine China's efforts to promote the BRI, and also test China's signature principle of non-interference in the region.

Keywords: Middle East, Geopolitics, Regional Order

Civil-Military Relations in Turkey Since the July 15th Coup: Changes and Trends

Zhu Quangang

The "7 – 15 coup" in 2016 not only reflected the changes in Turkish civil-military relations since AKP has been in power, but also accelerated the Turkish presidential reform process. After the coup, through a series of institutional and non-institutional arrangements, the military's position in civil-military relations was further weakened, and the president's authority in civil-military relations was significantly enhanced. It further solidified the civilian government's control over the military and contributed to the stability of the presidential system; however, it reduced the professionalism and effectiveness of the military. In the future, the Turkish government will continue to work hard to anchor the military in the presidential system. The key is to ensure that there is a balance between government control over the military and the military's combat effectiveness.

Keywords: Turkey, "7 – 15 Coup", Civil-Military Relations, Presidential System

The Ancient Peshawar City: An Intersection of Civilizations

Zhang Jiamei

The ancient city of Peshawar in Pakistan is facing a development dilemma with respect to the process of history and political ecological environment. Sensitive terms such as security, refugees and religion have all been reasons for concern even before outsiders entered the area. In light of the good will of regional cooperation and the implementation of the current CPEC (China-Pakistan Economic Corridor) project, the author tries to analyze the historical, cultural and political factors that have influenced the current social, political and cultural situation of this region by summarizing the historical context of this region in order for China and Pakistan to have an in-depth understanding of each other and seek effective long-term solutions together.

Keywords: Pakistan, Peshawar, CPEC (China-Pakistan Economic Corridor)

New Security and Political Developments in Afghanistan and Its Impact on China

Li Qingyan

The U. S. war on terrorism in Afghanistan has now entered its 18th year, which has had a profound impact on the regional political and security situation. Currently, the Afghan peace process is ushering in a critical period of opportunity with Washington having changed its policy toward the country. However, the political fragmentation of Afghanistan has been intensified due to the recent chaotic parliamentary election and planned presidential election, as well as the security situation, which continues to be deteriorating, mostly because of the Taliban's expansion and the Islamic State's infiltration into Afghanistan and Pakistan, which has dramatically increased the risk of terrorist spillovers in the region. Meanwhile, geostrategic competition is taking heavier role than regional security cooperation regarding the conflicting interests among the U. S. Russia, Iran, Pakistan, India and other countries. As an important neighbor of Afghanistan and a responsible major country, China pays close attention to the developments of the situation in Afghanistan and actively participates in Afghan reconciliation and economic reconstruction. China is willing to play a constructive role in maintaining regional peace and stability through promoting the relevant countries to abandon geopolitical competition and strengthening regional security and economic cooperation.

Keywords: Afghanistan, Regional Security, Reconciliation Process, Geostrategic Competition

Jirga: From Pashtun Tribal Mechanism to Formal Institution in Modern Afghanistan

Qian Xuemei

Being empowered by the Pashtunwali, the Jirga is a traditional cornerstone of Pashtun social order. Predating modern or written laws, it took charge of Pashtun tribal society's legislative, administrative and judicial powers. In terms of modern political theory, it operated as a way of direct democracy, although there are significant differences between the Jirga and the democracy of ancient Athenian times. Since the end of the 19th century, the Jirga was gradually integrated into the modern nation state, first by British India and then by Afghan governments. As a result, the Jirga became a core part of Afghanistan's political system, and, in the process, underwent changes in some aspects, particularly in its formality and effective function. This article aims to probe into the Jirga's original forms, its evolution and subsequent changes.

Keywords: Jirga, Pashtun, Tribes, Afghanistan, Political System

Two Meanings of Contemporary Russian "Nationalism" Discourse

Xu Fenglin

The "nationalist" discourse in contemporary Russian context has two different meanings. One means "ethnic-nationalism" in the traditional sense, resembling the ultra-nationalism of the neo-Slavicists in the 19th century, and the nationalism in the concept of "Russian philosophy" in the 20th century's Russian religious philosophy. The nationalist discourse in this sense is mainly the discourse for outsiders or of foreign relations, as opposed to cosmopolitanism and universalism. The second meaning is nationalism in the construction of modern state, which can be understood as "state-nationalism". In this sense, the issue of nationalism is related to the modernity and modernization of the country and has become a national concept, national culture and ethnic relations in the process of modernization of the Russian state. In the latter sense, Russian scholars discussed the necessity of the study of nationalism, the methodology and its relationship with cosmopolitanism.

Keywords: Russia, Ethnicity-Nationalism, Country-Nationalism, Political Science Method, Cosmopolitanism

Much Ado About Themselves: On Business of Independent Scotland and Brexit

Chen Xiaolv

The recent shock events of Scottish independence and Brexit in Britain share some similarities in that politicians have manipulated public opinion to favor their own interests, thus bringing the nation and society ever closer to possible catastrophic consequences. What's worth rethinking is how to deal with sensitive issues such as democratic politics, nation state, ethnic studies, and state sovereignty in new situations, and thereby maintain social stability and economic development in a better way. Research in such fields, closely tied to reality, should be given more importance by academic circles.

Keywords: Brexit, Referendum, Britsh Politics, Scottish Independence

The Scottish National Party and the Contemporary Political Change in Scotland

Li Guanjie

Since the reestablishment of the Scottish Parliament in 1999, the Scottish National Party (SNP) has experienced three developmental stages, which can respectively be termed the losing period, the rising period and the defensive period. After the SNP launched the 2014 Scottish Independence Referendum, its influence gradually strengthened. It has become the leading power in Scotland's current political scene. However, the SNP is still restricted to the current Scottish electoral system. In its position as the ruling party, it is faced with how to balance the strategy of seeking independence and other policies, and how to judge whether the road of seeking independence is in line with Scotland's interests and would provide a better future for Scotland. Scotland has developed its own characteristics in its electoral systems, political practices, gender politics, and central-local relations. But for now, Brexit remains a key variable affecting political development in Scotland.

Keywords: Scottish National Party, Political Change, Devolution, Independence, Brexit

Brazil's Populism

Zhang Baoyu

In Brazil, ever since 1930, when the government of Vargas Getulio took office until the military coup in 1964, six major governments during this period have been described as "populist governments" by their own national historians and political scientists. Populism in Brazil mainly manifested itself as charismatic characters taking advantage of resources assembled by themselves to mobilize and organize the grassroots for achieving their intended purposes. However, the results of the implementation of their populist policies have also had positive aspects, such as promoting the development of the national economy.

Keywords: Populism in Brazil, Getulio Vargas, Lulismo, Modernization of Brazil

Understanding Populism from the Perspective of Area Studies

Hu Li

Based on the reports of 19 academic conferences organized by the Institute of Area Studies at Peking University, this paper analyzes the scholars' understanding of populism on a global scale. As the current populism is a national, regional and cosmopolitan phenomenon, this paper examines the problem from the perspective of area studies. To be more specific, this paper reviews the concept and characteristics of populism, the origins of European right-wing populism and Latin American left-wing populism, the relationship between populism and democracy, as well as the influence of populism.

Keywords: Area Studies, Populism, Democracy

Organizational Energy Aggregation and Its Related Turbulent Conditions in Various Stages of Contemporary Global Terrorist Activities

Zhang Jinping

Terrorism has manifested itself as a major wave of activities in different eras in the history of the world, rather than an abstract concept. Each wave of terrorist activities has its own evolution, expansion, and decay. The evolution of the current wave of terrorist activities has gone through three periods. The key to determining the evolution of the tide of terrorist activity is the "organizational energy" of the terrorist forces. This paper focuses on analyzing the organizational energy aggregation and its related turbulent environmental conditions in the three stages of the globalization of contemporary terrorist activities, and attempts to understand the dynamic changes, inherited development, and pros and cons of the contemporary global terrorist wave, and thereby deduce when the trend of contemporary terrorist activities will decline. The necessary conditions could provide reference thinking for counter-terrorism work and international cooperation.

Keywords: Waves of Terrorist Activities, Organizational Energy, Turbulent Conditions